中国人民大学
人文北京研究论丛

北京，人文之魅

Beijing,
the Glamour of Humanism

主编 于春松

中国人民大学出版社
·北京·

总　序

　　人文，一个富于底蕴的词语，北京，一座被礼赞的城市，两者的结合——人文北京，构成了一个气象恢弘的响亮词组，一个在纸上舞动韵律的深沉符号。

　　"人文"一词，中国古已有之，最早出现在《周易》中："文明以止，人文也。观乎天文，以察时变。观乎人文，以化成天下。"人文与天文相对，刚柔交错、文饰于天，乃是天文；而礼仪制度、风俗教化，则是人生活的基础，称作人文。观察天象，可以察觉认识四时寒暑之代谢；观察人文，能够教化成就普天下之人。西方的人文主义兴起于欧洲文艺复兴时期，以理性思想为基础，同时与人本主义、人道主义有密切的关系，高扬人的个性，注重个人价值的实现。相对而言，中国传统的人文较强调社会规范人格，而西方人文主义较重视个体价值精神，但在以人为本、看重人文关怀上，中西则有共通融汇之交结点。中国与西方的人文，既各具特色，和而不同；又互为借鉴，可资参照。

　　针对当今世界普遍存在的科技与人文的失衡局面，世界各国，尤其是经济发达的国家，都在反思和加强人文建设。中国在现代化进程中，重科技、轻人文的社会病态也日渐显现。好在我们清醒认识到这个问题，开始积极行动。在反思、反省并加强人文建设的过程中，北京是早着先鞭、一马当先的。"人文北京、科技北京、绿色北京"的发展理念中，人文是起统领作用的先导和枢纽。承接"人文奥运"而来的建设"人文北京"的计划，继承人文主义的传统，而结合北京发展的需要，围绕以人为本，生发出民生、文明、文化、社会和谐等更为广泛的内涵。

　　每一个城市都有其独特的文化品格和精神气质，就中国的城市而言，北京的传统人文资源最渊深浩博，是进行人文建设最有源头活水、最富生机魅力的城市。雄壮山川，巍峨宫阙，幽静宜人的园林寺观，纵横交错的胡同、四合院，以及居住在这座城市里侠骨义肠、仁爱爽直的老百姓，共同构成了北京气象恢弘、多元共容、博大精深的人文景观。梁思成赞美北京是"世界现存中古时代都市之最伟大者",朱自清概括北京文化的特色是"大、深、闲",林语堂提出"自然、艺术和人的生活"构成"北京独有的个性",老舍说他"真爱北平……我所爱的北平不是枝枝节节的一些什么,而是整个儿与我的心灵相黏合的一段历史"。对于众多居住在北京的人来说,北京不只是居住的家园,更是精神的家园。

在文明演进中,物质与精神向来是人类追求的两翼。考察历史,科技与人文的消长耐人寻味。古人尤重人文精神领域的探索、追求和提升,在哲学、宗教、文学、艺术等方面取得了灿烂辉煌的建树。工业革命之后,尤其近一百年来,高新科技层出不穷、日新月异,彻底改变了人类的生活,渐成社会中心。然而,当科技与人文的不平衡愈趋严重时,社会冷漠、金钱至上、道德败坏等弊端凸显出来,人类似乎迷失了方向。于是,有识之士开始呼吁重新关注人文,诠释人文,建设人文,倡导科技与人文的协调发展。因为人在追求物质财富时,不能失去自己的精神家园。

对于中华民族来说,今天是一个伟大的时代。北京,作为中国的首善之区,人文建设的示范作用和深远意义不言而喻。在"人文北京"的建设上,我们需要立足自我,在古今传承中创新,在中西会通中发展。每一个北京人都应该有一些基本的人文思考,想想要做什么样的北京人,想想当下的自己与文化传统的关系,持兼容并蓄心态,养高雅尚德风范。

以人为本,重视人文关怀,是北京、中国,乃至整个世界人文建设的大宗旨。中国人民大学人文北京研究中心正致力于"人文北京"的研究。我们从"人文奥运"起步,一路走来,实现与"人文北京"的接续。"人文北京"是一个历久弥新、广博丰厚的大课题,里面充满大智慧,恰好我们的研究人员具有不同的学科背景,也就有了对"人文北京"的不同视点和解读。"人文北京"系列丛书会不断推出新的研究成果,期待得到读者的分享与指正。

冯惠玲

目 录

上编　从人文奥运到人文北京

中编　"人文北京"建设研究

下编 "人文北京"研究论丛

上编

从人文奥运到人文北京

第一篇

十六天与五千年

杨澜洁[*]

* 杨澜洁，中国人民大学人文北京研究中心助理研究员。

一、从奥林匹亚到万里长城——奥运历史的追忆

几千年前，孔子向世人描绘了"大同"和"小康"世界。孔子认为"大道之行，天下为公"是为"大同"，"大道既隐，天下为家"是为"小康"。他称尧舜时代为"大同"并作为最高理想，称文、武、周公时代为"小康"并作为近期目标。孔子的"大同"是面对春秋天下大乱、贤圣不明、道德不一时代提出的一种对远古选贤与能、讲信修睦社会的怀念，是让"未来"服从于被美化的过去、让现实后归于变化了的历史，或是一种虚幻，正如朱熹所说"千五百年之间……只是架漏牵补过了时日……尧舜、三王、周公、孔子所传之道，未尝一日得行于天地之间也"①，但作为最高理想的自然状态，即"大同"社会，有别于道家的相忘于江湖，儒家再现了可贵的坚韧。康有为在《大同书》中也舒展了民胞物与、悲天悯人的博大情怀，他希望国家能迎来一个至公、至平、尽如人意的历史进化的最高境界——大同太平世，在这个世界里，"浩然自在、悠然至乐"。孙中山把民主主义开发为"大同主义"，"使中国见重于国际社会，且将使世界渐趋于大同"。李大钊也提出"现在世界进化的轨道，都是沿着一条线走，这条线就是达到世界大同的通道，就是人类共同精神联贯的脉络"。这些伟大的灵魂为人类高悬一个虽不能至而心向往之的理想境界，正是"大同"这种理想，仿佛茫茫海面上的灯光指明了人类进步的方向。

中国正沿着这个大同方向而改革开放、走向世界。2008年，第二十九届奥运会在北京胜利召开，是奥运让世界人民会聚在北京，让人们在奥林匹亚与万里长城之间描绘出一条世界大同的通道。就让我们怀着对奥运的激情，去承继先贤们的大同理想吧，让我们沿着这条世界大同的通道，走进奥运的历史吧。

（一）神话与现实：古奥运会的历史

1. 美丽的神话故事

"现代奥林匹克之父"皮埃尔·德·顾拜旦（Pierre de Coubertin）在1894年的巴黎代表大会闭幕宴会上提到：古希腊的遗产是如此的浩如烟海，以至于现代社会多姿多彩的锻炼方式，皆可以到古希腊文化中追根溯源。古希腊文化是西方文化的源头，因此，追溯奥运会的历史，首先呈现在人们眼前的是古代奥林匹克运动会的历史画卷。

奥林匹克运动会（希腊语：Ολυμπιακοί Αγώνες，英语：Olympic Games，简称奥运会或奥运）中的"奥林匹克"一词即源于古希腊的地名"奥林匹亚"（希腊语：

---

① 《朱子文集》卷二十六《答陈同甫》。

Ολυμπία，英语：Olympia）。奥林匹亚是伯罗奔尼撒（Peloponissos）半岛西部、阿尔菲斯河（Alpheus River）北岸的一片圣地，古希腊人认为，希腊是地球的中心，这片圣地则是希腊的中心，居住在奥林匹斯山上的天神宙斯是一切神和人类的中心。古希腊人对这片圣地上的众神既恐惧又崇拜，同时觉得这些神与人的生活息息相关，他们认为只有同这些神建立恰当而和善的关系，才有利于生存，因此，他们对这些神顶礼膜拜，并在这片圣地上建立了许多神殿，设定出独特的祭祀制度，通过祭神的方式祈求宙斯及诸神的保佑。而逐渐兴起的奥林匹克运动即是古希腊时期人们在奥林匹亚这里举行的祭祀天神宙斯的体育竞技活动。据文字记载，从公元前 776 年起，古希腊规定每隔四年在奥林匹亚举行一次竞技比赛，文艺复兴时期研究古希腊文化的学者把这些延续 1 000 余年的竞技比赛称为"古代奥林匹克运动会"，以和现代奥林匹克运动会区分开来。尽管盛极一时的古代奥林匹克运动会已被湮没在历史的尘埃中，但当现代奥林匹克运动会将和平、威力、勇气等信念传遍世界每个角落时，当奥运会日益成为全世界超种族、超文化、超等级、超地域的人类的狂欢节时，当 2008 年北京奥运会的盛况成为人们永恒的记忆时，人们更加关注古奥运会的千年历史。

古奥运会为何产生，史书上并没有详细记载，也无具体的事例可以考证，但不可置疑的是在神话王国的古希腊，奥运会的起源被印上了一层神秘的色彩。

古希腊（前 800—前 146）位于欧洲南部、地中海的东北部，包括今巴尔干半岛南部、小亚细亚半岛西岸和爱琴海中的许多小岛。漫长曲折的海岸线和众多的海湾岛屿为希腊人的海上交通、对外贸易以及文化交流提供了极大的便利，同时，其海岛密布的独特的地理环境，舒适的地中海气候，以及与大海为伴的生活使古希腊人产生许多有关人、神、物的联想和想象。从荷马（Homer）[①] 及赫西奥德（Hesiodos）[②]、奥维德（Publius Ovidius Naso）[③] 创作的经典作品，以及埃斯库罗斯（Aeschylus）[④]、索福克勒斯（Sophocles）[⑤] 和欧里庇得斯（Euripides）[⑥] 的戏剧等古希腊文学中，我们可以探寻到有关奥运会的神话故事。在神话叙事中，宇宙最老的神

---

① 荷马（约前 9 世纪—前 8 世纪），相传为古希腊的吟游诗人，生于小亚细亚，创作了史诗《伊利亚特》（The Iliad）和《奥德赛》（Odyssey），两者统称为《荷马史诗》。荷马与维吉尔（Virgile）、但丁（Dante）、弥尔顿（John Milton）一起被称为欧洲四大史诗诗人，但目前没有确切证据证明荷马的存在，也有人认为他是传说中被虚构出来的人物。

② 赫西奥德，古希腊诗人，他可能生活在公元前 8 世纪，著有《工作与时日》和《神谱》。

③ 奥维德（前 43—约 17），著有《变形记》、《爱的艺术》和《爱情三论》等。

④ 埃斯库罗斯（约前 525—前 456），古希腊悲剧诗人，著作有《被缚的普罗米修斯》等，有"悲剧之父"的美誉。

⑤ 索福克勒斯（约前 496—前 406），古希腊悲剧的代表人物之一，著作有《俄狄浦斯王》和《安提戈涅》等。

⑥ 欧里庇得斯（约前 480—前 406）与埃斯库罗斯和索福克勒斯并称为"希腊三大悲剧大师"，著作有《美狄亚》等。

是卡俄斯（Chaos），卡俄斯生出了盖亚（Gaia），盖亚与她的儿子乌拉诺斯（Uranus）结合，生了克洛诺斯（Cronus）和瑞亚（Rhea），克洛诺斯与瑞亚生下宙斯（Zeus）①。宙斯与父亲进行激烈的比武，结果宙斯获胜，从父亲手中接过王位，成为奥林匹斯山上的最高统治者，也是人类的最高统治者。为了庆祝新王的即位，希腊人举行了盛大的庆典活动，其中一项就是体育竞技。有人说，这就是奥林匹克运动会的起源。但是，古希腊著名诗人品达罗斯（Pindaros）②在叙述奥运会起源的叙事诗中，却讲述了宙斯的儿子赫拉克勒斯（Heracles）的故事。赫拉克勒斯神勇无比，完成了十二项英雄伟绩，被升为武仙座（Hercules）。为了庆祝这位大力神的胜利，希腊人便在奥林匹亚举行了运动会。又有人认为古奥运会就源于此。同时，还有人认为古奥运会的起源与宙斯的孙子佩洛普斯（Pelops）有关。古希腊的伊利斯国王为了给自己的女儿挑选一个文武双全的驸马，提出应选者必须和自己比赛战车。在佩洛普斯到达伊利斯之前已有13位青年丧生在国王的长矛之下，但宙斯的孙子即公主的心上人佩洛普斯并没有畏惧，在爱情的鼓舞下他勇敢地接受了国王的挑战。最终，国王在比赛中坠地身亡，而宙斯的孙子佩洛普斯取得了胜利。为了庆贺这一胜利，佩洛普斯与公主在奥林匹亚的宙斯庙前举行盛大的婚礼，会上安排了战车、角斗等项比赛，据说这个竞技会就是奥运会的开端。

不管奥运会的起源是与宙斯有关，还是与宙斯的儿子赫拉克勒斯或宙斯的孙子佩洛普斯有关，奥运会的起源都似乎与天上的神相连。种种神话故事增添了奥运会的神秘色彩，同时也表达出人们对奥运的憧憬。事实上，古希腊神话中的神具有与人一样的形体和性格，诸神大多拥有黄金比例的形体和俊美的容貌。男性神祇无不肌肉发达，体格强壮，匀称健美，如宙斯、波塞冬被刻画成有王者威严的有须男子，阿波罗则为一美少年；女性神祇则个个丰腴饱满，体态婀娜，光彩照人，如赫拉为雍容华贵的美妇，得墨忒耳为端庄慈祥的母亲，阿耳忒弥斯为冷艳的猎装少女，雅典娜是位高大美丽善作巧艺的女神，阿佛洛狄忒则代表了女性美的极致，丰满而性感，常常挂着甜美诱人的微笑。同时，他们像凡人一样有喜怒哀乐，与凡人一样有着复杂的性格，神与神之间互相敌视、妒忌、欺诈、争斗、爱慕。神对人类时而以朋友的面目出现，时而冷酷无情，狡诈多疑，嫉妒成性，背信弃义，不负责任。宙

---

① 宙斯是古希腊神话中的十二大主神之一，此外还有婚姻女神赫拉（Hera），海神波塞冬（Poseidon），炉灶、火焰女神赫斯提（Hestia），谷物、大地女神得墨忒耳（Demeter），爱和美的女神阿佛洛狄忒（Aphrodite），太阳神阿波罗（Apollon），主管胜利、智慧和技艺的智慧女神雅典娜（Athena），战神阿瑞斯（Ares），月亮和狩猎女神阿耳忒弥斯（Artemis），牧童和游子之神赫耳墨斯（Hermes），手艺异常高超的铁匠之神赫菲斯托斯（Hephaestos）。除了这十二大主神外，古希腊神话中还有其他一些重要的神。

② 品达罗斯（约前518—前442或前438），古希腊抒情诗人，被后世的学者认为是九大抒情诗人之首，他创作的大部分篇章都是为竞技赛会上的优胜者所作，如《奥林匹亚竞技胜利者颂》、《皮提亚竞技胜利者颂》、《尼米亚竞技胜利者颂》和《伊斯米亚竞技胜利者颂》4卷共45篇流传至今。

斯、赫拉克勒斯、佩洛普斯是这些神中的典型代表，他们也是"竞技"中优胜者的代表。宙斯的父亲克洛诺斯是时间的创造力和破坏力的结合体，宙斯战胜这位天父，成为众神之王和人类之王，成为宇宙中最有力量的一个神。赫拉克勒斯是宙斯为了保护神、人免于毁灭而生的一个力大无比的儿子，他能扼死铜筋铁骨的涅墨亚森林的猛狮，收服水蛇许德拉（Lernaean Hydra），捉月亮女神阿耳忒弥斯的鹿，捉埃里曼托斯（Erymanthus）的野猪，清洗伊利斯国（Elis）的牛舍，驱赶斯廷法罗斯沼泽（Stymphalian Marsh）的怪鸟，捉克里特公牛（Cretan Bull），驱赶狄奥墨德斯（Diomede）养的食人马，取亚马逊（Amazon）女王的腰带，到艾菲亚岛（Erythia）带回格里安（Greyon）养的牛群，取赫拉交给赫斯佩里得斯（Hesperides）姐妹看管的金苹果，把冥府的三头狗刻尔柏罗斯带到人间后，又放回冥府。赫拉克勒斯完成了十二件苦差，是宇宙间的一个伟大的英雄；而宙斯的孙子佩洛普斯战胜伊利斯国王，娶了国王的女儿为妻。无论是在与神、与怪兽还是与人间的国王的对抗中，胜利者宙斯、赫拉克勒斯、佩洛普斯都集中体现了力量与智慧。无论古奥运会是源于宙斯，还是源于赫拉克勒斯或佩洛普斯，都表达了人们对神的这种力量与智慧的向往。

古希腊人认为人的形体是人与神的结合点，对人的形体的赞美就是对神最好的祭拜。希腊神话中的神具有人形、人性、人情，被赋予血肉丰满真实可信的人物性格，合乎理性、贴近人性。于是神成为一种精神与肉体结合的暗示和象征，当肉体以精神为寄托，神就成了一个理想化的精神，所以西方从神话开始，给我们展现了一个充满人类情感的神灵世界。在《伊利亚特》中，特洛伊因海伦而备受战争的煎熬，但当元老们在城楼上见到海伦时，元老们一致感叹：为这样一个妇人长期遭受苦难无可抱怨，看上去她很像永生的女神。由此可窥见一斑，在古希腊人心中神人同一，神乃人最理想的状态，而最完美的人也是神。因此，古希腊人从现实世界人的感受、需求和欲望去幻想他们心目中的神，以运动的方式来庆祝神取得的胜利，实现神与神、神与人、人与人之间的和平，神人同娱同乐，并竞相展示一切力量与智慧以及形体的魅力。

2. 深厚的现实基石

古奥运会的起源披上了神话的色彩，浓缩了和平、勇敢、力量等一切信念，这最真诚地诠释了人们对古奥运会的理解和期待。当然，神话并非历史，事实上，古代奥运会之所以在古希腊出现，是由其独特的地理环境、城邦政治制度、宗教信仰、文化习俗、价值观念和审美观点等因素铸造成的一个客观历史现象，具有深刻的社会基础和历史根源。

从地理环境来看，希腊东邻爱琴海，西接爱奥尼亚海，南隔地中海与文明古国埃及相望，半岛上层峦叠嶂的深山及峡谷将陆地分割成若干小块，这种地理环境不仅丰富了人们的联想和想象，产生出五彩斑斓的神话传说故事，也让古希腊人形成了崇尚美和爱好运动的传统。同时，由于希腊半岛多山，一个个山间冲积平原的城市、村落组成众多彼此较为隔绝而独立的小城邦。古希腊实行城邦政治制度，在公元前9世纪至公元前8世纪，希腊氏族社会逐步瓦解，公元前8世纪至公元前6世纪，古希腊城邦逐渐形成，先后建立了200多个城邦。城邦各自为政，但随着农业的繁荣、人口的增长，各个城邦之间的贸易往来日益频繁，同时城邦之间的利益摩擦也日益激烈，利益矛盾的不可调和导致城邦之间的战争不断，若在战争中失败，全邦就有沦为奴隶的危险，因此在战争中求得胜利是城邦得以存在的前提。为了应付战争，各城邦都积极训练士兵，如斯巴达城邦的儿童从7岁起就由国家抚养，过着军事生活。战争需要士兵，士兵需要强壮身体，而体育是培养士兵能征善战的有力手段，因此希腊诸邦都建有专供人们进行锻炼的练身场，甚至练身场一度成为古希腊诸城邦的标志之一。可以说，古希腊时期城邦之间的战争将体育纳入到公民的生活，而逐渐形成的有组织的运动竞赛为奥运会的产生打下了基础。但频繁的战争使人们普遍渴望有一个赖以休养生息的和平环境，如公元前884年，奥林匹亚所在的伊利斯城邦发生瘟疫，居民大量死去，伊利斯城邦的敌人斯巴达城邦乘人之危发动战争，想一举攻下奥林匹亚，将这个建有宙斯神庙的地方据为己有，但遭到了伊利斯人的顽强抵抗，斯巴达久久不能攻下。此时，希腊平民非常渴望和平，于是在其他城邦的调解之下，斯巴达人放弃野心，伊利斯王伊菲图斯（Iphitos）[①] 和斯巴达王终于签订了《神圣休战条约》（Sacred Truce）[②]。条约规定：在举行奥林匹克运动会期间，必须停止一切战争；任何人不准动用武器并严禁把武器带入奥林匹亚地区；所有道路一律畅通无阻，任人自由往来，不准侮辱和刁难前去参加盛会的人；任何人不准进行偷盗、抢劫、卖淫等不道德的行为；违背"神圣休战"规定的人将受到联合城邦的惩罚；有力量惩罚违背《神圣休战条约》规定的人而不惩罚，也被视为对神灵的背叛。《神圣休战条约》还规定希腊各城邦不管何时进行战争，都不允许侵入奥林匹亚圣区，即使是战争发生在奥运会举行期间，交战双方都必须宣布停战，准备参加奥林匹克运动会。在停战期间，凡是参加奥运会的人，都将受到神的保护，是神圣不可侵犯的。于是，在和平理念的指引和《神圣休战条约》的规定下，

---

① 伊利斯城邦的国王伊菲图斯为了抗击瘟疫、寻求和平，征求了神谕，并于公元前776年宣告，根据神的旨意在奥林匹亚举行体育比赛，因此，伊菲图斯被认为是古代奥林匹克运动会的创始人。

② 休战协定镌刻在一只青铜盘上，古代著名历史学家波利比奥斯（Polybius，前200—前118）、狄奥多罗斯（Diodorus，公元前1世纪）和普卢塔克（Plutarchus，约46—约120）都在自己的著作中记述了这一史实，而公元2世纪的罗马学者保萨尼阿斯（Pausanias）还曾见过这一青铜盘。

原本为准备兵源的军事训练和体育竞技逐渐变为和平与友谊的运动会。随着城邦经济文化的繁荣和城邦间的交往日益频繁，这种和平与友谊的运动会逐渐走向繁荣，战车赛、站立式摔跤、拳击、赛跑、标枪、铁饼、跳跃、格斗、射箭等成为古希腊人最常见的运动形式。

从宗教信仰来看，尽管古希腊各城邦有一定程度上的有限性和排外性，但在古希腊领土上，古希腊人有着共同的信仰。每逢重大的祭祀节日，古希腊各城邦都举行盛大的宗教集会，以唱歌、舞蹈和竞技等方式来表达对诸神的敬意，更由于《神圣休战条约》的推动，古希腊人每四年要在奥林匹亚举办一次体育祭神竞技活动。在竞技会开幕之前，三位神的特使手持上面刻有休战期限的铜盘，从奥林匹亚出发，分赴希腊各城邦，宣谕神的旨意，通知举办竞技会的消息。此后一个月的时间里，希腊全境处于和平气氛中，曾经厮杀的军队、素不相识的平民都聚集在神灵前举行虔诚的祭拜，以祈求和平、幸福和自由，随后大家进行体育比赛，从而将不同团体、不同地域的希腊人团结在一起。

古希腊人还具有共同的体育传统，古希腊人崇尚体育运动，几乎每个希腊自由的公民都到练身场去接受训练，并将这视为一种幸福和荣耀，因此有教养的人，尤其是各城邦的王子个个都是体育健将。体育也是哲学家的思考内容，如苏格拉底（Socrates）虽是追求真理而死的圣人，但他的一生大部分时间是在室外度过的，他喜欢在市场、运动场、街头等公众场合与各方面的人谈论各种各样的问题，曾三次参战，当过重装步兵，其著名言论"认识你自己，做自己的主人"就肯定了人要有健全的身体和精神。而柏拉图（Plato）在其《理想国》（Republic）中提出了对统治阶级进行音乐和体育这两种技艺教育，他认为12～13岁的少年要进体育学校，进行身体教育和竞技训练，18～20岁的青年要进"青年军训团"，接受军事体育的训练。亚里士多德（Aristoteles）提出要"培养勇敢的人"，其体育思想和勇敢品质对西方文化产生了重要影响。他认为构成幸福的要素有十二个，而其中的"健康、美、强壮、身体魁梧、良好的竞技道德"等五个要素都属于体育伦理的内容。亚里士多德主张国家要对儿童进行公共教育，以促进他们身体、德行和智慧的和谐发展。这些思想也推动了古希腊人对体育的重视和热爱。体育也是古希腊人审美的重要标准，在奥林匹亚山上刻着几句铭文："如果你想聪明，跑步吧！如果你想强壮，跑步吧！如果你想健美，跑步吧！"这诠释了人们对身心和谐、审美情趣的理解。在古希腊人看来，人是自然万物中最美的，而最美最高大的人必定和神相近，这样一来，人的健美形体就成了神界与人间的最好结合点。正是由于古希腊人对于人体健美的这种认识和追求，使得他们欣赏并追求发达的肌肉、匀称的体形和优异的身体素质，把展示矫健的肉体看作一种异常纯洁而高尚的行为，所以古希腊雕像或绘画中的形象很多是裸体的，如米隆（Myron）创作的雕像《掷铁饼者》（*Discobolos*）就是一尊裸体运动者的运动形象，是健康、力量与美统一的艺术化身。

总而言之，独特的地理环境促进了体育竞技活动的发扬光大，同时，独特的祭祀制度、丰富的宗教神话传说、对奥林匹斯山诸神的膜拜、繁荣的城邦制，以及对勇敢、强壮和健美的崇尚，都推进了体育竞技活动在古希腊的繁盛。

古希腊人举行了数次竞技活动，如为纪念宙斯每四年在奥林匹亚举行的奥林匹克竞技会，为纪念太阳神阿波罗每四年在特尔斐举行的皮提亚（Pythian）竞技会，每五年一届的尼米亚（Nemean）运动会，为纪念海神波塞冬每四年在科林斯举行的伊斯米亚（Isthmian）运动会，为纪念天后赫拉每四年在奥林匹亚举行的赫拉运动会，其中影响较大的是祭祀万神之王宙斯的奥林匹克竞技会。第一届奥林匹克竞技会究竟源于何时，传说不一，但大多数学者认为公元前776年，伊利斯城邦和皮沙城邦共同举办了第一届奥林匹克竞技会。这次竞技会只有短跑①（希腊人称之为"斯泰德"（Stadion），意为"场地跑"，英语中"体育场"（stadium）一词就出于此）一个项目，长度为192.27米，因为这是大力神（宙斯的儿子赫拉克勒斯因力大无比获"大力神"的美称）脚长的600倍，而一位来自伊利斯城邦的厨师克莱巴斯（Coroebus）获得了场地跑的冠军，他也就成了有史可以考证的古代奥运会的第一位冠军。历史上留下了这次运动会的正式记录，希腊人也以这一年作为自己国家的纪元，这就是后人所说的第一届古希腊奥林匹克运动会。之后，这种赛会每四年举行一次，因比赛地点都在奥林匹亚，后人称这些运动会为古代奥林匹克运动会，简称古奥运会。

3. 漫长的千年历史

古奥运会从公元前776年到公元394年的1 170年间，从未间断地举办了293届②。这期间，随着奴隶制的繁荣和崩溃，古奥运会经历了一个漫长的演变过程。

---

① 短跑是古奥运会上最初的唯一比赛项目，此后，中跑在公元前724年第十四届古奥运会上、长跑在公元前720年第十五届古奥运会上、武装赛跑在公元前520年第六十五届古奥运会上分别首次被列为正式比赛项目。另外，在公元前708年第十八届古奥运会上，摔跤被列为五项竞技中的一项，同时又被列为单独进行的竞赛项目，五项竞技（包括赛跑、跳远、掷铁饼、掷标枪和摔跤）被定为比赛项目，还有拳击、混斗、赛战车、赛马分别在公元前688年第二十三届、公元前648年第三十三届、公元前680年第二十五届、公元前648年第三十三届古奥运会上被列为比赛项目。从公元前632年的第三十七届古奥运会开始，逐渐出现少年竞技项目，如少年赛跑、摔跤、拳击等。从公元前396年第九十六届古奥运会起，传令比赛和笛手比赛也列入了正式项目，并被作为奥运会的开幕式。从公元前444年起，古奥运会出现了艺术比赛。

② 这293届古奥运会"都是在古希腊奥林匹亚运动场举行。比赛场建在阿尔菲斯河谷北面的小丘旁。小丘经过修整成为看台，最初可容纳2万观众，后扩大到4.5万人，并设有160个贵宾席。比赛场长212米，宽32米，跑道长192.27米，表面未经特殊处理，起跑处铺大理石。赛场西南部有练习场，用石柱廊围起，形成一院落。一侧建会议厅、更衣室和浴室等。这里还有一个770米×320米跑马场，供赛马和马车比赛用"（《古代奥运会历史》，见 http://www.beijing2008.cn/spirit/movement/origin/n214043880.shtml）。

从公元前 8 世纪至公元前 6 世纪，古奥运会从小范围的祭祀竞技赛会逐渐发展成希腊各城邦参加的奥林匹克运动盛会，古奥运会初具规模。古奥运会在"夏至（6月 22 日）后第一个望月日开幕，会期最初只有 1 天，从公元前 632 年第三十七届开始，会期延长到 3 天。公元前 472 年的第七十七届，最终把会期确定为 5 天"①。会前，由奥林匹亚所在的伊利斯城邦选派 3 名纯希腊血统的使者，在宙斯神殿前举行庄严肃穆的宗教仪式，从祭坛点燃火炬，然后分赴希腊各地，火炬手高举火炬，一边奔跑，一边呼喊：停止一切战争，参加运动会！各个城邦看到圣火之后，即使是在激烈厮杀的城邦也都纷纷放下武器，神圣休战开始了，希腊人忘记仇恨和战争，并派出使节和体育代表团赶往奥林匹亚。尽管古奥运会最初的参赛细则已不可考，但可以确定的是最初的比赛项目极少，且规定只有没有道德污点的纯希腊血统的男性公民和自由人才能参赛②。从第一届到第十三届（前 776—前 728）只有 192.27 米赛跑一项，从第十四届起，增加了两次场地跑，即沿场地跑一个来回，这大概相当于现代的 400 米跑。赛跑开始时，所有的运动员全身涂满橄榄油，个个赤身裸体、肌肉发达、健壮有力，尽情展示着男性的魅力。从第三十届（前 660）开始，希腊大陆全体居民都可参赛，从第四十届开始，希腊殖民地的居民也可以参赛。比赛结束后，在宙斯神庙附近举行隆重的授奖仪式，庄严地宣读各项比赛优胜者的姓名、他父亲的姓名、所属的城邦和出生地名。古希腊人给冠军们戴上象征和平、友谊的橄榄枝③编成的花环，人们对这些优胜者像神一样竞相崇拜，最著名的诗人向他们奉献赞美诗，第一流的艺术家为他们在奥林匹亚建造纪念雕像，他们的名字也很快传遍了整个希腊。古代奥运会也是希腊各民族文化的一部分，在赛会期间，来自各城邦的艺术家展出自己的作品，诗人吟诵诗歌，哲学家、历史学家发表演说，商人们进行商贸往来，使竞技会成为全希腊思想、文化、经济交流的大集会。

公元前 6 世纪至公元前 4 世纪为古希腊城邦奴隶制的全盛期，这一时期，各城

---

① 任海主编：《奥林匹克百科全书》，14 页，北京，中国大百科全书出版社，2008。

② "古希腊奥运会的规则规定：禁止女子参加和参观比赛，违反者要受到极刑处置。原因有二：一是古代奥运会的大部分比赛项目，在相当长的时间内，要求运动员赤身裸体进行比赛，妇女到场有伤风化。二是古希腊的体育竞技，是宗教庆典内容之一，是不允许妇女出席的。据说，最初的古代奥运会参赛运动员是披着兽皮衣服进行比赛的。在一次比赛中，一身披狮子皮的选手，不慎将狮子皮脱落到地上，他顿时变成赤身裸体，可他并未因此而影响自己的比赛。最后，击败了对手，夺得了橄榄冠。在这次意外的'事故'中，人们发现裸体更能体现肌肉的健美，领略到了一种特殊的魅力，于是规定以后一律进行赤身比赛"（《古代奥运会历史》，见 http://www.olympic.cn/olympic/ancient/2004-04-16/142724.html）。

③ 《圣经·创世记》中记载：在 2 月 17 日这一天，巨大的深渊之源全部冲决，天窗大开，大雨 40 天 40夜浇注到大地上。诺亚和他的妻子乘坐方舟，在大洪水中漂流了 40 天以后，搁浅在高山上。为了探知大洪水是否退去，诺亚连续放了三次鸽子，鸽子飞回来并衔着一根翠绿色的橄榄枝，这显示出洪水退去，大地恢复生机，天地之间变得和平！此后，橄榄枝就成为"和平"的代名词。而在古奥运会历史上，送橄榄枝给运动员是运动员所能得到的最神圣的奖品和最高的荣誉，据说，编织桂冠的橄榄枝必须得由一个双亲健在的 12 岁儿童用纯金刀子从神树上割下来。橄榄枝是奥林匹克运动精神的象征，寓意深刻，影响久远。

邦之间虽有纷争，但希腊是一个独立的国家，政治、经济、文化都较发达，古奥运会达到鼎盛。特别是公元前 490 年，希腊军队在马拉松河谷以少胜多，大败入侵的波斯军，当时，希腊军队一名善跑的战士菲迪皮德斯（Phidippides）奉命把这一胜利的喜讯报告给雅典人民。这名战士两天跑了 150 英里，当他从马拉松跑到雅典时已精疲力竭，只喊了一声"我们胜利了"便倒地死去。菲迪皮德斯带来的好消息使希腊民情奋发，国威大振，于是兴建了许多运动设施、庙宇等，参赛者遍及希腊各个城邦，奥运会盛极一时，成为希腊最盛大的节日。

公元前 4 世纪至公元 4 世纪，古希腊先后被马其顿和罗马帝国征服，奴隶制逐渐崩溃，古奥运会进入衰落期。公元前 338 年，马其顿王国征服希腊，为了笼络希腊人，马其顿统治者允许保留希腊人爱好的传统奥运会，但奥运会精神已经大为减色。公元前 146 年，罗马帝国统治了整个希腊，希腊丧失了自由和独立，盛极一时的奥运会比赛虽然照常举行，但逐渐走向衰落和解体。公元 2 世纪后，基督教统治了包括希腊在内的整个欧洲，基督教所倡导的禁欲主义、灵肉分开和反对体育运动的主张毁灭了奥林匹克运动。基督教认为，人类的始祖亚当和夏娃因为偷吃禁果，违背了绝对不容置疑的上帝的权威，因而，人生下来注定就是受苦的，此乃"原罪"。从此，人类便成为罪孽的、世俗的存在物，成为上帝的弃儿，并且世世代代要背负十字架去承担存在的痛苦。这是一种令人悲哀的人生观，人生而有罪，无以解脱，今生不过是一片苦难的海洋，是来世永生的准备，是短暂的过渡，只有信仰上帝和上帝派来的救世主，一切顺从上帝的安排和教诲，才能摆脱今世的苦海而达到来世的极乐和幸福。现实是一片孽海，人不能自救，唯有皈依基督教才是救济之道，"头顶群星灿烂，心中道德高悬"，人们开始向往的是一个有无限权威的上帝，而蔑视现实世界世俗的人生，这对追求运动欢乐的古奥运会来说是沉重的打击，正如顾拜旦所说："中世纪视人体如粪土、蔑视生命的宣传，始酿成大错。"① 公元 392 年，笃信基督教的罗马皇帝狄奥多西一世（Theodosius Ⅰ）宣布基督教为国教。他认为奥运会有悖基督教教旨，是异教徒活动，于公元 394 年下令禁止了当时已名存实亡的古奥运会。公元 395 年，拜占庭人与哥特人在希腊的阿尔菲斯河附近发生了激烈的战斗，奥林匹亚的各项建筑设施遭到战火的严重毁坏。公元 426 年，继任者狄奥多西二世（Theodosius Ⅱ）又以基督教的名义，烧毁了奥林匹亚庙宇和奥林匹克运动会会址的大部分残余建筑，并将宙斯神殿的残存部分改建成基督教教堂，将许多珍奇宝物如宙斯神像运往君士坦丁堡。公元 522 年和公元 551 年发生了两次地震，

---

① 国际皮埃尔·德·顾拜旦委员会编：《奥林匹克主义——顾拜旦文选》，58 页，北京，人民体育出版社，2008。

加上经常的洪水泛滥和山泥倾泻，使奥林匹亚被掩埋在地下。就这样，奥林匹亚这个名字在历史的长河中渐渐被人遗忘，甚至它的地名也从世界上消失。

（二）继承与发展：现代奥运会的诞生

1919 年，顾拜旦在洛桑为纪念宣布奥林匹克运动复兴 25 周年的演说时提到：人类必须吸收古文明遗留下来的全部精华，用以构筑未来，这其中就包括奥林匹克精神。1929 年，顾拜旦在巴黎 16 区政府礼堂演说时再次提到：希腊神庙全部湮没了，人们将不再在埃比多尔疗伤，不再在埃勒西斯学习教义……女祭司像多多纳神咒一样已哑然无声……但是奥林匹亚依然活着，因为奥林匹亚主义已传遍世界。

正如顾拜旦所言，古代奥林匹克运动会虽然衰亡，但它的精神在人们的思想中流淌，在沉睡一千多年后依旧能够重新出现于世界舞台。

1766 年，英国人钱德勒（C.Chandler）首次发现了宙斯神庙的遗址，此后，大批考古学家、史学家对奥林匹亚遗址进行了系统的、大规模的勘察和发掘，至 1881 年取得了大量有关古代奥林匹克竞技会的珍贵文物和史料。考古学将这些深埋在地下的断壁残垣、雕像、圆柱和镶嵌画大白于天下，启发和指引着人们重新采撷这些被丢弃的宝贵财富。

随着奥林匹亚圣地遗址重现于世，欧洲人开始正式提出恢复古代奥运会的主张。1830 年，希腊从土耳其统治下获得解放，希腊人为了庆祝独立，决定每四年举办一次运动会。1859 年和 1870 年，在雅典举办了两次泛希腊奥运会，但都不成功。随着竞技体育在欧洲各国的兴起，人们迫切需要一位国际体育活动家来号召和组织。1883 年，现代奥林匹克运动会的发起人，后被誉为"现代奥林匹克之父"的顾拜旦前往英国进行学术旅行，他提出举办类似古奥运会比赛的设想，此后他便以此为目标踏上了漫长的复兴奥运之路。现代奥运会的复兴除了顾拜旦等人的不懈努力以外，与当时世界和平运动有着密切的联系，正如人们所认为的："奥林匹克是时代的产物。工业革命大大扩展了世界各民族之间在经济、政治和文化等方面的联系，各国交往日益密切，迫切需要以各种沟通手段来加强国际间的相互了解。奥林匹克运动正是为适应这种社会需要而出现的，是人类社会发展到一定阶段的必然产物"[①]。19 世纪末，世界上出现了帝国主义和国际垄断集团，瓜分世界市场的殖民主义战争已露端倪，与此同时，世界和平组织作为社会自我调节的手段应运而生。1863 年成立了救助战争和自然灾害的国际红十字会，1864 年成立了以团结国际工人运动为宗旨的第一国际，1889 年成立了协调立法机构活动的国际议会联盟，1891 年成立了在世

---

① 任海主编：《奥林匹克百科全书》，1 页，北京，中国大百科全书出版社，2008。

界各国发挥作用的以团结和平主义者团体为目的的国际和平局。在这种背景下，以和平为宗旨的古代奥运会呈现出复兴的可能。1892 年 11 月 25 日，顾拜旦在巴黎发表了名为《奥林匹克宣言》的著名演说，顾拜旦提出："一个民族的精神状态、远大目标、主要倾向是与他们理解和组织体育锻炼的方式息息相关的"①，并且说道："我将同你们一起，在符合现代生活条件的基础上，继续和实现这个伟大而功德无量的事业：恢复奥林匹克运动会。"② 这篇在索邦大学会议上的讲话在奥林匹克史上具有举足轻重的地位，因为在这篇演说中，顾拜旦第一次公开和正式地提出了在现代社会复兴古希腊奥林匹克运动会的倡议，第一次明确表达了现代奥运会的宗旨，即像古代奥运会那样，以团结、和平、友谊为宗旨。在顾拜旦的倡导下，现代奥运会一开始就冲破了民族和国家的限制而具有国际性的特点。

1894 年 6 月 23 日，这是人类历史上值得浓墨重彩的一个日子。因为在这一天，在顾拜旦的努力下 12 个国家的 79 名代表齐聚法国巴黎，在这一天，代表们一致同意成立国际奥林匹克委员会（International Olympic Committee，IOC），并决定将国际奥委会总部设在巴黎，规定法语为法定语言，推举希腊诗人、教育家德米特留斯·维凯拉斯（Demetrius Vikelas）为国际奥委会第一任主席，顾拜旦为秘书长，产生了第一批共 15 名国际奥委会委员，并召开第一届国际奥委会全体委员会议。在这次大会上，委员们决定每四年在世界各个城市举行一次奥林匹克运动会。从此，现代奥运会在人类历史上留下光辉的印记，从 1896 年起，先后在希腊的雅典、法国的巴黎、美国的圣路易斯、英国的伦敦、瑞典的斯德哥尔摩、比利时的安特卫普、法国的巴黎、荷兰的阿姆斯特丹、美国的洛杉矶、德国的柏林、英国的伦敦、芬兰的赫尔辛基、澳大利亚的墨尔本、意大利的罗马、日本的东京、墨西哥的墨西哥城、联邦德国的慕尼黑、加拿大的蒙特利尔、苏联的莫斯科、美国的洛杉矶、韩国的汉城、西班牙的巴塞罗那、美国的亚特兰大、澳大利亚的悉尼、希腊的雅典、中国的北京、英国的伦敦成功举办了 27 届奥运会（其中，第六、十二、十三届因第一、二次世界大战而停办）。

从某种意义上说，现代奥林匹克运动会是古希腊奥运会的延续。现代奥运会借用和吸收了古奥运会期间形成的和平与友谊、公平竞争、追求人体健美、奋勇拼搏、身心和谐发展等奥林匹克精神，同时，为了唤起人们对古希腊体育文明崇高神圣的感情，现代奥林匹克运动依然使用"奥林匹克运动会"的名称，继承"奥林匹亚德"

---

① 国际皮埃尔·德·顾拜旦委员会编：《奥林匹克主义——顾拜旦文选》，28 页，北京，人民体育出版社，2008。

② 国际皮埃尔·德·顾拜旦委员会编：《奥林匹克主义——顾拜旦文选》，34 页，北京，人民体育出版社，2008。

(Olympiad)① 每四年一个周期的传统，借鉴和发展古奥运会的某些仪式，如点燃火炬、唱赞美诗、运动员和裁判员宣誓等等。

现代奥运会是以"恢复古代奥运会"为名义而构建的一个现代社会文化现象，但现代奥运会并不是古代奥运会的翻版。可以看到的是，古代奥运会作为人类奴隶制时代的产物，有其时代和阶级的局限性，如地域和种族的封闭性、阶级歧视、性别歧视等，而现代奥运会突破了古代奥运会的这些局限，超越政治、宗教、肤色、种族和语言等限制而向一切国家、地区和民族开放，并在世界各地轮流举办，成为全世界人民的和平与友谊的盛会。现代奥运会促进了世界各地体育运动的蓬勃发展，并以奥运会为纽带和桥梁，使世界各国人民相互接触，增进了解，建立睦邻友好关系，从而在一定程度上化解了国家之间的仇恨，促进了世界和平运动的发展。同时，现代奥运以和平为宗旨，通过惩罚和抵制战争的策源国而反对战争，如第七届奥运会取消了德奥等同盟国参赛的资格，第十四届奥运会取消了德国和日本参加的资格，第二十二届奥运会时，因苏联派兵入侵阿富汗，各国群起抵制莫斯科奥运会，谴责苏联的侵略行为。现代奥运会成为人们表达和平愿望的场所，并成为与战争发起国展开斗争的有力武器。

现代奥运倡导身心和谐、团结友谊、公平竞争、男女平等、和平进步、拼搏进取，现代奥运这个规模宏大的以体育为载体的国家社会文化运动，凝聚人类社会体育思想和体育实践精华的知识宝库，终将会走向世界每一个角落。

（三）追梦与梦圆：现代奥运走进中国

1. 中国走近奥运的坎坷历程

1894 年 11 月，顾拜旦在雅典演说时提到：国际主义是一股潮流，源自人类心灵深处对和平与博爱的渴望，和平已幻化为某种信仰，它的圣坛周围簇拥着日益增多的信众。1919 年 1 月，顾拜旦在致国际奥林匹克委员会委员们的一封信中写道：我们的理想，远高于许多人的理想，必会刺痛众多利益集团，对此大家不必感到意外。我们独立自主，团结一致，自信满怀。对于复兴后的奥林匹克主义能够并且必须提升到何种程度，长期以来，我们已经作出了正确的判断。1912 年，顾拜旦在第五届斯德哥尔摩奥运会文艺比赛中的获奖作品《体育颂》中写道：啊，体育，你就是和平！你在各民族间建立愉快的联系。你在有节制、有组织、有技艺的体力较量

---

① 这是对每四年举行一次奥林匹克竞技会这一周期的称谓，人们也常把奥运会称为奥林匹亚德。现代奥运会始终遵循奥林匹亚德的原则，即使因战争无法按期举办奥运会，每逢闰年仍算一届，第二次世界大战中的 1940 年和 1944 年即沿袭此例。

中产生，让全世界的青年学会相互尊重和学习，使不同民族特质成为高尚而和平竞赛的动力。

和平、理想、全世界的友谊，奥运会构筑出一条精神的脉络，让世界各民族建立愉快的联系。现代奥运会面向世界，世界离不开中国，而中国的发展离不开世界，中国渴望奥运，但中国走近奥运却有段艰难的历程。

早在1896年第一届现代奥运会召开前，当时希腊王储和国际奥委会曾通过法国驻华使馆向清政府发出邀请，但当时的清政府处于内忧外患之时，光绪、慈禧及满朝文武官员对体育事业毫不关心，未予回复，以致中国从第一届奥运会到第七届奥运会都未派代表参加。但随着中国与世界的接触不断加深，人们开始憧憬奥运这个新事物的到来。在1908年第六届田径运动会闭幕式上，任天津青年会代理总干事的饶伯森通过国际渠道得到了第四届伦敦奥运会的幻灯片，并带到南开大学操场给学生放映奥运会盛况（也有人认为放幻灯者为南开大学校长张伯苓）。学生们第一次了解"奥运会"这一新事物，他们深受鼓舞，于是投书《天津青年》杂志，发出了著名的"奥运三问"：我们什么时候能够派运动员去参加奥运会？我们的运动员什么时候能够得到一块奥运金牌？我们的国家什么时候能够举办奥运会？在积贫积弱的旧中国，国力衰微，战乱频繁，何时参加奥运会、何时得到奥运金牌、何时举办奥运会这些问题振聋发聩，有识之士无可奈何但也在风雨如晦的旧中国艰难地寻找着答案。

1915年，国际奥委会又一次发来邀请，然而，由于战争中国又一次与国际奥林匹克运动擦肩而过。虽然如此，中国却始终没有断绝与奥林匹克运动的联系。1922年，王正廷成为第一个当选为国际奥委会委员的中国人，中国从此与国际奥委会真正结缘。在内忧外患的时代里，王正廷同其他有识之士一样，对体育的理解和认识首先从"体育救国"开始，他把体育作为强身、卫国的一种手段，希望以此唤起民众的团结意识。1924年，在王正廷等人的努力下，中国第一个全国性体育组织——中华全国体育协进会成立，王正廷任名誉会长，并积极为中国奥林匹克运动会的发展作出贡献。

1924年，第八届奥运会在法国巴黎举行，中国派了三名网球运动员（即中国留美学生吴仕光、韦荣洛和徐恒）参加，虽然他们在预赛中即被淘汰，但这次参赛对中国走近奥运来说意义重大。

1928年，第九届奥运会在荷兰阿姆斯特丹举行，当时中国正处于内战状态，政府无暇顾及此事，最后只得由中华全国体育协进会派遣代表宋如海前往观礼，宋如海归国后，编著了《我能比呀·世界运动会丛录》一册，这是中国有史以来第一本有关奥运会历史的著作。1931年，国际奥委会承认了我国的全国性体育组织——中华全国体育协进会为中国的奥林匹克委员会，中国体育组织正式和国际奥委会建立关系，从此，中国取得了参加世界运动会的资格。此后，中国先后参加了第十、第十一、第十四届奥运会。

1932年，第十届奥运会在美国洛杉矶举行，在举办之前，奥组委向中国发出了邀请。中国体协（即中华全国体育协进会）对此事非常重视，然而教育部却以时间仓促、准备不足为由，宣布不参加这次奥运会。但日本帝国主义正积极扶植末代皇帝溥仪成立"满洲国"，日本体育界密谋派保持远东和中国男子100米短跑纪录的东北大学体育系学生刘长春、中长跑运动员于希渭代表"满洲国"参加此届奥运会，以把"满洲国"推向世界舞台，骗取世界各国对"满洲国"的承认。消息传开后，举国上下群情激愤。随着会期的临近，体育协进会决定派刘长春和于希渭代表中国运动员参加奥运会，以回击日本帝国主义的阴谋。在全国体协董事、东北大学体育系主任郝更生和时任东北大学校长张学良将军的帮助下，当时的体育协进会董事、南开大学校长张伯苓先生急电国际奥委会，为刘长春、于希渭报名参赛。然而由于日寇监视过严，于希渭未能脱身参赛，只有刘长春代表中国孤帆远行。在洛杉矶奥运会的开幕式上，人们首次看到中国代表团的身影，刘长春手擎大旗在前，总代表沈嗣良继之，再后是教练宋君复、留美学生刘雪松、旅美教授申国权、美国人托平（上海青年会体育主任）。保持国内短跑纪录的刘长春原本参加三个短跑项目，但历经海上漂浮，刘长春的体力大受影响，在7月31日的100米预赛中名列第五而无缘进入决赛，8月2日的200米名列第四而被淘汰，最后放弃了400米跑。刘长春代表中国第一次参加奥运会，虽在预赛中即被淘汰，但毕竟开中国人参加奥运会之先河，向世界宣告了中国奥林匹克运动的存在，表达了一个民族不甘落后、不甘屈辱、追赶世界的坚强意志。

1936年，第十一届奥运会在德国柏林举行，中国派运动员参加了田径、游泳、举重、拳击、自行车、篮球和足球七个大项的比赛，同时，还有体育考察团和中华武术队，更难能可贵的是在田径队和游泳队各出现一名女选手，开中国妇女参与国际奥林匹克运动之先河。第十二、十三届奥运会均因战争未能举行，在此期间，国际奥委会于1939年、1947年选举我国孔祥熙、董守义为国际奥委会委员。1948年，第十四届奥运会在英国伦敦举行，中国派运动员参加了田径、足球、篮球、游泳、自行车五大项的比赛，但均未获奖。

从1896年到1948年，中国与奥运从擦肩而过到率代表团积极参加，这反映了中国追求奥运，渴望与世界同步发展的梦想。在封建王朝统治时期，尽管清政府内部部分有识之士展开了维新运动，试图革新图强，也有洋务运动，试图学习西方的科学技术，但腐朽的清朝抵挡不住工业革命后的西方资本主义国家的入侵，被迫与列强签订了一系列不平等条约，如《南京条约》、《天津条约》、《北京条约》、《马关条约》、《辛丑条约》，这一切使中国丧失了大量领土、主权和财富，面对这种状况，中国政府与百姓无力迎接奥林匹克盛会。清朝灭亡后，旧中国面临着帝国主义、封建主义和官僚资本主义这三座大山，随后，两次世界大战和国内战争又给中国带来深重灾难，在这一时期，尽管中国运动员共参加了三届现代奥林匹克运动会，但每次都是铩羽而归，当时外国的报纸刊出了这样的漫画来嘲讽中国人：在奥运五环旗下，一群蓄着长辫、身穿长袍马褂、形容枯槁的中国人，扛着一个硕大无比的鸭蛋，画题为"东亚病夫"。

这段不堪回首的历史，炎黄子孙永远不会忘记。

1949 年，中华人民共和国成立了，占世界人口近四分之一的大国终于冲破帝国主义的东方战线，走上独立、民主和统一的道路。从此，中国从军阀混战走向安定团结，从积贫积弱走向欣欣向荣，从备受列强欺凌走向世界之林。人民翻身做主人，中国发生了翻天覆地的变化，新中国的建立为中华民族奥运圆梦开辟了广阔的前景。然而由于巨大的历史惯性和种种现实原因，中国人追求奥运之梦仍困难重重。

1949 年 10 月，中国奥委会决定把原中华全国体育协进会改为中华全国体育总会（中国奥林匹克委员会），这是中国唯一合法的全国性体育组织，会址迁至北京。1951 年 12 月，中国奥委会重新同国际奥委会取得了联系，并要求继续获得国际奥委会的承认。1952 年，第十五届奥运会定于在芬兰赫尔辛基举行，中国作为国际奥委会成员，理应有权参加这届奥运会。但国际奥委会中有对新中国深怀敌意的人，在这些人的策动下，国际奥委会竟拒绝新中国参加这届奥运会。为此，中国奥委会提出了强烈的抗议，中国的严正立场得到许多国际友人的同情和支持，终于在国际奥委会会议上通过邀请新中国参赛的决议。中国有权派运动员参加比赛，但是，由于国际奥委会在奥运会开幕前两天才作出邀请中国参赛的决定，因此，当中国体育代表团到达赫尔辛基时，比赛已近尾声，仅吴传玉一人参加了 100 米仰泳比赛。在这届奥运会上虽然未取得名次，但这是新中国成立后首次派队参加奥运会比赛，中国的五星红旗高高飘扬在奥运会的上空，维护了中国参加奥运会的合法权利。1954 年 5 月，国际奥委会第 49 届会议在希腊雅典举行，会议就新中国的代表权问题作出了决定，正式承认了中华人民共和国在国际奥委会的合法地位。但由于以蒋介石为首的国民党逃到台湾后，一些人在政治上蓄意制造"两个中国"，导致中国台湾省地方体育组织也被列入国际奥委会所承认的各国奥委会名单中。对此，中国人民提出了强烈抗议，在多次抗议无效的情况下，中国奥委会于 1956 年 11 月 6 日正式宣布不参加第十六届奥运会，进而，中国奥委会于 1958 年 8 月 19 日发表了关于同国际奥委会断绝关系的声明，并退出国际游泳、田径、篮球、举重、射击、摔跤、自行车联合会及亚洲乒乓球联合会等八个国际体育组织，当时的中国国际奥委会成员董守义也毅然辞去了国际奥委会委员的职务。根据《奥林匹克宪章》，奥运会是国际奥委会的私有财产，未经其承认的国家和地区奥委会不能参加奥林匹克运动会，各国际单项体育联合会也有类似的规定，禁止其会员组织与非会员组织进行比赛。所以，尽管我国的领导人采取了睿智的措施，但中国在1958年退出国际奥委会后的20余年里，中国除了参加亚洲运动会以外，被隔离在包括奥运会在内的大多数世界性赛事以外。

2. 中国走进奥运的光辉印迹

中国在蹉跎中锐意进取，1978年，开始计划经济体制改革，1979年，农村推广家庭联产承包责任制，1984年，作出市场经济体制改革的决定，1992年，确立社会主义市场经济目标，形成总体开放格局，1996年至2000年，中国的宏观调控使经济软着陆，2001年，中国跨入世贸组织大门。在经济转型的背景下，中国走上了快速发展之路，奥运追梦也由此扭转乾坤，踏出一片光辉的印迹。

1979年，中国奥委会向国际奥委会提出了解决中国在国际奥委会中的合法席位的建议，同年，国际奥委会在洛桑宣布：国际奥委会经过全体委员的通讯表决，批准了执委会在名古屋作出的关于中国代表权的决议，决定中华人民共和国奥林匹克委员会的名称为"中国奥林匹克委员会"，使用中华人民共和国的国旗和国歌，设在台北的奥委会的名称是"中国台北奥林匹克委员会"。经过长达21年的斗争，中国在国际奥委会中的合法席位问题，终于得到了解决。中国奥委会决定接受国际奥委会的决议，并将参加1980年在莫斯科举行的奥运会。但在1979年圣诞节刚过，苏联军队入侵阿富汗，这严重践踏了国际法准则，苏联一面召开以和平、友谊为宗旨的奥运会，而另一面却派兵入侵别的国家，这遭到世界的反对和谴责。在这种情况下，尽管正式参加奥运会是新中国自建国以来多年的夙愿，但为了维护奥林匹克精神和中国的国家利益，中国奥委会宣布放弃参加莫斯科奥运会。

1984年，第二十三届奥运会在美国洛杉矶举行。时光飞逝，52年前刘长春代表中国首次出现在第十届洛杉矶奥运会上，52年之后，中国乘着改革开放的东风，派出了大型体育代表团再次出现在洛杉矶奥运会场上。在这次比赛中，中国选手许海峰在男子自选手枪比赛中为中国夺得有史以来的首枚奥运会金牌，这次参赛成绩也是中国有史以来取得的最好成绩。在这届奥运会上，中国代表团共夺得金牌15枚，银牌8枚，铜牌9枚；还获得第四名14个，第五名9个，第六名7个，第七名8个，第八名8个。中国体育代表团共取得32枚奖牌，取得的金牌总数列第四位，仅次于美国、罗马尼亚和联邦德国。

1988年，第二十四届奥运会在韩国的汉城举行。中国队共获得金牌5枚、银牌

11枚、铜牌12枚，金牌榜居第十一位，奖牌总数28枚列第七位。

1992年，第二十五届奥运会在西班牙的巴塞罗那举行。中国运动员发挥出高水平，取得了金牌16枚、银牌22枚、铜牌16枚的出色成绩，中国在金牌和奖牌总数上均居第四位，这在中国奥运史上是一次大突破、大超越。

1996年，第二十六届奥运会在美国亚特兰大举行。这届奥运会正值百年庆典，中国共获得金牌16枚、银牌22枚、铜牌12枚，奖牌总数50枚，金牌数和奖牌总数均列此次奥运会第四位，再次展现了中国运动员的实力和中国体育事业迅猛发展的势头。

2000年，第二十七届奥运会在澳大利亚悉尼举行。中国代表团以金牌28枚、银牌16枚、铜牌15枚、奖牌总数59枚的优异成绩一举跃入了奖牌榜世界三强行列，金牌数与奖牌总数这两项指标不仅都创下了中国自参加奥运会以来的单届最高纪录，而且均名列世界第三位。

2004年，第二十八届奥运会在希腊雅典举行。中国取得了空前出色的战绩，以金牌32枚的优异成绩一举登上了金牌榜的第二位，奖牌总数63枚列第三位，金牌数和奖牌总数两项指标均超过了悉尼奥运会上创造的历史最好成绩，而且夺金牌面也达到了历史新高。我国健儿在此次奥运会上取得了丰硕的成绩，中共中央、国务院致电说："我国体育健儿在本届奥运会上表现出的精湛运动技术和良好体育道德，进一步弘扬了奥林匹克精神，极大地增强了我国成功举办2008年奥运会的信心。"[①]是的，中国体育健儿的出色表现，再一次展示了改革开放以来我国体育事业的蓬勃发展和中华民族的伟大复兴。

历史的车轮滚滚向前，中国在奥运史上留下的印迹越来越光辉灿烂。从首届现代奥运会的擦肩而过到刘长春的壮志未酬，再到雅典奥运会上的硕果丰收，中国人的奥运之梦越来越近了，这种近不仅仅表现在有运动员参加奥运，有运动员获得金牌，更表现在中国人与奥运相连，用真诚拉开了申奥的序幕。

3. 现代奥运走进中国

从1896年第一届现代奥运会在雅典举行至1978年中国改革开放前的近百年历史，中国从未有举办奥运会的经历，这不仅给中国体育的发展造成了巨大损失，同时也给奥林匹克运动本身的发展带来了无法弥补的缺陷。中国是一个世界大国，"中国的发展需要奥林匹克运动，奥林匹克运动的发展也需要中国"[②]，而奥运会不仅是体育的事业，更是世界和平的事业，无论是为发展世界体育还是为促进世界和平，

---

① 《中国体育时报》，2004-08-30。

② 崔乐泉：《中国奥林匹克运动通史》，16页，青岛，青岛出版社，2008。

中国在条件具备时承办奥运是义不容辞的责任。因此，在改革开放后，随着中国体育同奥林匹克运动的全方位接触、交流和融合，随着综合国力的迅猛提高，中国人开始憧憬申奥之梦。

1990 年，在北京亚运会的闭幕式上，中国大学生们率先打出"亚运成功，众盼奥运"的横幅，点燃亿万中国人对举办奥运会的希望。

1991 年，国家体委、外交部、财政部、北京市人民政府联合向国务院报送《关于申请在北京承办 2000 年奥运会的请示》，这个报告得到了中国奥委会和中国政府的支持。随后中国展开了一系列的申奥工作。

1992 年，国际奥委会宣布：北京、柏林、巴西利亚、伊斯坦布尔、曼彻斯特、米兰、悉尼和塔什干这八个城市被确定为第二十七届奥运会候选城市。北京首次置身于奥运会举办权的竞争之中，争办空前激烈。

1993 年，是申办的决战之年，北京的申办工作经过两年多的精心筹备取得了出色的成绩，赢得了国际奥委会及世界人民的广泛好评。然而，中国人的申奥之梦同样困难重重，在国际社会中，美国借人权之名反对北京或中国的任何地方举办 2000 年奥运会，尽管国际奥委会和中国奥委会予以义正词严的驳斥，但欧美中心主义给中国申奥以巨大的政治压力，在一定程度上阻碍了北京申办 2000 年奥运会的工作。除此政治因素外，此次北京申奥还有一些自身的原因。根据 1992 年国际奥委会执委会向各申办城市颁布的《申办冬季奥运会和夏季奥运会的报告调查表》规定，一个城市申请主办奥运会，必须从以下十个方面创造条件：社会政治稳定、体育设施齐备、有安全保障、交通便利和通讯设备先进、文化艺术发达、城市开放与现代化、有经济保证、城市美化和环境保护良好、有举办大型国际比赛的经验、具有对体育赞助的潜在能力。从这些方面看，北京与其他城市尤其是与悉尼相比还存在差距，如悉尼将奥林匹克运动与世界环境保护相结合，提出"绿色奥运会"，反观北京，大气污染、水污染一直是难题，尽管北京市政府采取一系列措施促使其在 2000 年以前符合环保的要求，但此类努力都得不到国际奥委会调查小组的认可。所以，1993 年 9 月 24 日凌晨 2 时 27 分，当国际奥委会主席萨马兰奇（Samaranch）宣布结果是"悉尼"时，中国人知道 2000 年承办奥运的梦想随风而逝。

虽然 1990 年至 1993 年的第一次申奥失败，但中华民族自古以来是一个勤劳、勇敢、热爱和平、不屈不挠、自强不息的民族，"路漫漫其修远兮，吾将上下而求索"，一次失败并不能磨灭中国的信心，更不能阻断中国人对奥运的期盼，中国人将继续怀着奥运的梦想，勇睿盖过怯懦，进取压倒苟安，以气贯长虹的豪迈拉开第二次申奥的序幕。

有位思想家曾经说过：人生的道路很漫长，但关键的就那么几步，一个民族的发展也是如此，改革开放跨出了中国发展的关键一步，而对于中国的申奥来说同样如此。申奥的历程艰辛而漫长，就让我们铭记第二次申奥中那关键的几步吧：

1998 年 11 月 25 日上午，北京市长贾庆林在人民大会堂正式向中国奥委会主席伍绍祖递交了举办 2008 年奥运会的申请书。北京市常务副市长刘淇宣读了北京申办 2008 年奥运会的申请书。中国奥委会主席伍绍祖接受了申请书。

1999 年 4 月 7 日，北京市长刘淇和中国奥委会主席伍绍祖在洛桑国际奥委会总部正式向国际奥委会主席萨马兰奇递交了北京申办 2008 年奥运会的报告。

1999 年 9 月 6 日，经党中央、国务院批准，由国家体育总局、北京市人民政府和国务院相关部门组成北京 2008 年奥运会申办委员会，刘淇强调，北京申办 2008 年奥运会是党中央从国际国内新形势和中国跨世纪发展战略出发所作出的一项重要决定。

2000 年 5 月 8 日，国务院总理朱镕基会见外宾时说，北京代表中国申办 2008 年奥运会是全国各民族人民的共同心愿，必将推动奥林匹克运动在中国的普及。

2000 年 8 月 28 日，国际奥委会执委会在瑞士洛桑宣布：北京得到国际奥委会认可，获得 2008 年夏季奥运会申办资格，成为五个获准申办城市之一。

2000 年 9 月 9 日，江泽民主席致电萨马兰奇，表示将一如既往地支持奥林匹克休战精神。

2000 年 12 月 13 日，北京奥申委代表团作陈述报告。

2001 年 2 月 24 日，国际奥委会评价团考察后充分肯定北京。

2001 年 5 月 15 日，国际奥委会评价团对五个申办城市进行评估。

2001 年 7 月 7 日下午，北京奥申委代表团前往莫斯科，7 月 13 日，北京奥申委代表团向国际奥委会作申办 2008 年奥运会的最后陈述，随后国际奥委会将投票选出 2008 年奥运会举办城市。

2001 年 7 月 13 日晚 22 时 09 分，国际奥委会主席萨马兰奇庄严宣布：2008 年夏季奥运会的主办权属于北京！①

从 1990 年到 1998 年，八年期间不变的是中国人追奥的梦想，变了的却是中国各个领域的面貌。我国在不断深化经济体制改革的同时，不断深化政治体制、文化体制、社会体制以及其他各方面体制的改革，不断形成符合当代中国国情、充满生机活力的新的体制机制，为我国经济繁荣发展、社会和谐稳定提供了有力的制度保障。事实证明，我国社会稳定，经济繁荣，各民族同胞和谐相处，并同世界各国人

---

① 北京申办 2008 年夏季奥运会大事回顾的资料来源于易剑东主编：《奥林匹克运动百科全书》，76～78 页，北京，首都师范大学出版社，2007。

民一道追求和平与进步，这一切皆为北京在莫斯科进行的 2008 年奥运会申办城市投票中获胜产生积极而重大的影响。除此之外，北京作为申办城市自身充满信心。北京是一座现代化都城，是世界上主要首都城市中发展最快的城市之一，其中关村高新技术开发区被海内外誉为"中国的硅谷"。北京的交通条件不断改善，航空运输能力显著提高，城区市内的道路交通改造和建设在加速进行，新建的高速公路线路不断增加，形成了北京与周边地区十分便捷的高速运输网络。北京还是一座拥有悠久历史、灿烂文化的都城，建城已有 3 000 多年历史，建都达 850 多年，不仅有长城、故宫、天坛等一大批历史文化名胜，而且有长安大戏院、北京图书大厦、中山公园音乐堂、中国评剧院、首都图书馆新馆、王府井新华书店、北京广播中心大楼等一座座现代化建设的新景观。北京高校云集，古今兼容，各方面条件得天独厚。北京还具有承办大型国际活动的经验，自 20 世纪 90 年代以来，北京加快对外开放，成功地举办过一些在世界上有影响的国际活动。总而言之，北京用事实证明中国在迅速发展，北京得到不断完善，北京有实力、有能力获得 2008 年奥运会的承办权。

从 1993 年的梦想破灭，到 2001 年的欢天喜地，中国申奥从失望走向成功，终于从失利走向胜利。

现代奥运被请进北京，2008 年 8 月 8 日至 24 日，第二十九届奥林匹克运动会在万里长城下顺利举行。来自 204 个国家和地区的 1 万余名运动员在 16 天里挑战极限，刷新了 38 项世界纪录和 85 项奥运会纪录，多个国家和地区实现了奥运会金牌和奖牌零的突破。中国体育代表团取得了 51 枚金牌、100 枚奖牌的优异成绩，第一次名列奥运会金牌榜首位，创造了中国体育代表团参加奥运会以来的最好成绩。

现代奥运走进中国，现代奥运在长城下创造了人类的奇迹。

4. 改革开放迎来长城下的胜利

曾经，中国被关在奥运的门外，终于，中国用真诚叩开了奥运的大门，尔后，中国昂首阔步跨入奥运的殿堂，如今，奥运在万里长城下会聚成一片欢乐的海洋。历史在时间中沉淀，而历史更在时间中证明：是改革开放描绘出一个民族崛起的灿烂图景，是改革开放使中国走向世界，更使现代奥运走进中国。

改革开放为奥运梦圆积蓄了雄厚的经济实力。改革开放是振兴中华的唯一出路，振兴中华的关键在于振兴经济，而振兴经济，就在于解放生产力。在旧中国，帝国主义、封建主义和官僚资本主义三座大山严重地束缚了中国生产力的发展，中国通过革命推翻了三座大山，砸碎了旧的统治机器，而改革开放不仅改变了束缚生产力发展的旧体制，同时把人们从旧的思想观念束缚中解放出来，实现了中国经济的迅速腾飞。中国坚持以经济建设为中心，综合国力迈上了一个新台阶，中国完全有能力面对"蒙特利尔陷阱"这个辛酸的名词，担当起经济上的巨大压力，为奥运投入大量资金。根据国家统计局的预测，"举办 2008 年北京奥运会的成本将为 2 800 亿元人民币……具体分配如下：130 亿元用在奥运会的实际运营，170 亿元用于建设奥运场馆，713 亿元花费在环境改善，还有一大部分——1 800 亿元人民币将用于北京市的基础建设。这是奥运有史以来耗资最巨的一届"[①]。马克思说过，经济基础决定上层建筑，而经济基础也保障了奥运会在中国的胜利。

改革开放为奥运梦圆提供了源源不竭的思想动力。生产力的解放，说到底是人的解放，孙中山就提出要"唤起民众"，毛泽东主张要发扬人"自觉的能动性"，邓小平号召"解放思想"，这些伟大思想家都注意到了人的解放。马克思也说过，任何一种解放都是把人的世界和人的关系还给自己。人作为全部自然历史进化和全部文化历史进化的结晶，其全面发展不是靠美好的愿望，而是以生产力的巨大增长和高度发展为前提，而改革开放引领人们解放思想，大胆实践，创造出充满生机和活力的社会主义，这一切将人的世界和人的关系还给了自己，从而人得以开启所蕴涵的无限丰富的可能性。中国人渴望走进世界，从开眼看世界，到师夷长技以制夷，再到对西方技术和制度的学习，中国人经历了种种探索，而只有改革开放冲破思想禁锢，使中国人真正走出封闭与半封闭的状态，秉承解放思想、实事求是，积极探索、勇于创新，艰苦奋斗、知难而进，学习外国、自强不息，谦虚谨慎、不骄不躁，同心同德、顾全大局、勤俭节约、清正廉洁，励精图治、无私奉献的时代精神，开启源源不竭的思想动力，以开阔的心胸接受新观念、新视野、新挑战，以满腔的热情迎接世界的到来。

改革开放为奥运梦圆创造了先进的科学技术。回首历史，社会的进步都伴随着科学技术的创新，尤其是自 20 世纪 40 年代以来，世界兴起了一场规模空前、影响深远的新技术革命。这场革命以信息技术、生物技术、新材料技术、新能源技术、空间开发技术、海洋工程技术、航天技术的开发和运用为标志，使生产力的发展进入了新的历史时期。而奥运离不开科技，二战以后，越来越多、越来越先进的科学技术开始在奥运会上大显神通，在信息时代，信息系统紧密联系整个盛典的每一个微小细节。因此，运用新兴的科学技术举办奥运，这对我国成功举办奥运来说，既是一种机会，更是一种挑战。令人欣喜的是，改革开放以来，我国倡导"科学技术是第一生产力"、"科教兴国"，并制定和实施了一系列发展科学技术的政策方针，使"科技奥运"构筑起北京筹办奥运的坚固基石。2008 年北京奥运会第一次将火炬送上严重缺氧的珠穆朗玛峰，第一次采用"鸟巢"式新型建筑空间结构形式，第一次

① 郭羿承：《构建城市美术馆——以城市文化搭建人文奥运生活》，见北京市哲学社会科学规划办公室编：《人文奥运研究报告》，189 页，北京，同心出版社，2007。

通过无线方式成功实现媒体照片的即时拍摄……是科技增添了奥运的无穷魅力，展示出中国人民的智慧和创造力。

改革开放为奥运梦圆奠定了坚实的人力基础。1932年的洛杉矶奥运会上刘长春孤身一人代表中国参赛，1948年的伦敦奥运会上中国代表团是参赛各国中唯一住不起奥运村的代表团，所有比赛项目预赛或初赛即遭淘汰，这些历史让中国人铭记在心。而改革开放三十年来，中国人民的生活水平得到了空前的提高，实现了由温饱到总体小康的跨越。随着生活水平的提高，人们的生活方式发生了显著的变化，越来越多的中国人参与到体育休闲的行列，群众对体育的热情推动了体育事业的发展，使江山代有才人出。

改革开放改变了中国的国际形象。曾经，在威尼斯商人马可·波罗（Marco Polo）的游记、曼德维尔（John Mandeville）虚构的中国故事集、利玛窦（Matteo Ricci）的中国见闻中，中国是一个物产丰富、国土辽阔、遍地黄金的国度。但在启蒙运动以后，随着欧洲科技的兴起和中华帝国的衰落，西方对中国形象的概括日益与"专制、贫困、停滞、腐朽、愚昧、奸诈、怯懦、保守"等负面词汇相连，中国被西方"妖魔化"，中国在西方的地位也一落千丈。特别是1840年鸦片战争之后，西方对中国形象的否定成为主流。在西方人眼中，中国停滞、落后、专制，中国人的外表、服饰、个性品质等一切都显得滑稽、可笑，遭到西方人的鄙夷。例如，20世纪上半叶美国研究中国问题的专家M. G. 马森（Mary Gertrude Mason）曾在其作品中详细地写道："中国人那种让西方人一见就忍俊不禁的外表，他们从嗓子里发出的嘶哑的呜呜声，带着刺耳的鼻音、含混不清的语调，他们女人一般的衣着打扮，他们夸张的礼节，他们的长辫子、扇子、念珠和刺绣饰品，外国人觉得这些十分可笑。"[1] 而改革开放以后，中国在巴塞罗那、悉尼、雅典奥运会金牌数不断攀升，逐渐脱离被扭曲、被丑化的"东亚病夫"形象，随着经济的高速增长，通过对外开放和全面融入国际社会，中国的国际地位也不断上升，西方人眼中的中国形象也逐渐向独立、自主、和平等成熟、理性的方向发展。中国形象的改变有利于增强中国的国际影响力和国际感召力，为进一步得到国际社会的广泛信赖和尊重，为实现奥运梦创造了时机。

国家兴，体育兴，中国体育的大突破、大发展，北京奥运会的成功举办，正是中国改革开放取得巨大成就的有力见证。

追忆奥运的历史，从古代奥运会到现代奥运会，千年历史化作一瞬，从1908年到2008年，百年岁月成就了中国人奥运梦想的实现。从西方到东方，从希腊到中

---

① ［美］M. G. 马森：《西方的中国及中国人观念（1840—1876）》，172页，北京，中华书局，2006。

国，从奥林匹亚到万里长城，奥运已成为人类共同精神的脉络，铺设出一条达到世界大同的通道，在这条通道上，就让我们留下对奥运历史的记忆，带着大同太平世的理想，在奥运的世界里继续前行。

二、奥运与城市

公元 394 年，古希腊奥运会被禁止，至此之后在历史的长河中便沉睡了一千多年。直至 14—18 世纪中叶，欧洲出现了著名的文艺复兴、宗教改革和启蒙运动三大思想文化运动，正是得益于这种社会文化思潮和时代趋势的影响，古代奥运会才得以恢复和发展，现代奥运会也应运而生。

（一）现代奥运会的源起

1883 年，顾拜旦第一次提出举办类似古奥运会的比赛。在他不懈的努力之下，1894 年 6 月 16 日终于有 20 个国家派代表在法国巴黎大学召开了第一届"重建国际奥林匹克运动会国际会议"。会议作出决定，将于 1896 年在希腊首都雅典举行第一届现代奥林匹克运动会。

现代奥林匹克运动会的诞生，除了要归功于顾拜旦长久不懈的努力之外，还与当时的时代背景有着紧密的联系。

1. 现代奥运会的时代背景

奥林匹克运动在 19 世纪兴起，是多种因素作用的结果。从 14 世纪起，欧洲各国相继发生文艺复兴、宗教改革和启蒙运动三大思想文化运动，18 世纪到 19 世纪，一个又一个欧洲国家实行资产阶级工业革命，它们为现代奥林匹克运动的诞生扫清了思想障碍，奠定了社会基础。

众所周知，我们将西欧的中世纪称为"黑暗的中世纪"。基督教教会成了当时社会的精神支柱，它建立了一套严格的等级制度，把上帝视为绝对的权威，文学、艺术、哲学，一切都得按照基督教的经典《圣经》的教义，任何人都不可违背。否则，宗教法庭就要对他进行制裁，甚至处以死刑。可是到了中世纪的后期，资本主义萌芽在多种条件的促生下，在意大利首先出现。自由、平等，在商品经济中受到不断的呼唤。要想拥有自由、平等还要有生产资料所有制的自由，而所有这些自由的共同前提就是人的自由。此时意大利呼唤人的自由，陈腐的欧洲需要一场新的提倡人的自由的思想运动。资本主义萌芽的出现也为这场思想运动的兴起提供了可能。城市经济的繁荣，使事业成功财富巨大的富商、作坊主和银行家等更加相信个人的价值和力量，更加充满创新进取、冒险求胜的精神，多才多艺、高雅博学之士受到人们的普遍尊重。这为文艺复兴的发生提供了深厚的物质基础和适宜的社会环境。

在古希腊和古罗马，文学艺术的成就很高，人们也可以自由地发表各种学术思想，这和黑暗的中世纪是个鲜明的对比。14世纪末，由于信仰伊斯兰教的奥斯曼帝国的入侵，拜占庭的许多学者，带着大批古希腊和古罗马的艺术珍品与文学、历史、哲学等书籍，纷纷逃往西欧避难。一些东罗马的学者在意大利的佛罗伦萨办了一所叫"希腊学院"的学校，讲授古希腊辉煌的历史文明和文化等。这种辉煌的成绩与资本主义萌芽产生后人们追求的精神境界是一致的。于是，许多西欧的学者要求恢复古希腊和古罗马的文化与艺术。这种要求就像春风，慢慢吹遍整个西欧，文艺复兴运动由此兴起。毫无疑问，这场"回到古希腊"的文艺复兴运动，为即将到来的现代奥林匹克运动提供了思想指引。

宗教改革（The Reformation）是指基督教在16世纪至17世纪进行的一次改革，是资产阶级披着宗教外衣的一场资产阶级性质的改革。在马丁·路德等人的领导下，宗教改革打击了天主教会的神权统治，剥夺了教会在各国的政治、经济特权，各国王权得到加强，有利于民族国家的发展；确立了适应资产阶级需要的伦理规范和生活方式，夺取了大量原属教会的财产；打破了天主教会精神垄断，使人们的思想得到解放，人文主义得到空前的弘扬。

启蒙运动的倡导者将自己视为大无畏的文化先锋，并且认为启蒙运动的目的是引导世界走出充满着传统教义、非理性、盲目信念以及专制的黑暗时期。启蒙时代的学者亦不同于之前的文艺复兴时代的学者，他们不再以宗教辅助文学与艺术复兴，而是力图以经验加理性思考使知识系统能独立于宗教的影响，作为建立道德、美学以及思想体系的方式。在法语中，"启蒙"的本义是"光明"。当时先进的思想家认为，迄今为止，人们处于黑暗之中，应该用理性之光驱散黑暗，把人们引向光明。他们著书立说，激烈地批判专制主义和宗教愚昧，宣传自由、平等和民主。

启蒙运动不仅是一场启迪蒙昧、反对愚昧主义、提倡普及文化教育的运动，更是文艺复兴时期资产阶级反封建、反禁欲、反教会斗争的继续和发展，启蒙思想家们从人文主义者手里接过接力棒，进一步从理论上证明封建制度的不合理，从而提出一整套哲学理论，用政治自由对抗专制暴政，用信仰自由对抗宗教压迫，用自然神论和无神论来摧毁天主教权威和宗教偶像，用"天赋人权"的口号来反对"君权神授"的观点，用"法律面前人人平等"来反对贵族的等级特权。这一切，都成为孕育现代奥林匹克运动会的精神土壤。

自19世纪末20世纪初工业革命时代开始，随着工业生产和经济的迅猛发展，人们开始追求刺激性体育活动来消除紧张的工作状态，尤其是户外运动和竞技运动的开展更是如火如荼，这也大大地推进了复兴古代奥林匹克运动的步伐。另外，资本主义工业化生产和资产阶级的教育方式为奥林匹克运动的兴起提供了适宜的土壤。资本主义工业革命给人类社会带来了一系列深刻的变革，它推动了近代自然科学的发展，使近代体育有了雄厚的经济基础，促使体育获得了更强的生命力。由于工业化社会中的生产和生活方式给人的生理、心理带来了一系列严峻的挑战，促使人们努力寻求新的、理想的生活方式，对身体活动有了新的认识。人们开始把注意力转向改善人的身体本身，体育因成为一种新的社会需要而得到进一步发展。

从文艺复兴时代起，资产阶级的教育家就把体育作为培养人才的重要手段加以大力提倡，不仅恢复了古希腊的体育制度，还进一步制定了锻炼身体的各种措施，积极研究各种运动方法，努力让学生的身体得到全面发展，体育已成为一项重要的、不可缺少的教育活动。1423 年，意大利人文主义教育家维托里诺创立了一所新式学校，仿效古希腊的体育馆，称之为"体育宫"。该校实行体育、德育和智育并重的方针，开展了丰富多彩的体育活动，成为文艺复兴时代资产阶级教育的代表。维托里诺的教育思想和体育实践，促使体育得到了空前的重视，也使体育作为教育的一项内容而开始在学校实施。

宗教改革和启蒙运动中对教育的探索更加确立了体育的地位。资产阶级宗教改革的代表人物马丁·路德就主张体育应成为教育的一部分。捷克教育家夸美纽斯按照资产阶级的教育要求，对学校体育进行了系统的论述，并将体育以较成熟的形式引入到学校教育之中。他主张学校应设宽敞的运动场，应开展广泛的体育活动，鼓励学生通过参加体育活动使身心健康发展。夸美纽斯为学校体育的发展作出了重要贡献，被誉为"学校体育之父"。英国著名教育家洛克在其"绅士教育"体系中，明确地把教育分为德育、智育、体育三部分，指出体育是一切教育的基础，使体育正式成为学校教育中不可缺少的独立的组成部分。法国启蒙思想家卢梭在其名著《爱弥尔》中阐述了他的自然主义教育理想，他要求教育与体育紧密结合，主张按自然法则进行体育教育，按儿童各个年龄阶段的不同特点，以及儿童的兴趣和爱好组织体育活动，以培养"身心两健"的人才。

19 世纪以后，英国也开始了一系列的教育改革，其中以阿诺尔德在拉格比公学的改革最为成功。他创立了"竞技运动自治"制度，充分发挥竞技运动的锻炼价值和教育功能。通过该项改革，拉格比公学的学生在充满活力的运动场上，自己管理自己，不仅锻炼了强壮的体魄，而且培养了公平竞争、团结友爱、遵守规则、勇敢顽强的思想品德，使校风校纪大为改观。阿诺尔德的改革牢固地树立了体育在教育中的地位，确立了竞技运动的教育价值和社会价值，为奥林匹克运动的兴起提供了适宜的土壤。

在时代思潮、教育改革之外，战争的威胁和人们渴望和平的愿望也促进了现代奥林匹克运动的兴起。19世纪末，世界上出现了垄断资本主义和帝国主义，一个新的、强大的帝国主义国家——威廉二世统治的德国登上了历史舞台，并且想通过战争来重新瓜分世界，战争的阴云笼罩着整个欧洲。为了彰显自己的强大，不可一世的德国要求复兴奥运会的呼声很高，一些别有用心的德国人想通过发起奥运会，来扩大影响，为称霸世界服务。法国是德国的近邻，如果德国发动战争，战争的灾难首先就会落到法国人民身上。法国人民强烈反对战争，渴望保持世界和平，古代奥运会和平、友谊的精神，恰好符合法国人民和世界人民要求和平的愿望。复兴奥运会，不仅有利于国际体育的发展，而且有助于法国人民和世界人民反对德国称霸世界的斗争。复兴奥运会成了人们的迫切需要，这一光荣的历史使命落在了法国人的肩上。

顺应历史的潮流，顾拜旦让现代奥林匹克运动变成了现实。

2. 功不可没的顾拜旦

法国教育家顾拜旦是公认的现代奥林匹克创始人，他为奥林匹克运动的诞生和发展作出了卓越贡献。1888年，顾拜旦就任法国学校教育、体育训练筹备委员会秘书长。1889年顾拜旦代表法国参加在美国波士顿举行的国际体育训练大会，进一步了解了世界体育的动态，他认为近代体育的发展正在走向国际化，应该借助古希腊体育的经验和传统影响来推进国际体育，于是产生了复兴奥运会的想法。为了实现这一想法，顾拜旦做了大量的工作。

1891年，顾拜旦创办《体育评论》杂志，以此为阵地热情宣传他的主张，对创办奥运会起了积极的推动作用。1892年，顾拜旦遍访欧洲，宣传奥林匹克理想。同年11月25日在庆祝法国体育运动协会联合会成立5周年大会上，他发表了著名的演说，第一次公开和正式地提出创办现代奥运会的倡议。在演说中，顾拜旦阐明：现代奥运会应该像古代奥运会那样，以团结、和平和友谊为宗旨，但应该比古代奥运会有所发展和有所创新，它应该向一切国家、一切地区和一切民族开放，并在世界各地轮流举办。顾拜旦的倡议，使现代奥运会从一开始便冲破民族和国家的界限，具有鲜明的国际性。1893年，顾拜旦在巴黎召开一次国际性体育协调会议，团结国际体育人士，讨论创办奥运会的问题。翌年，他还将自己的倡议写成公开信，寄给许多国家的体育俱乐部，得到不少体育俱乐部的支持。

在国际各种因素的促进和顾拜旦的不懈努力下，创办奥运会的各种准备工作终告就绪。1894年6月16—24日，根据顾拜旦的建议，来自美国、英国、俄国、瑞士、西班牙、意大利、比利时、荷兰和希腊等12个国家的49个体育组织的代表，参加了在巴黎索邦神学院举行的国际体育运动代表大会。会议期间，又先后有21个国家致函，向大会表示支持和祝贺。这次会议通过了成立国际奥委会的决议，并从

79 名正式代表中选出 15 人任第一届国际奥委会委员。大会还决定由奥运会举办国的国际奥委会委员担任国际奥委会主席。由于首届奥运会定于 1896 年在希腊首都雅典举行，因此希腊委员维凯拉斯当选国际奥委会第一任主席，顾拜旦为秘书长。大会规定每四年举行一次奥运会，通过了遵循"业余运动"的决议。大会还规定奥运会的比赛项目为田径、游泳、赛艇、帆船、击剑、摔跤、拳击、马术、射击、体操、球类运动等。

　　1896 年 4 月 6—15 日，第一届现代奥运会终于如期在雅典举行。它是现代奥林匹克运动正式诞生的重要标志，具有继往开来的意义。自此，奥林匹克运动终于登上历史舞台，揭开了人类文明史上又一页新的篇章。

　　3. 历届奥运会

　　自 1896 年至 2012 年，奥林匹克运动会总共举办了 30 届（见表 1）。

表 1　　　　　　　　　　　　历届奥运会举办城市一览

顺次	城市	国家	时间	备注
1	雅典	希腊	1896	
2	巴黎	法国	1900	
3	圣路易斯	美国	1904	
4	伦敦	英国	1908	
5	斯德哥尔摩	瑞典	1912	
6	柏林	德国	1916	因一战未办
7	安特卫普	比利时	1920	
8	巴黎	法国	1924	
9	阿姆斯特丹	荷兰	1928	
10	洛杉矶	美国	1932	
11	柏林	德国	1936	
12	赫尔辛基	芬兰	1940	因二战未办
13	伦敦	英国	1944	因二战未办
14	伦敦	英国	1948	
15	赫尔辛基	芬兰	1952	
16	墨尔本	澳大利亚	1956	
17	罗马	意大利	1960	
18	东京	日本	1964	
19	墨西哥城	墨西哥	1968	
20	慕尼黑	联邦德国	1972	
21	蒙特利尔	加拿大	1976	
22	莫斯科	苏联	1980	
23	洛杉矶	美国	1984	
24	汉城	韩国	1988	

续前表

顺次	城市	国家	时间	备注
25	巴塞罗那	西班牙	1992	
26	亚特兰大	美国	1996	
27	悉尼	澳大利亚	2000	
28	雅典	希腊	2004	
29	北京	中国	2008	
30	伦敦	英国	2012	

在已举办的 30 届奥运会中，每一届奥运会都与举办国家和城市有着密切的联系。追溯历届奥运会历史，奥运与城市的关系十分奇妙有趣。在下一部分，我们将选取几个极富代表性的案例，探讨奥运会的举办与城市发展之间的奇妙逻辑。

（二）奥运会与城市

1. 东京奥运会：国家形象重建的象征

20 世纪 50 年代初期，日本国民心中普遍弥漫着战败的迷茫与失落感。如何让国家和国民走出历史的困境，是一个艰难的命题。当日本国民面对战后初定的世界局面，来自国际世界和国内民众的压力都迫使日本开始反思这场旷日持久的战争。此外，国内民众巨大的失落感势必影响到经济的发展。在这样的时刻，日本需要一个具有世界影响力的历史机遇，向世界宣告一个新日本的诞生，也向国民注入一剂药效强大的强心针。东京奥运会无疑是最好的机会。

日本获得 1964 年的奥运会举办权，是日本外交和政治上的一大胜利，这可以看作日本彻底摆脱二战发动国阴影、一个新日本得以诞生的证明。在获得举办权后，日本政府把举办奥运会当成一项国家事业，纳入《国民收入倍增计划》，由政府投入巨资，对东京的基础设施和公共事业进行了大规模的改造，其中的主要工程包括东海道新干线、首都高速公路、东京高架单轨电力、东京地铁等大型项目。同时，一批豪华饭店、宾馆也被建立起来，以备迎接外国游客。这些项目的完工使东京一举跃升为世界最先进的城市，日本为东京奥运会的投资，在当时是前所未有的，计划投资高达 1 万亿日元，折合当时的美元达 30 亿。除此以外，日本政府还以国家的名义调用了全国的人力资源，至少 10 万山区农民被廉价雇佣到东京，成为奥运会的建筑大军。

在这场以重建国家形象为主题的奥运会中，经营和盈利早已不是东京的主题。东京需要利用这个契机，将日本全民的心声和呐喊向世界传达出去。这是一场举国上下精心经营的奥运会，在这里，东京发出的每一个符号，都可以被视为日本全国对历史的记忆和对未来的期待。而"原子弹男孩"的出现，无疑是东京奥运会中最备受争议的符号之一。东京奥运圣火的最后一棒是 19 岁的落选田径选手坂井义则，他入选火炬手的原因是他出生于 1945 年 8 月的广岛。东京的这一做法，遭到了美国的攻击，在美国报道中，将坂井义则称为"原子弹男孩"。"原子弹男孩"的出现，仿佛昭示着日本对刚刚结束的这场世界大战的记忆：战争的起源似乎已变得不甚重要，给日本留下深刻记忆的是投向广岛那颗具有巨大摧毁力量的原子弹。日本似乎从未意识到自己作为一个侵略国家在这场战争中犯下的错误和罪行，但是最深刻铭记了战争留给自己的苦难。"原子弹男孩"将日本对历史的态度作出了显而易见的二分法：当国际世界提及残酷的法西斯帝国和受侵略国的深重苦难之时，作为国家这一形象出现的日本选择隐匿在逝去的历史之中，或者它试图提醒国际世界，无论战争有多么悲惨苦痛，它都已经成为结束的时代，世界完全应当忘记那个犯下错误的日本，并不计前嫌地继续给予它公平的机遇。可是，在日本单方面回忆战争的时刻，日本就不再以一个整体性的国家形象出现，而是将整体性的形象化解为单个的生命个体，它强调日本的人民是战争的受害者，痛斥给生命带来伤害的原子弹。"原子弹男孩"在此时应声而出，仿佛告诉全世界：日本此刻象征的是受害的百姓，一个时代的罪孽应当由这个时代来承担。东京奥运会中"原子弹男孩"的符号象征着日本用重视生命价值的名义遗忘本应承担的历史罪责。无论美国或国际世界是否乐意，它都仍然坚持这一固执的观念。这也成为二战结束几十年之后国际世界仍然无法相信日本已经痛下悔改之心的原因之一。

除了"原子弹男孩"饱受争议之外，东京奥运会塑造的国家形象都得到了国际世界的广泛认同。在东京奥运会上，由纺织女工组成的日本女排不负国民期望，以 3：0 战胜苏联女排取得冠军，成为日本人民心中的偶像，被称为"东洋魔女"。在电视剧《排球女将》中，这群白天在纱厂上班、晚上训练排球的运动员奋战不息与艰苦训练的过程，不仅感动了一代日本人，更在 80 年代感动了一代中国人。借由"排球女将"这一形象，奋斗与毅力的主题在东京得到了极大的彰显。有趣的是，1964 年也是现代奥林匹克运动复兴 70 周年，为纪念其创始人顾拜旦，东京奥运会在开幕式上播放了他在 1936 年奥运会上的法语讲话录音："奥运会重要的不是胜利，而是参与；生活的本质不是征服，而是奋斗。"日本人以独具匠心的方式，营造了一种日本式的隐忍和不屈的奋斗精神，在东京奥运会上，由顾拜旦再次传达给世界。

在 1964 年，东京不仅是日本的首都，更成为承载日本新形象的载体。日本以东京奥运会为契机，对国民提出了 6 项要求，以后逐渐成为日本国民的礼仪规范，这6 条包括：第一，对所有来会的外国友人，不分国家，不论身份，一律要热情接待；第二，注重仪表，到机场接人一定要穿正规服装，不符合要求的人不能进机场；第三，在观看奥运会所有项目的比赛时，无论哪个国家的运动员夺得金牌，都要热情鼓掌；第四，不许随地吐痰、便溺；第五，司机在行车时遇到行人要礼让，保证交通安全及道路通畅；第六，要做到文明素质教育从幼儿园抓起，从小就开始培养良好的个人素质和行为礼仪规范。日本借助奥运会，展示国民礼仪素质培养上的巨大成功，成功地塑造了守礼、文明的国家形象。

在东京奥运会后，日本逐渐变得自信与乐观，经济逐步崛起。东京作为国际化大都市的地位，在国际世界得到了普遍的认可。

2. 蒙特利尔奥运会：奥运是否已成为一个恐怖的经济陷阱

蒙特利尔先后多次申奥，直到第五次才成功。蒙特利尔为建设历史上独一无二的奥运中心，不惜斥巨资，设计和建设宏伟的奥运场馆与相关设施。仅主场馆就耗资 58 亿美元，远超出原计划的 28 亿美元，用于城市基础和配套设施建设的费用大大超过百亿美元。1976 年的蒙特利尔奥运会，最为人所诟病的，是它的债务被政府折成了"奥运特别税"，直到 2006 年才取消。也就是说，魁北克省烟民为这届奥运会还了 30 年的债。在申办之初，蒙特利尔市长曾豪情万丈地说，这届奥运会要办成自筹资金自负盈亏的典范。而最初提交给奥委会的计划书里，确实也是这么筹划的。蒙特利尔市长让·德拉皮奥曾经说："我们将为世界呈现一届既简朴又高品位的奥运会。"而实际上，在以上项目中，蒙特利尔组委会获得了 4.3 亿美元的收入。而这届奥运会最初预算仅为 1.200 4 亿美元，后来上升到 3.1 亿美元，如果预算没有超支，那么这届奥运很显然是赚钱的。但蒙特利尔奥运会还是亏了，这其中的亏空主要来自盲目扩大建设各种场馆和奥运村以及拖延工期带来的后果。蒙特利尔奥运会从此与"体育建设极端化"、"不切实际"、"盲目追求"等词联系在一起，成为因"举办奥运"而导致城市建设失败的典型案例。

蒙特利尔市政府对城市建设的重视和大手笔的投入，促使蒙特利尔房屋建筑以及交通、轨道等基础设施在整体水平上有了较大的提高，无疑带动了房地产、酒店业和旅游业的发展。但是，由于奥运的亏空，政府不得不拿出大量的资金填补奥运的资金漏洞。纳税人就不得不为由奥运引起的财政亏空埋单。旅游业、酒店业和房地产业的发展，对蒙特利尔的都市化进程无疑起到了促进的作用。但是，并非所有的老百姓都是受益者。房地产业的发展，迫使更多的人花费更多的代价投入到住房当中，这无疑提高了市民的住房成本，使蒙特利尔市民在奥运会结束之后降低了生活幸福感。另外，由于政府必须拿出大量的资金填补奥运遗留的资金窟窿，导致整个蒙特利尔市乃至整个魁北克省和加拿大用于经济建设的投入费用急速减少，进一步加速了经济的衰退，失业现象严重，物价飞涨。蒙特利尔的市民就不得不面对这样的现状：就业市场低迷，收入减少，但同时又不得不承受日益高涨的住房成本。老百姓还来不及享受旅游业和酒店业迅速发展后带给蒙特利尔市民的优惠和福利，就即将沦落到无家可归的境地。蒙特利尔市民为了这场史无前例的奥运会赔上了三十年的幸福生活，向在 1976 年之后申办奥运的城市提出一个巨大的疑问：当举办奥运会已经不是一场包赚不赔的买卖，而是一次极富风险的赌博时，申办城市要如何避免陷入蒙特利尔经济陷阱？申办城市又该如何说服市民同意申办奥运？

在这两个问题中其实隐含着更为深层的意义，申办奥运并不仅仅是政府机构的一项行政决策，它必须是申办城市所有市民内心愿望的真实表达。如果申办城市的所在政府无法点燃市民对奥运的热情和期待，已经有了前车之鉴的老百姓就会对申办奥运产生抵制和反感；如果市民对自己所在城市或者国家的经济实力有一丝隐忧，他们就会对申办奥运有所迟疑和犹豫。申办城市的政府不仅需要让奥委会证明他们具有申办的力量，更需要对自己的市民开展强大的公关以提高自信。在蒙特利尔之后，申办奥运，已经是对申办城市政府的一场巨大考验：它不仅需要强大的政治魄力和外交魅力，还需要凝聚申办城市所有老百姓的愿景。奥运会也不仅仅是一场竞技的角逐，而是一个向世界展示申办城市殷实富足的窗口，更是一场声势浩大的全民狂欢。

蒙特利尔经济陷阱的教训，也向其后的举办城市提供了有益的启示。为了避免蒙特利尔经济陷阱的重复，各个举办城市需要充分估计自己的经济实力，科学分析举办奥运的收益成本关系，在充分保证能从奥运会获益之后才将申办奥运提上议事日程。此外，申办奥运必须是所在城市居民的共同心愿，只有当市民经济收益极大满足，生活水平达到一定高度，人文素养得到了极大提升之时，市民才会对申办奥运具有强烈的渴望。从这个意义上说，申办奥运不仅是一场申办城市经济实力的比拼，更是申办城市市民奥运梦想渴望程度的竞赛。从政府角度来说，蒙特利尔的启示是，奥运申办城市自筹备申办奥运会以来，就与所在城市的市民达成了一种心照不宣的默契，即政府向市民积极开展申办奥运的宣传工作，许诺承办一场充满商机的奥运盛会，保证将纳税人的税收高效节约地使用在奥运会中，鼓励市民为奥运会消费、工作和志愿服务，奥运会结束之后能促进举办城市的极大发展，申奥城市市民能够从举办奥运会这一盛事中受惠。

蒙特利尔经济陷阱也使得选择奥运会主办城市时的考量因素发生了变化。从此以后，在考虑如何选择奥运会主办城市的问题上，城市经济条件的表现和主办政府的强大执行力成为重要的考量因素。

3. 洛杉矶奥运会：洛杉矶模式是否可行

现代奥林匹克运动开展以来，奥运会的主要开销都要由承办城市和国家的财政来支付。通过商业手段筹集奥运经费，会被认为有损奥林匹克精神的纯洁。至于奥运会收支平衡的维持，依靠的是个人捐献和会场的门票收入。可随着奥运会比赛项目的增多和规模的扩大，以及奥运会对技术、生活服务设施要求的不断提高，主办城市面临着越来越沉重的经济负担。在蒙特利尔奥运会之后，奥运会的花费金额已经成为天价数字。1980年莫斯科奥运会花费了90亿美元。这一笔巨大的开支，已经对申办城市造成了极大的压力。洛杉矶成为1984年奥运会的唯一申办城市。在1978年，国际奥委会雅典会议决定，由美国洛杉矶承办第二十三届奥运会。

洛杉矶奥运会是1896年现代奥运会创办以来首次由民间承办的运动会，既无政府补贴，又不能增加纳税人负担，加之美国法律还禁止发行彩票，一切资金就都得自行筹措。1977年，洛杉矶市市长在写给美国奥委会的信中说："我们打算以斯巴达的精神和商业化的方式来筹办奥运会。"为避免重蹈蒙特利尔的覆辙，洛杉矶刚刚获得奥运主办权，洛杉矶市所在的加利福尼亚州议会迅速通过决议：无论加州政府还是洛杉矶市政府，不得为举办1984年奥运会而动用纳税人的钱。同时，美国联邦政府也表示：将不给予洛杉矶奥运任何经济援助。

为了广开财源，奥组委主席尤伯罗思带领组委会采取了如下主要措施：与企业集团订立资助协议；出售电视广播权和比赛门票；压缩各项开支，充分利用现有设施，尽量不修建体育场馆；不新盖奥林匹克村，租借加州两座大学宿舍供运动员、官员住宿；招募志愿人员为大会义务工作等。尤伯罗思利用自己的聪明才智，使组委会的工作井井有条，一切如愿以偿。洛杉矶奥运会原计划耗资5亿美元左右，后来不仅没有出现亏空，而且有盈余。不过，尤伯罗思主席的做法，也遭到一些非议，批评洛杉矶奥运会具有浓厚的商业色彩，例如在美国境内的火炬接力，参加者每跑1英里需缴纳3 000美元的做法，引起了体育界人士的不满，认为它严重地违背了奥林匹克原则。

1896年顾拜旦创办现代奥运会时，他的目标是恢复古代奥运会最重要的传统：来自世界各地的业余运动员汇集到一起，为了对体育的热爱和参与精神而竞争。至于收支平衡的维持，依靠的是个人捐献和会场的门票收入。在1984年洛杉矶奥运会之前，主办奥运会是一个国家巨大的荣誉之一，但在短短16天后，其留下的巨额账单却让主办国吃尽了苦头。而当尤伯罗思加入洛杉矶1984年奥运会的筹委会时，筹委会正处在破产边缘，但最后的事实却是，洛杉矶不仅办成第一届没有赤字的奥运会，还留下了难以想象的2.2亿美元盈利。尤伯罗思的成功，是因为可口可乐、柯达、耐克，还有更多"招摇"在奥运赛场上空的名字。来自企业赞助的资金，源源不断地汇入洛杉矶筹委会的账户里。而洛杉矶筹委会回报赞助企业的，是转播权和奥运推广许可。这意味着，只有通过竞争获得奥运会的许可经营权，企业才能在奥运会赛场上推广自己的产品。奥运会从此成为一个巨大的商机，观众们坐在电视机前观看洛杉矶奥运会的同时也看到了可口可乐、柯达胶卷和耐克鞋，他们第一次熟知了这些品牌。而企业由此获得了大量的商业利润。他们赞助给洛杉矶筹委会的钱，也被洛杉矶政府投入到惠民设施的兴建中。在洛杉矶奥运会结束后，其2.2亿美元的利润中有9 000万美元流入洛杉矶地区的青少年体育基金组织。20年后，南加州的青少年体育运动仍然从这笔资金中获益匪浅。洛杉矶奥运会第一次开创了三赢的局面，商业化的运作使无数的人受惠。

可是，商业化运作似乎也无法解决一切问题。洛杉矶商业模式使奥运会成了一个巨大的商业契机，但是仍有人颇有微词。如果商业资金的赞助已经成为奥运会举办资金的最主要的支持来源，那这一场象征平等与和平的盛会会不会被商业力量所控制，成为一场不再中立的奥运会？以往为了勇敢和荣誉而战的体育健将会不会抛弃历史的传统，转而追求财富与名声，使奥运会变成一场争名逐利的竞争？这些担忧并非杞人忧天。在历史上，人文主义的传统之所以能够历经时代变迁而仍然坚守，原因之一就是坚持勇敢、平等、和平、自由等信念的斗士们能自始至终坚持一种独立的立场。然而，在商业利益的推动下，洛杉矶模式很难保证象征荣誉和勇敢的金牌不会变质，转而成为金钱的象征。如果是这样，那运动员们将从此遗忘位于历史深处的奥林匹克运动会和顾拜旦，遗忘古希腊的神圣历史，遗忘人类为了和平、自由和平等所做的一切努力，只向往胜利之后的功成名就。在商业利益的刺激下，运动员们会不择手段追逐胜利，诚实和勇敢将逐渐退出奥林匹克的舞台，欺骗、野心和邪恶将会大行其道。在洛杉矶奥运会之后，奥运会似乎也真的出现了一些变化，兴奋剂和虚假纪录层出不穷，金牌运动员在赛后步入五光十色的名利圈，从此远离奥林匹克精神，堕入世俗的商业轮回。如果这些改变都是来自洛杉矶商业模式的刺激，那么在洛杉矶奥运会以后，主办城市应当如何避免丢弃历史的厚重，既盈利又弘扬奥林匹克精神，就成为对申办城市的最大考验。

4. 汉城奥运会：一个国家现代文明的拐点

在洛杉矶奥运会结束以后，申办城市开始了对商业模式运作的借鉴和反思。有趣的是，在发达的欧洲和北美洲，申办奥运似乎是代表着城市的行为，而在亚洲，奥运的申办与举办国家是密不可分的。例如东京奥运会，不仅代表着举办城市，更是举办国家和亚洲形象的象征。汉城奥运会更是如此。1988年汉城奥运会之前，在世界地图上，韩国似乎只是个很少被人发现的小国。16天的奇迹，仿佛改变了这个国家的命运。第二个承办奥运会的亚洲国家，给了世界一个惊奇。之后，以汉城奥运会为起点，韩国开始了长达十多年的经济腾飞。从1985年到1990年，韩国的人均国内生产总值从2 300美元增加到6 300美元，跨越了原始积累，完全变成了一个新兴工业国家。最重要的是，韩国人从此看清了自己的性格。当时的汉城奥运会组委会委员长朴世直就说："东亚民族都有极强的家国意识，大韩民族尤其充满着如同劲草般刚强不屈的好胜心，有把那些诅咒、讥笑当苦药吞下去、不达目的不罢休的韧劲儿。"汉城奥运会与东京奥运会有着异曲同工之妙。1964 年东京奥运会时，日本的经济水平按人均国民生产总值计算只不过 884 美元。通过奥运会，全世界重新认识了战败国日本。日本经济开始迅速崛起，日本还借此机会，创造了在文化、社会、外交等各个领域立足于发达国家行列的条件。有了日本的成功经验，韩国人坚持认为，一定要创造这样一种机会，让韩国国民以巨大的信心和力量，使他们感到自己和发达国家的人民肩并肩、平等地生活在这个世界上。而这个巨大的机会，就是 1988 年汉城奥运会。

在汉城奥运会之前，堵车是汉城最臭名昭著的缺陷，单双号执行了一年多也不见成效。然而临近奥运会，几乎在一夜之间，道路畅通得连警察都不用管了。汉城的车流量一天缩减了 23.5 万辆。在奥运会中，比赛安排严谨准确、有条不紊，正点开赛率达到 97.20%，突破了奥运史上的纪录。韩国人酷爱吃狗肉，而在西方人看来，这太残忍，难以接受。为了国家形象，汉城人齐刷刷戒了 16 天狗肉补身汤。"为了国家的荣誉，为了办好奥运会"这一口号成为韩国全民的心声，在奥运会期间，汉城市民自动排队、自发鼓掌、礼貌微笑，连犯罪率都降到历史最低点。在国家荣誉面前，汉城自发形成了一个强大的善性的气场。

汉城奥运会与东京奥运会的时代契机是有所不同的。东京奥运会时，日本正面临着战败国的历史压力，这种"外在"的压力迫使它集举国之力筹办一场奥运盛会。东京奥运会是日本让国际世界另眼相看的唯一机会。韩国却并非如此。汉城奥运会更像是一场具有"自省"特点的奥运会。在申办奥运会之时，韩国经济刚刚复苏，刚刚结束政治动荡、军事独裁的局面。新政府将汉城奥运会视为一剂强心针，既需要借汉城奥运会提升韩国的国际形象，为韩国寻找加速现代化进程的强国契机；又需要借汉城奥运会凝聚国内松散的人心，激发民众内在的民族意识，使韩国上下团结一心，消除对新政府造成威胁的潜在力量。因此，汉城奥运会是带有强烈的国家主义色彩的奥运会，汉城政府在筹办奥运会时就必须把一种危机意识主动带给民众，在危机意识和忧患意识的刺激下，才能催生市民的奉献精神和团结精神，从而促进韩国新政府的稳定，促进韩国经济的发展。在奥运会前，朴世直先生最喜欢的演讲题目是《如果汉城奥运会失败了》。在这类似的演讲中，朴世直一再向韩国人民宣告，万一这次奥运会以失败告终，韩国就没有希望了。"到时候我们就会陷入思想混乱的局面，无法从自暴自弃的劣等思想中解脱出来，成为葬送韩国千载难逢的绝好机会的千古罪人。"从此韩国人将失去信用，给世界造成坏印象，经济面临困境，国家信誉下降，韩国制造的声誉也随之受到影响。汉城政府以一种置之死地而后生的决绝，调动起每个国民的危机感，全国一心，在筹办奥运会的过程中极大地增强了民族凝聚力。

当国家主义的色彩被注入到奥运会中,汉城奥运会就对单纯的商业盈利模式失去了兴趣。它重视的是对民族情结的呼唤,是一种国民一体的动员。在汉城奥运会结束后,大家坚信,只要把每一个家庭的东西聚在一起就能帮助国家渡过任何难关。隐藏在韩国国民内心中的民族意识和历史积淀的家国情结被汉城奥运会激发出来,融入韩国人的血液中并得以延续下去。在汉城奥运会后,韩国成为国际世界中著名的现代文明国家。在汉城奥运会后,奥运对承办国和承办城市的整体效应体现得越来越明显,大大推动了承办国和承办城市的发展。韩国因为举办奥运会,当年就使经济出现了12.4%的增长。韩国政府曾经骄傲地宣布过一项统计:奥运为韩国建筑业、制造业和第三产业分别创造了21亿美元、22亿美元、13亿美元的产值。1985年至1990年,韩国人均国内生产总值从2 300美元增加到6 300美元,实现了从发展中国家向新兴工业国家的转变。汉城奥运会结束后,韩国国内的一项调查显示:91%的被调查者认为,"奥运会的成功有利于改善韩国与苏联、中国、东欧等社会主义国家的关系";87%的人认为,"这次奥运会使国人感到自豪";56%的人认为,举办奥运会"推进了民主化的进程"。汉城奥运会是韩国的奇迹。它的经济、政治和社会效果无法用语言表达。韩国一度是被世界遗忘的国家。但是,在1988年以后,世界已经感到它的威力和影响——奥运会的召开意味着这个国家的新时代的到来。

(三) 城市与奥运的不解之缘

以东京奥运会、蒙特利尔奥运会、洛杉矶奥运会和汉城奥运会为典型案例进行分析之后,我们似乎可以寻找到城市发展与举办奥运会之间的类似联系。对这种规律性联系的把握,有助于我们进一步探讨奥运对城市发展的促进作用。

1. 强大的经济实力是举办奥运会的首要条件

在蒙特利尔奥运会的案例中,我们可以清晰地看到,要举办一届成功的奥运会,没有充足的经济实力是无法完成的。作为传播和平、友谊和平等的现代奥运会,顾拜旦在创始现代奥运会之初所面临的经济压力或许比不上当代奥运会所面临的困境。随着参与奥运会国家数量的增多、比赛规模的扩大和参赛选手的增加,由体育比赛本身产生的费用就在不断增加。另外,每一届主办奥运会的城市都力图向世界展示一场气势恢弘的体育盛事,都力图使来自世界各地的运动员在自己的主办城市打破历史纪录。主办城市往往不惜重金打造一流的比赛场馆,修缮已有的体育设施,建设豪华的奥运村。主办城市这种尽善尽美的心态影响着奥运会资金的分配流向。在有企业赞助和经营转播权以前,奥运会筹措经费主要是靠门票收入和私人赞助,这对主办奥运会而产生的投入来说简直是入不敷出。但是,为了不像洛杉矶奥运会那样引起巨大的非议，主办城市也不能放任商业资本任意注入奥运会赛场。另外，为了奥运会的到来而展开的城市基础设施建设等工作的资金也不能完全由企业来负担。因此，完全建立在商业化模式上的奥运会运营方式是具有极大风险的，至今为止，要成为奥运会的主办城市，殷实的财政收入仍然是国际奥委会衡量主办城市资格的重要标准。

2. 繁荣的政治局面有助于成功举办奥运

和平与友谊是奥林匹克永恒的主题。作为一场跨越国界和种族的体育盛事，奥运会抵制歧视与偏见，弘扬不懈追求、不断向人类自身提出挑战的奋斗精神。自奥运会诞生之日起，就反对战争与冲突，强调和平与友谊。在奥运会历史上，以东京奥运会和汉城奥运会为例，奥运会不仅成为宣告新时代的象征，也由于奥运会这一历史契机，东京政府和汉城政府能借此团结广大国民，将威胁政府稳定的因素悄然消灭，化解了首都和国家在当时面临的政治危机，使得国内上下一心。在这种意义上讲，东京奥运会和汉城奥运会像是政府精心准备的一场"政治危机治理"，利用了奥运会的力量，整合了全国的资源。这种整合和团结的力量能够凝聚一个民族的意志，增强民众信心，振奋国民精神。

稳定的政治局面、安定的社会秩序是成功举办奥运会的根本保障。在奥运历史上，由于战争原因导致奥运会停止举办的现象不止一次地发生。世界各国由于军事和政治的较量，在特定的历史时期曾发生过退赛和禁赛现象。这种状况的出现无疑会在奥运历史上刻画下阴暗的记录，而繁荣昌盛、民主自由、宽容和谐的政治局面则会为奥运会的圆满召开创造有利条件。

3. 奥运会有利于城市国际形象的树立

国家形象是一个国家在国际政治、军事、文化、科技、教育等诸方面与其他国家相互交往过程中获得的国际社会对其的解读、认知和评价，是国家力量和民族精神的表征，是综合国力的集中体现，也是一个国家重要的无形资产。经验证明，良好的国家形象可以赢得有利的发展环境，降低发展成本；反之，在国际交往中会处处受挫孤立无援。为获取发展的环境，必须加大政治、军事、外交等方面投入，大大增加成本。

在汉城奥运会的案例中，我们可以发现，奥运会与城市国际形象的树立具有密不可分的关系，甚至可以用"奥运外交"这一词汇来表达。奥运会是城市自信力的表达，标志着所在国家自信、宽容地面对世界的各种挑战。通过奥运会，主办城市将蕴藏在城市历史中的城市精神和城市品格向世界作了阐释和宣告。奥运会的召开，也促进了市民"全球意识"的提高，为举办城市的市民提供了一个与世界多种文化、多种价值观对话的机会。奥运会是一个全球性的盛会，现代奥运会早已不再仅仅是一场简单的运动会，不同的文化、价值观和意识形态在这里碰撞、交流和融合，必将成为一个培育和强化广大民众"全球意识"的难得机会，同时也为举办国家的国民提供了一个展现自己个性、精神的舞台。主办城市的国际形象，就经由奥运会这个华丽的舞台展示在全世界各国人民的面前。

4. 雄厚的文化软实力是奥运促进城市发展的重要因素

在软实力诸多因素中，文化发挥着越来越重要的作用。"国民之魂，文以化之；国家之神，文以铸之。"文化是民族的血脉和灵魂，是国家发展、民族振兴的重要支撑。它像流淌在人们生命肌体内的一条难断的血脉，能把人们的心联结在一起；它像一台播种机，能在民族的生存和发展中孕育创造的力量。在人类历史上，不少曾在经济、政治和军事上落败的民族，靠着顽强的文化生命力历经磨难而绵延不绝。那些拥有璀璨文化并充分展示了文化力量的民族和国家，必将在人类社会发展史上留下绚丽的一笔。

特别是当今时代，文化越来越成为民族凝聚力和创造力的重要源泉，在综合国力竞争中的作用愈加凸显。一方面，文化实力本身就是综合国力的重要内容；另一方面，文化与经济、政治相互交融的程度日益加深，经济的文化含量日益提高，文化的经济功能越来越强，文化已经成为国家核心竞争力的重要因素。谁占据了文化发展的制高点，谁拥有了强大的文化软实力，谁就能在激烈的国际竞争中赢得主动。如果说在奥运会结束之后，主办城市能给世界留下美好的印象，一定是由于城市自身雄厚的文化软实力赢得了世界的青睐。文化软实力的强大能够使国际世界对奥运主办城市保持长久的关注，从而获得长期的发展机遇。

（四）2008：无与伦比的北京奥运会

2008 年北京奥运会即第二十九届夏季奥林匹克运动会于 2008 年 8 月 8 日 20 时开幕，2008 年 8 月 24 日闭幕。北京奥运会口号为"同一个世界，同一个梦想"（One World，One Dream），三大理念为：绿色奥运、科技奥运、人文奥运。参赛国家和地区 204 个，参赛运动员 11 438 人，共设 302 项比赛项目。国际奥委会主席罗格称，北京奥运会是一届真正的无与伦比的奥运会。

除了无与伦比的奥运赛场之外，奥运会加快了北京的现代化步伐。这一点，在奥运会后表现得更为清晰。在筹办奥运会的过程中，北京城市重点基础设施建设共完成投资约 2 800 亿元，集中在城市交通、能源基础设施、水资源、城市建设四个方面。如此力度的投入使北京的城市面貌、政府管理水平乃至整个城市的运营效率都有了不小提升。绿色奥运、科技奥运和人文奥运的理念也得到了极大彰显。

1. 绿色奥运

狭义的绿色奥运是指在申办、组织、举办奥运会的过程中，以及在受奥运会直接影响的举办奥运会之后的一段时间里，自然环境和生态环境能与人类社会协调发展。内容主要包括生态绿色、环境绿色等。广义的绿色奥运是指与奥运会相关的物质和意识上的绿色，这里的"绿色"，不仅是指狭义绿色奥运中的"绿色"，而且还指其他方面的与自然和社会发展相协调的思想和做法。内容很广泛，包括物质绿色和意识绿色两大方面。

2. 科技奥运

科技奥运就是以科学思想统领奥运战略，有效集成满足奥运需求的科技资源，为"有特色、高水平"的奥运会的成功举办提供先进、可靠、适用的技术保障；通过奥林匹克精神与科学技术的融合，使奥运成为传播科学知识、提高公众科学素质、促进科技进步与产业发展并惠及社会的平台，达到"科技助奥运、奥运促发展"的目的。其基本内涵包括三方面：第一，以科学精神组织奥运。弘扬"求真"、"创新"的科学精神，用科学发展观统领奥运战略，把奥运会的国际规则、经验与中国实际相结合，形成务实可行、充满活力的本地化战略；将科学思维、科学管理贯穿于奥运筹办的每一个环节，用科学的态度组织奥运，实现举办一届"有特色、高水平"奥运盛会的目标。第二，以先进技术支撑奥运。紧密结合国内外最新科技进展，集成北京和全国的优势科技资源，努力满足奥运场馆建设、赛事组织、交通物流、赛事转播、大型活动、安全保障、信息服务、环境改善等方面的技术需求，以先进、可靠、适用的科学技术提升举办水平和促进运动成绩的提高，为高科技含量的体育盛会提供强有力的智力支持和技术保障。第三，以奥运成果惠及社会。以奥林匹克精神丰富科学思想，促进科学文化传播，提高公众科技素质；通过满足奥运科技需求，促进科技创新能力提升，带动科技产业发展；并通过奥林匹克精神与科学技术的高度融合，促进人与自然和谐发展。

3. 人文奥运

奥林匹克运动会不仅是全球体育竞技的大会，更是人类文化的盛会，无论是古代奥林匹克运动还是现代奥林匹克运动，无不包含着非常丰富的文化内涵和精神追求。

人文奥运的基本内涵包括：传播现代奥林匹克精神，展示中华民族灿烂文化，推动东西方文化的交流合作，促进人与自然、人与社会、人的精神与体魄的和谐发展。人文奥运是以人为本的奥运，就是要大力弘扬人文精神，真正做到以人为本，充分显现奥运对人的尊重与关怀，使人的身体素质和精神文化素质都得以提升，尊重人，锻炼人，教育人，熏陶人，以求得人的自我完善。人文奥运是"文化奥运"，就是将奥林匹克运动的文化内涵突出地显现出来，寓奥运于多样的文化形式和浓厚的文化氛围之中，通过奥运与古今中外优秀文化的充分融合，使奥运的全过程及其每一个方面都体现出高雅的文化追求，并努力促进不同文化之间的平等交流。人文奥运同时又是"文明奥运"，就是要通过举办奥林匹克运动会，引导人们遵守基本道德规范，形成良好的礼仪习惯和文明风尚。恪守以人为本的奥运，体现优秀文化的奥运，追求文明向善的奥运，这就是人文奥运理念的三重含义。

北京是中华人民共和国的首都，有非常浓厚的历史文化积淀和极为丰富的人文资源，人文奥运这一理念是中国这样一个有着悠久、灿烂、浓厚、独特的文化传统的东方文明大国提出来的，是中国在全球化的背景之下，在日益走向开放、走向世界、走向现代化的进程中提出来的。人文奥运这一理念的提出有深刻的历史和现实背景：

第一，人文奥运这一提法完全符合奥林匹克主义与奥林匹克精神的主张，强调奥运与文化的结合，通过体育活动促进人的身心和谐发展，以体育为媒介促进不同文化的理解、沟通与友谊。第二，这一理念的提出还与当今中国与世界普遍关注的"人文精神"的失落有一定关系，人们希望以"人文奥运"这一理念的提出、宣传与贯彻，呼唤崇高精神的回归，摆脱市场社会给人带来的负面影响。因此，人文奥运这一理念所涉及的问题之深、之广、之远、之富有挑战性，都是前所未有的，这就要求我们必须考察奥林匹克运动的文化传统和精神实质，寻找中国文化精神与西方文化精神的差异点与契合处，使两种文化、两种精神在当今新的世界历史时代得以融合，使中国、西方和奥林匹克运动在这一全新的交流与融合中，赋予各自、对方和整个世界更为丰富的文化色彩，携手走向人类更理想的目标。

三、人文奥运

从奥林匹亚到万里长城，从雅典到北京，2008 年北京奥运会终于圆了国人的百年梦想。"世界给我十六天，我还世界五千年。" 2008 年奥运会不仅传承和发展着奥林匹克的优秀传统，在其短暂的十六天之中更是向世界展示了一个"舞动的北京"，一个富含东方神韵的文化中国形象。

在考察奥林匹克精神的过程中，我们不难发现人文内涵一直是其不朽的底蕴，也正是如此，古老的奥林匹克精神才经岁月洗礼却又历久弥新。因为人文内涵作为一种特殊的精神动力，不仅凝聚着人们向往进步的共同心声，更是感召着人类挑战困难的强大动力。鉴于此，2008 年北京奥运会在华夏五千年文明底蕴的基础之上，创造性地发展了奥林匹克精神，提出了"绿色奥运、科技奥运、人文奥运"三大理念。在这三大理念之中，人文奥运虽居于最后，但毋庸置疑其内涵却最为丰富，影响也最为广泛。因为其中兼有中华传统文化的精华与奥林匹克的悠久渊源，在构建和谐社会的进程中更是契合于科学发展观的指导思想。正是在人文奥运理念指导之下，第二十九届北京奥运会取得了圆满的成功，向世人奉献了一场无与伦比的文化和体育盛会。

（一）人文奥运的基本内涵

2005 年北京市委和市政府发布的《人文奥运行动计划实施意见》指出，北京 2008 年奥运会的基本理念是绿色奥运、科技奥运和人文奥运。人文奥运是北京奥运的灵魂。人文奥运的基本内涵包括：传播现代奥林匹克精神，展示中华民族灿烂文化，推动东西方文化的交流合作，促进人与自然、人与社会、人的精神与体魄的和谐发展。充分体现"参与奥运、得益奥运"，充分体现"中国风格、人文风采、时代风貌、广泛参与"的特点。

人文奥运是文化的奥运，是以人为本的奥运，是实现和谐的奥运，是"更快、更高、更强"与"和谐、和睦、和平"的有机统一。[1]

中国共产党第十七次全国代表大会通过的题为《高举中国特色社会主义伟大旗帜　为夺取全面建设小康社会新胜利而奋斗》的报告更是明确提出，要办好 2008 年奥运会和残奥会。北京奥运会的核心理念是人文奥运，人文奥运的基本内涵是人民奥运、文化奥运与和谐奥运。

可以说，作为三大基本理念的核心和北京奥运的灵魂，人文奥运理念是北京向世界提出的具有独特价值的创新理念，同时也是一个开放的、有着巨大生成力的理念。它依托具有五千年悠久历史的中国文化底蕴，充分地展示了北京对世界奥林匹克精神的开掘和发展。

1. 以人为本的奥运

科学发展观作为发展中国特色社会主义必须坚持和贯彻的重要战略思想，其核心理念是坚持以人为本。十七大报告明确指出："要始终把实现好、维护好、发展好最广大人民的根本利益作为党和国家一切工作的出发点和落脚点，尊重人民主体地位，发挥人民首创精神，保障人民各项权益，走共同富裕道路，促进人的全面发展，做到发展为了人民、发展依靠人民、发展成果由人民共享。"

以人为本作为科学发展观的核心，也是北京奥运会筹办的根本指导思想。作为

---

[1]　参见《人文奥运行动计划实施意见》，北京市委、北京市人民政府印发，2005。

以人为本的奥运，人文奥运不断关注人，热爱人，提升人，并通过追求人的本质力量的自由实现以及人的全面和谐发展，最终唤起人类对人自身可贵不可轻的不断体认和无限珍视。人文奥运的这一追求与奥林匹克运动"体育为大众"，强调对人的尊重、关爱与提升，积极维护人的尊严，注重引导人们追求身心和谐发展，"增强体质、意志和精神并使之全面均衡发展"[①] 的宗旨无疑是一致的。人文奥运理念的提出，也正是对奥林匹克此种人文价值的强调和发扬。

在奥林匹克主义之中，积极快乐、均衡发展一直是其所倡导的生活哲学，公平、公正、公开更是其所致力于推动和呼吁的竞赛理念。但是，现代奥林匹克运动在取得巨大发展的同时，也伴生出一系列严重的问题，如运动员异化、兴奋剂与运动伦理道德丧失、赛场暴力等。究其缘由，这些现象与现代西方片面追求竞争和超越的文化，缺失以人为本的人文关怀是分不开的。也毋庸置疑，这些问题是与奥林匹克精神背道而驰的，在极大地影响了奥林匹克运动健康发展的同时，也让人们对奥林匹克运动的前途产生忧虑和担心。在此种背景之下，人文奥运强调以人为本，正是对世界奥林匹克运动出现的问题的积极回应，也是对奥林匹克精神价值的复归和扬弃。因而当开幕式上，中国体育代表团旗手姚明牵着抗震救灾小英雄林浩的手入场时，世界各地的人们都被深深打动了，这个小男孩获得了全场最温暖的掌声，这也表达出人们深切的人文关怀和生命关怀。

在 2008 年北京奥运会的筹办和举办期间，人文奥运一直秉持以人为本的理念，用中国传统文化中的"和谐、和睦、和平"补充和矫正着奥林匹克竞技运动所出现的异化，努力实现着与"更快、更高、更强"的有机统一，并通过开展广泛的奥林匹克教育活动和体育健身活动，不断增强人民体质，提升全体中国人民的身心健康水平。发展群众体育，提倡全民奥运、全民健身是实施人文奥运理念的基础性工作，这也正是以人为本的人文奥运最广泛人文关怀的充分体现。

2. 文化交流的奥运

北京奥运会既是一次举世瞩目的体育盛事，更是一场普天同庆的文化盛典。中华民族的悠久历史、灿烂文化，改革开放 30 年的建设成就和当代中国人民的精神风貌，在盛大的开幕式上都得到淋漓尽致的展现。当祥云画卷映衬着圣火在北京的夜空熠熠升腾，渊源共生、和谐共融的中国文化穿越时空长廊，与奥林匹克运动团结、友谊、和平的精神交相辉映。诚如前文所言，在本职的体育竞技之外，北京奥运会更承担着中西方文化交流的重任，以让世界不同文明在人文奥运中实现完美融会。让世界来到中国，让北京触摸世界，2008 年北京奥运会，是历史悠

---

① 国际奥林匹克委员会编：《奥林匹克宪章》，8 页，北京，奥林匹克出版社，2001。

久的奥林匹克文化与源远流长的中华文明的伟大握手，也是世界文化与中国文化的一次雄伟交汇。

从某种意义上来说，一方面，人文奥运肩负着在中国 960 万平方公里的土地上、在 13 亿中国人民中传播和普及起源于古希腊的奥林匹克理念的重任。奥运会是世界 200 多个国家和地区的数万运动员、教练员、裁判员、领队，数万新闻记者、艺术家，百万旅游者的快乐游戏的盛节。各国朋友在这个文化艺术的大舞台上尽情地展现着自己国家的文化风格、文明传统、民族情感和地域风貌，而参加奥运会的每个来访者，在扮演表演者的同时又都是另一文明的欣赏者和接受者。

另一方面，奥运会又是中国人民向世界展现中华文化的绝好时机。"世界给我十六天，我还世界五千年"，北京奥运会的每一个环节，也都在"用世界语言讲述中国故事"，祥云火炬、金镶玉奖牌、青花瓷图案礼仪服装等，随处可见的中国文化元素和浓郁的中国韵味，在展示中华文明的同时，也让 2008 年奥运会成为世界人民了解和体验中国历史、文化与自然风光的最佳窗口。

在东西文化的交汇中，东方文化特别是中华文明努力实现着对奥林匹克精神的开拓与发展。在 2008 年奥运会中，中国传统的"和合文化"，特别是和平、和谐、和爱、和美所包含的天人合一、以人合天的和谐自然观对奥林匹克"更快、更高、更强"的竞技文化进行着生动补充。北京奥运在展示中华文明、尽显东方神韵中，创造性地实现奥林匹克文化与中国文化的交流和融合，并积极地以中国文化精华来补充和发展奥林匹克文化，凸显着北京 2008 年奥运会独一无二的历史价值。

3. 人民大众的奥运

1908 年，伦敦奥运会曾提出了著名的奥林匹克格言："重要的不是取胜，而是参与。"在今天看来，奥运会的生命力不仅在于运动员的参与，更在于大众的参与，因为只有这样，奥林匹克精神才能实现最为广泛的普及。人文奥运作为当代中国民间关怀的一种体现，其基本内涵之一便是人民大众的奥运，是全民参与的奥运，是以民为本的奥运。

人文奥运所蕴涵的以民为本、全民奥运、全民健身内涵，不仅是对奥林匹克精神的极大扩展与弘扬，也是对现代奥林匹克文化的创新与发展。2008 年奥运会在 13 亿人口的中国举行，这标志着一百多年来的现代奥林匹克运动在历史的一个瞬间获得了巨大的飞跃。这是奥林匹克人文关怀的伟大实践，不仅开启了奥林匹克运动的新起点，也必将在奥运史上写下光辉的一页。

2008 年，重在参与的理念在第二十九届北京奥运会获得了进一步的发展：人文奥运将其与中国当代体育文化实践结合起来，提出了全民参与、全民健身的响亮口号，广泛的群众性更是使奥林匹克运动焕发出新的光彩。

人文奥运作为北京 2008 年奥运会成功举办与北京实现城市发展战略的最佳结合点，作为人民大众的奥运，还努力推动着北京城市的发展及北京市民生活质量的改善。人文奥运除了展示中国文化，促进中外文化交流，实现为世界留下独一无二奥运遗产的庄严承诺，还通过奥运带动了城市相关方面的工作和城市建设，"以发展办奥运，以奥运促发展"，推动更快的城市经济发展，创造更美好的生活环境，培育更宽松的政治民主，塑造更亮丽的城市形象。让人民的奥运，在人民参与和人民付出之后，最终使人民受益。

（二）和谐：人文奥运的核心

作为人文奥运的核心理念，在中华文化与奥林匹克文化的交汇融合中，和谐思想也是二者的共通之处和有力结合点。奥林匹克主义的核心思想是追求身心和谐发展，奥林匹克精神中包含着相互理解、友谊、团结的精神传统，奥林匹克运动的宗旨也是要建立一个和平而更美好的世界。而中国文化中的和谐精神自古就极为突出，先哲古人不仅注重天人合一、身心和谐，在政治上更是追求政通人和，在经济中讲究和气生财，在人际交往方面强调以和为贵、协和万邦。和谐奥运的理念更是包含了身心和谐、人际和谐、国际和谐、天人和谐等极为丰富的内涵。风云际会，中国文化的和谐精神与奥林匹克运动的和谐追求结合在一起，不仅为和谐奥运营造了良好的氛围，更是为建设社会主义和谐社会提供着巨大的动力。

和谐之所以成为人文奥运之灵魂，不仅在于它是人文奥运的核心理念，更在于它身具中华传统文化的精华与奥林匹克优秀传统的独特意蕴，以及和谐社会所需构建的重要目标之身份。在理念上有着中西皆悠久的渊源，在实际中，又成为社会建设有力的现实保障和远景构建目标。

1. 中国传统文化的精华

在中国历史上，和谐的思想观念源远流长。西周后期，周太史史伯与郑桓公之间讨论周室危机的对话所引发出的史伯之论和，是中国历史上关于和谐问题最早的系统论述。中国传统道德中的"和"、"中和"、"协和"等概念，包含有协调、和谐、适中的意思，"和"与"谐"两者的意思相互贯通，涵盖和平、合作、协调等意义，在内涵上最接近于我们今天所说的"和谐"一词。

中国传统文化中的和谐思想是一个涵盖自然、社会、人事诸领域的"应然"的价值目标，它所表明的是自然、社会、人事及人的身心所应达到的恰当、适宜的状态，所应该具有的价值属性。因此，和谐是包括自然和谐、人与自然和谐、社会和谐及人的身心和谐几个方面在内的"普遍和谐"。

在人际关系的和谐方面，中国传统文化重视人与人之间的团结合作。《论语·学而》中，孔子弟子有若说"礼之用，和为贵"①；孟子认为"天时不如地利，地利不如人和"②。这些论调都强调了处理人与人的关系中"和谐"的至上地位。正是在这种"以和为贵"的理念和价值观的影响下，中国人民形成了崇尚和平、反对战争的历史传统。从历史发展进程来看，1 000多年前的唐朝开辟了通向西域的丝绸之路，通过丝绸、茶叶、瓷器等向世界传递了中华民族和平的愿望。500多年前明朝著名的外交家和航海家郑和七下西洋，传播了先进的农业和手工业技术，其根本目的也是为了同外邦结好。现代的和平共处五项原则更是全面地诠释和发挥了和谐的理念，将和平与发展紧密相连，致力于追求全球和平相处，国家之间的和谐合作。

中国传统文化中的和谐思想不仅强调人与人之间的和谐，还特别强调人与自然的和谐，讲究"天人合一"。"天人合一"作为内在于中国传统文化中的人文精神，强调人与大自然的和谐统一，认为天与人、天道与人道、天性与人性是相同的、一致的。这种"天人合一"理念正确反映了人与自然相互依存的内在关系，对于处理好人与大自然的关系，匡正当今世界所发生的种种弊端，尤其为净化近代奥林匹克运动发展中所出现的竞技异化，为人类社会发展提供积极意义上的路径都有着帮助。

2. 奥林匹克的优秀传统

追求和谐不仅是中国文化的精华，也是奥林匹克运动源远流长的传统。早在公元前884年古代奥林匹克运动创办之时，最初的发起者们就规定希腊各城邦不管何时进行战争，都不许侵入奥林匹亚，即使是战争发生在奥运会举行期间，交战双方都必须宣布停战，准备参加奥林匹克运动会。这种规定在当时起到了熄灭战火的作用，奠定了把奥运会作为和平、友谊象征的基础，这也是奥林匹克运动追求和谐传统的起源。

19世纪末，当时世界形势日趋紧张，维护和平成了人们的当务之急。出于对古希腊文明的向往，顾拜旦对奥运会产生了特殊的兴趣。他主张用现代形式复兴奥运会，使它成为世界性的运动会，定期举办，从而促进人们友好相处与世界和平。

《奥林匹克宪章》中也明文规定："奥林匹克主义是增强体质、意志和精神并使之全面均衡发展的一种生活哲学"，"奥林匹克的宗旨是使体育运动为人的和谐发展服务，以促进建立一个维护人的尊严的和平社会"③。奥林匹克精神就是相互了解、友谊、团结和公平竞争的精神，这种精神的实质就是和谐。现代奥林匹克运动充分吸收和发展着古代奥运会的和谐思想，20世纪初提出的现代奥林匹克运动的名言

---

① 《论语·学而》。
② 《孟子·公孙丑下》。
③ 国际奥林匹克委员会编：《奥林匹克宪章》，8页，北京，奥林匹克出版社，2001。

"重要的不是取胜，而是参与"，就是奥林匹克和谐思想的重要体现。

现代奥运会在世界各地轮流举办，并向一切国家、一切地区和一切民族开放，从而超越了政治、宗教、肤色、种族和语言的限制，成为全世界人民和平友谊的盛会。在这个由 200 多个成员所组成的比联合国更为壮观的国际大家庭中，全世界人民聚集在象征和平、团结、友谊、进步的五环旗下同场公平竞争，共同追求人类的美好理想，这本身也是一种和谐。

一个世纪以来，这种以"和谐"为传统的奥林匹克主义和奥林匹克理想正在世界各地发扬光大，现代奥林匹克运动蓬勃发展，也已成为当今世界影响最广泛的国际体育与文化交流活动和推动人类历史前进的强大动力。

3. 构建和谐社会的重要目标

在中国几千年的文明发展史中，和谐已经积淀为中华民族的价值观念和行为准则。进入 20 世纪 90 年代以后，特别是进入新世纪以后，社会经济环境发生重大变化，和谐思想也越来越受到重视，成为中国领导人和思想家处理问题所遵循的基本原则。随着社会的进步，和谐的思想内涵在不断得到丰富和发展，和谐也正成为当代中国社会的追求。

党的十六大提出了本世纪头二十年全面建设小康社会的奋斗目标，全面小康社会就是"经济更加发展、民主更加健全、科教更加进步、文化更加繁荣、社会更加和谐、人民生活更加殷实"的社会。党的十六届四中全会上，党中央又进一步提出了构建和谐社会的目标，认为"坚持最广泛最充分地调动一切积极因素，不断提高构建社会主义和谐社会的能力"，指出"形成全体人民各尽其能、各得其所而又和谐相处的社会，是巩固党执政的社会基础、实现党执政的历史任务的必然要求"，提出"要适应我国社会的深刻变化，把和谐社会建设摆在重要位置"。和谐思想不仅符合中国最大的国情，而且体现了我们党治国的新理念，随着社会的不断发展和进步，和谐也将越来越成为人们追求的理想境界。

作为首都的北京，以和谐为核心理念的人文奥运与北京构建社会主义和谐社会的首善之区的发展目标也是内在统一的。构建社会主义和谐社会的首善之区是提高北京市各级党组织的执政能力、切实推动首都北京各项事业发展、实现"新北京、新奥运"战略构想的新任务。我们所要建设的社会主义和谐社会，是民主法治、公平正义、诚信友爱、充满活力、安定有序、人与自然和谐相处的社会。而促进人与自然、人与社会、人的身心与体魄的和谐发展，实现和谐，也正是人文奥运的灵魂。通过人文奥运，切实提高全体市民的文明素养和公共道德水平，才能巩固和谐社会建设的精神支撑，也才能最终实现社会主义和谐社会首善之区的目标。而构建社会主义和谐社会的首善之区又为推动人文奥运创造了有利的社会条件。人文奥运各项工作也只有在一个政通人和、经济繁荣、人民安居乐业的和谐社会中才能有序开展。

中国 2008 年奥运会的成功，离不开一个和谐的、开放的现代化国家。以和谐为核心的人文奥运理念的提出与实施，对建设和谐社会将产生深远的影响。因为人文奥运不仅仅是一种文化发展理念，也是建设和谐社会的指导思想。北京作为奥运举办城市，离不开自然环境建设，更需要人文环境的塑造。人文奥运理念为北京建设和谐社会提供了建设高质量的城市人文软环境的标尺，同时也为全国其他城市引领着市民的理性思考、开放心态、创新精神和包容胸怀等文明素养，为城市提供了全面、协调、可持续发展的精神动力。

（三）人文奥运源远流长

2008 年北京奥运会所提出的人文奥运理念，是北京向世界提出的具有独特价值的创新理念，但同时也是一个开放的、有着巨大生成力的理念。在探索中国传统文化的精神源流，以及纵观古希腊奥林匹克运动的演变历史过程中，都可见丰富的人文传统。因而人文奥运之人文理念，不仅根植华夏五千年文明的悠久底蕴，更取材于奥林匹克的精神传统，是奥林匹克传统与中国人文精神的完美交汇。

1. 奥林匹克运动之人文传统演变

古希腊奥运会是"以人为本"奥运的思想源头。随着奴隶制民主城邦的出现和政治、经济的繁荣，古希腊人创造了与古代东方风格不同的灿烂文化，它强调那些属于人和人性品质的领域，并在人类历史上首先明确提出了人的全面发展的主张。古希腊教育的根本目标就是培养身心和谐发展的人才，体育是其教育体系中使受教育者精神健全、道德完善和体魄强健的主要手段。古代奥运会崇高的理想和丰富多彩的竞赛方式都贯穿着"以人为本"的精神，奥运会的优胜者被视为善与美的典范而受到人们的崇拜。

文艺复兴时期，人再次受到重视，为近代体育的兴起奠定了基础。同时，人文主义者在发掘和整理古希腊、古罗马文化的同时，发现了古希腊体育的丰富遗产。古代竞技体育文化所蕴涵的思想内涵和具体形式，因其符合人文主义的"人性"、"个人幸福"、"个人自由"等观点，而被大力宣传和倡导，并被赋予了新的思想内容和创造了新的体育形式。这种极富人文色彩的体育成了后来兴起的奥林匹克运动的重要源泉。

现代奥林匹克运动的人文主义是在恢复古代奥运会最美好的文化精神和文化活动并被赋予时代感的基础上创立的。人文思想和承袭了人文思想精华的新的体育形式对奥林匹克运动的创始人顾拜旦产生了深刻影响，他和奥林匹克运动的先驱者们竭力主张奥林匹克运动应教导人们通过心理、身体及精神的锻炼达到个人的最佳境界。正如《奥林匹克宪章》所指出的，奥林匹克主义的目的在于使体育运动为人的和谐发展服务，奥林匹克运动的创始者们深信，这一伟大的社会文化运动能够促进个体的人的和谐发展，能够促进国家与国家、民族与民族、人与人的沟通与协作，进而为建立一个和平的、更加美好的世界服务。

2. 中国传统思想中的人文精神

北京在申办 2008 年奥运会之初之所以提出人文奥运的口号，其重要缘由之一便是中华民族传统文化中蕴涵着深厚的人文思想。

中国的人文思想同中国的传统文化一样源远流长、博大精深。早在商周时期，中国的人文精神就已经开始觉醒了。这种人文精神主要体现在原始的宗教氛围中。中国人文精神的萌芽在西周时期，"人文"一词最早见于《周易》："观乎天文，以察时变。观乎人文，以化成天下。"① 而在中国人文思想的形成过程中儒家思想一直产生着重要的影响，儒家经典"四书五经"作为承载儒家文化基本精神的载体，对儒家思想与中国人文精神进行着系统而完整的阐述，充当着中国人文精神的主体。道教和佛教文化以及其他思想流派也对中国的人文精神的形成产生着一定的影响。

最终，在各民族和理论学派的不断丰富之下，中国的人文精神的内涵也显得丰富异常，如"仁者爱人"的人道原则、"经世致用"的实践态度、"贵和尚中"的处世风度、"刚健有为"的不息精神等，但突出的表现还是"以人为本"的民本思想。在探讨人与自然、人与社会、人与神灵以及自身的道德与欲望之间的关系中，中国的人文精神也不是一成不变的，而是在不断发展和完善的，因而在几千年的发展演变中，中国的人文精神一直具有强大的生命力。

人文精神作为中国传统文化的精华，在一定程度上代表着中国的民族精神，但这种精神不仅属于中国，也属于世界，不仅属于过去，更属于现代和将来，是超越时空的人类的共同财富，并具有永恒的生命力。因而无论在何时，中国传统思想中的人文精神都为人们或将为人们解决人与自然、人与社会诸多方面的问题提供智慧和理论依据。

3. 人文奥运：奥林匹克与中国人文精神的完美交汇

中华民族作为拥有五千年文化传统的文明古国，之所以能够接受明显带有西方人文思想的奥林匹克运动，究其根本而言正是因为世界各民族文化之间虽然存在很大的差异性，但也有相通之处。而这些共通之处使得奥林匹克与中华人文精神的结合变得必要和可能，并不断丰富和发展着奥林匹克主义和奥林匹克精神。

---

① 《周易·贲卦》。

首先，都主张"以人为本"，这是中国人文精神与奥林匹克主义的契合点，也是二者的共通之处，即都以人为中心，以人为目的。其次，中国传统文化是"伦理型"文化，以伦理为中心，高度重视道德教化的作用，强调人们对伦理秩序的遵守，形成了浓厚悠久的道德传统。奥林匹克运动也强调对道德规则的遵守，通过体育竞技陶冶情操，促进身心和谐发展。以伦理为中心的中国文化可以促使奥林匹克运动更多地关注自身的道德问题，如现代奥运在发展中出现的裁判不公、滥用兴奋剂、贿赂和种族歧视等。最后，中国人文精神中内含"刚健有为"的奋斗理念，这与奥林匹克格言"更快、更高、更强"的追求也是一致的。

国际奥委会选择了中国，选择北京作为2008年奥运会的举办城市，在某种意义上而言，这不仅是对北京市1 000多万市民的尊重，也是对13亿全体中国人的尊重，更进一步说，也是对广大发展中国家以至全人类的尊重，这与奥林匹克运动及奥林匹克主义"以人为本"的基本精神完全吻合，也是对人文奥运理念所作的一个精彩的注解。同时，中国文化也必然赋予现代奥运丰富而独特的文化内涵和文化形式，使奥林匹克运动倡导的将体育竞技与人类文化相结合的精神在中国文化的环境中得以充分实现，使奥林匹克主义和奥林匹克精神在中国大地上广泛传播并发扬光大。

2008年，奥运圣火终于得以在中国大地上点燃，这是历史的机缘，也是必然的选择。我们完全可以将中国文化和中国人文精神与奥林匹克主义有机地结合起来，努力寻找两种文化之间的差异和共通之处，求同存异，在相互吸收融合中，不断丰富和发展奥林匹克精神，同时赋予中国传统人文精神以现代内涵，实现二者的和谐共赢。

（四）人文奥运与人类文明

在探寻奥林匹克运动发展的过程中，我们可以发现，古代奥运会最初是为祭祀希腊的万神之王宙斯神而设立的竞技会。而在顾拜旦复兴奥林匹克运动之前，古代奥运会在拥有悠久灿烂文化的古希腊，已经举行了293届，在人类文明和历史的长河中一直延续了1 170年。在这1 170年以及现代奥林匹克运动复兴之后的一百多年中，奥林匹克运动对于传承人类文明，并促进人类文明在世界范围内的交流和传播无疑起着至关重要的作用。

人文奥运作为2008年北京奥运会对于世界所作出的庄严承诺，在追求人的全面发展的基础上，不断地用东方文化的神韵补充和矫正着现代奥林匹克竞技运动的异化，并通过东西方文化的交融，让全世界人民领略中华民族悠久文化的魅力，也在世界范围内传播古老的东方文明。

1. 促进人的全面发展

人文奥运对于人的全面发展之促进作用，最主要的体现于人文奥运所秉承的中国传统人文精神对于人的身心和谐、天人和谐等的追求。中国传统文化中具有深刻的人文情怀。古代的先哲认为，在天、地、人三者之中，唯人最贵。因此他们关注人的生存际遇、身心和谐和人的精神超越，关注人安身立命的道德家园。如儒家强调道德自觉，主张通过自身的道德磨砺，超越现实的物质限制，寻找安身立命的道德家园；而道家则主张去除物欲的遮蔽，珍视生命，不贪财货，追求浑然纯一、无所偏私的精神之乐，达到身心和谐、物我和谐、天人和谐的境界。但尽管他们提出的关于身心和谐、精神和乐的内容各不相同，其中所蕴涵的对人的生命、尊严以及对存在的意义和价值的认识，对于现代人反思自身的生存际遇，缓解精神紧张感、挤压感、疏离感，寻求崇高的超越之路和精神家园，成为一个有尊严的人、优雅的人、自由的人，具有很强的现实意义，也与奥林匹克精神相契合。

《奥林匹克宪章》明确规定，"奥林匹克的宗旨是使体育运动为人的和谐发展服务，以促进建立一个维护人的尊严的和平社会"。人是体育文化的载体，他总是以各种方式参与到体育活动中来。离开了人，离开了对人的关注，离开了人的全面发展，离开了人的蓬勃的生命力和创造精神，任何体育活动不过是徒有形式而缺少灵魂。

为此，2008 年北京奥运会突出了"大众参与"的特点，在充分展现 13 亿中国人民及广大港澳台同胞和海外侨胞积极参与奥林匹克运动风采的基础上，成为人民群众参与程度最广泛的一届奥运会。北京奥运一直坚持全民办奥运的方针，使社会各界共享北京奥运带来的发展机遇，吸引、激励着全中国 13 亿人民和数千万海外华人华侨关心、支持北京奥运会的筹办与举办工作。

依据《人文奥运行动计划实施意见》安排，北京开展了一系列有特色的群众体育健身活动。如每年组织一次主题鲜明的全民健身活动周，每两年举办一次"北京奥林匹克体育节"，每年"6·23"国际奥林匹克日要确定一个能吸引群众参与的主题，在标志性场所组织大型群众体育健身活动。群团组织依靠自身优势，组织开展职工体育运动会、学生体育运动会、妇女儿童文化体育节等形式多样的群众性体育健身活动。

在秉承中国传统人文精神、吸收奥林匹克人文思想基础上诞生的人文奥运，依托于一系列的奥林匹克教育活动和群众性的体育健身活动，引导着人们对体育健身的热爱，鼓励人们追求身心的和谐与健康发展。通过关心人、关注人、关怀人、爱护人和尊重人，不断培育人的创造精神和激发人的生命活力，释放人所具有的巨大潜能，从而最终促进人的自由而全面发展。

2. 推进东西文化交融

奥林匹克运动作为人类社会中的一种社会现象，是一个世界性的动态发展的文化体系，它必然需要在全世界范围内不断吸收新思想、新文化，不断地祛除束缚自身发展的旧思想、旧文化来维持这一庞大体系的存在与发展。因此，2008 年奥运会东西方文化的交融便成为必然的发展趋势。在人文奥运理念的倡导下，北京奥运不仅将世界文化的底蕴更多地带入中国，而且将中华文明的精髓带往世界。在 2008 年北京这块独特、神奇的土地上，人们更深刻地领略到了东方文明的神秘、厚重、深沉与大气，体验了世界文化多样性的益处，重新激发起人们对东方文化的追求和向往。

在这一文化交流活动中主要的还是中国传统文化与西方文化的交流。有三千余年建城史的北京，是中华传统文化的典型代表，奥运会在这里举行，出现的便是东西方文化在东方大地上碰撞与交融。有五千年不间断史的中国传统文化以其充满个性魅力的价值观念、文化观念、思维模式和行为方式对奥林匹克运动产生着深刻的影响。中国偏重于人体的康寿、保健、疗治的养生体系，对于奥林匹克运动中出现的片面注重高水平竞技运动能力的培养、追求肌肉强化，而忽视人体精神与外形的和谐，忽视人体与自然和谐的状况，无疑是一种完善和补充。

代表中国传统文化精华的"和平、和谐、和爱"的和合思想，对于西方文化过分强调"更快、更高、更强"的奥林匹克超越精神而导致当今奥林匹克竞技运动的异化，也具有净化和补充作用。这使得中国传统文化与奥林匹克运动的互补成为一种新的发展趋势。工业文明需要更高层次的和谐，中华传统文化必然造福于人类的未来，中国传统体育也将对奥林匹克运动的发展作出更大的贡献。北京 2008 年奥运会，必将长时期推动东西方文化的大交融。

在 21 世纪的今天，经济全球化和文化多元格局已经形成，不同民族、宗教与文化在竞技全球化的背景下相互冲突碰撞，各种文化之间的沟通与对话也显得越来越重要。中华文明的建设，必须借鉴和吸收人类文明的一切优秀成果，包括历史的文化遗产和现代文化创新。东方文化厚重的历史积淀和西方文化对应的存在态势，无疑成为北京人文奥运的巨大优势和深远背景。人文奥运的主题，也正是要突出人与人之间和文明之间的交流，加强世界各国人民、各种文化间的相互了解。

借助奥运之机，为更好地建设现代化，构建和谐社会，塑造文化中国形象，我们也应更多地汲取民族文化的丰富营养，同时又在理念上大胆吸收西方文化的合理内涵，使世界文化得到最普遍的传播，也使东西方文化之间产生新的交流与认识，从而达到文化建设与时代精神的勇敢超越，不断提升文化软实力，实现中华民族的伟大复兴。

3. 走向世界的中国文化

2008 年北京奥运会作为中外文化交流的舞台，毫无疑问，更是展示中华文化、构建中国文化形象的绝佳时机。北京奥运所提出的人文奥运理念和实施人文奥运的目标，不仅体现了现代奥林匹克运动会的最基本的精神要求，而且也体现出具有数千年历史的中华优秀文化传统。

中华民族在五千年的历史发展中创造了光辉灿烂的文化，建构了优秀的传统文化，诸如团结统一、独立自主、爱好和平、自强不息等传统，同时也体现出了伟大的人文精神，诸如"天人合一"的人与自然和谐统一精神、"以人为本"的人文精神、"刚健有为"的自强不息精神、"贵和尚中"的爱好和平精神等。这些人文精神传统不仅是中华文化发展的内在动力和思想基础，体现了中华民族积极向上的精神，而且代表了中华人文文化发展的基本方向，也体现着中华文化精神对世界作出的独特贡献。北京奥运会提出人文奥运的理念，就是要抓住筹办奥运会的历史机遇，促进中国文化与世界文化的交流，借北京奥运舞台，展示中国丰富悠久的历史文化，树立中国的文化形象。

据此，在 2008 年北京奥运会筹办和举办期间，我们创造出了一些典型的、具有一定中国文化特质的文化符号，如北京申办奥运会的标志、北京奥运会会徽、北京奥运会吉祥物、北京奥运会的口号、北京奥运会的奖牌等。这些标志多数都是非常成功的设计，它们不仅体现了中国文化的经典，而且充分表现出中华民族悠久、深厚、丰富、独特的文化内涵，可以说是中国文化与奥林匹克文化结合的典范。

北京奥运会和残奥会的开幕式与闭幕式，更是中国文化的充分展示和美妙集合。借助于现代光电技术，华夏文明从遥远的历史中走向全球亿万观众，向世人展现了中华民族灿烂辉煌的文化底蕴，点燃了中华文化链接世界文化的火炬。闪耀着奥林匹克精神和人性光芒的开闭幕式演出，以及"同一个世界，同一个梦想"的奥运主题，创造性地实现中国文化与奥林匹克文化的结合，使奥林匹克运动深刻地打上中国文化的印迹，这是中国人、中国文化对于奥林匹克运动、对于整个世界文化的完美展现。

"世界给我十六天，我还世界五千年。"文化是中国面对世界最为深厚的积淀，在开发中国传统文化资源的基础上，北京奥运会充分展示了中华文明，尽显东方神韵，也开启了一扇中国文化走向世界的大门。北京奥运让全世界 45 亿观众第一次以视觉图像的方式同时段近距离地直观感受中国文化，开始了一段文化中国走向世界的新历程，一段东风西渐的历史，一段东方文化与西方文化平等对话的历史。

4. 凸显人文科学，弘扬人文精神

当人们步入现代社会后，人与自然的关系已成为一个突出的问题。20 世纪，更

是在世界范围内出现了"发展性危机"，也即现代化的危机。这种危机正是因为现代发展严重失衡与过度开发所导致。20世纪80年代科技的迅速发展加速了世界文明的进程，渐渐地，人们开始偏向于自然科学，认为自然科学才是世界文明的主要因素，而人文科学在工具理性的泛滥之下也逐渐地失去了为人类提供安身立命终极价值的作用。但人文科学的这种失落最终使社会的发展出现了不协调：20世纪80年代末世界出现了大气污染、森林破坏与耕地缩减、淡水与海洋污染、能源危机、全球变暖等等一系列的问题。这种现代生态失衡现象正是在自然科学所倡导的工具理性之下，人类过度开发自然的结果，这种结果也正伴随着现代经济国民生产总值（GNP）的增长而加剧。

然而对于这种不协调，工业理性却无法给予回答和匡正。我们承认科学技术是人类发展一个非常重要的物化工具，对人类的文明进展也起着非常大的作用，正如如果没有蒸汽机的发明，就不会有18世纪的工业文明，没有工业文明，就没有今天所发生的信息技术革命。但是人类在发展中所遇到的尴尬再一次证明人类的前途不单是由科学来决定的，科学技术只能解决人类改造世界的能力问题，就如何改造世界而言，工具理性却不能给予回答。而这一切，只有人文的理性才能提供，人类在饱尝失去人文精神的苦果后，终于醒悟到人文精神的重要。

人文奥运在这样的时代背景下被提出来，不仅仅反映了人类对以往教训的记取，而且大有弘扬人文精神之意。因而，人文奥运产生的意义，不只是成功地举办一届最出色的奥运会，而且也是在重建人类社会之人文精神，促进社会人文精神的回归。这样看来，人文奥运不仅拓展了蕴涵在奥林匹克运动中的人文思想的适用范围，在内涵上有所丰富和发展，更是从社会更广阔的层面上提出了人文的问题。

（五）人文奥运对奥运的贡献

北京奥运会的举办是中国对于奥林匹克运动所做的巨大贡献。人文奥运之于奥林匹克运动的贡献，主要表现在人文奥运对于奥林匹克精神的复归与扬弃，为中国人文精神切入奥林匹克提供巨大空间，以及拓展奥林匹克运动发展的视野。此外人文奥运在奥林匹克教育上，一方面汲取了奥林匹克教育的丰富内涵，另一方面更是通过不断丰富和发展奥林匹克教育的形式，促进奥林匹克教育向多元化方向发展。

1. 人文奥运与奥林匹克

作为一种创新理念，人文奥运之于奥林匹克，其贡献不仅在于复归了奥林匹克具有普世性的人文精神，更在于在此基础之上用中华民族的和谐精神和人文传统引导奥林匹克运动走出了现代主义与人类中心主义的怪圈，从而拓展了奥林匹克运动的视野，在为中国文化精神切入奥林匹克提供巨大空间的同时，也使现代奥林匹克运动被全世界人民广泛认同。

（1）复归与扬弃奥林匹克人文精神

众所周知，现代奥林匹克运动来源于顾拜旦提出的奥林匹克主义，顾拜旦虽然从没有提出过"人文奥运"的概念，但其奥林匹克主义却充满人文关怀和人文精神。

正是建立在具有普世性的人文精神的基础上，现代奥林匹克运动才被全世界人民广泛认同。奥林匹克主义所蕴涵的基本理念有：增强人的体质、意志和精神并使之全面均衡发展；体育运动与文化和教育相融合，创造一种以奋斗为乐、发挥良好榜样的教育作用并尊重基本公德原则为基础的生活方式；通过没有任何歧视，以友谊、团结和公平精神互相理解的体育活动，为人类的和谐发展和促进建立一个维护人的尊严的和平社会作出贡献。这些无一不是反映了人类共同的愿望与对生活的憧憬，反映了世界最广大人民的理想追求。

《人文奥运行动计划实施意见》规定，人文奥运的基本内涵包括：传播现代奥林匹克精神，展示中华民族灿烂文化，推动东西方文化的交流合作，促进人与自然、人与社会、人的精神与体魄的和谐发展。人文奥运是文化的奥运，是以人为本的奥运，是实现和谐的奥运，是"更快、更高、更强"与"和谐、和睦、和平"的有机统一。[1]

正是在以人为本的人文精神指导下，通过开展奥林匹克教育和体育活动，不断追求人的全面发展，人文奥运在宗旨上复归于奥林匹克运动，也契合于奥林匹克运动的人文精神。同时，通过对和谐的追求，以及用"和谐、和睦、和平"对"更快、更高、更强"的补充，在强调刚健有为的奋斗精神之余，人文奥运有力地化解了西方文化由于过分强调"更快、更高、更强"而导致的当今奥林匹克竞技运动异化，合理地扬弃了奥林匹克所宣导的竞争和超越精神。

（2）为中国文化精神切入奥林匹克提供巨大空间

"和谐"是中国文化精神的精髓。在中国传统文化之中，阴阳二气的氤氲交感是化生万物的源泉，而就人的个体生命而言，其也是阴阳矛盾运动的统一体，也即"万物负阴而抱阳，冲气以为和"[2]。"和"即"和谐"，它既是万物生成的基本前提，也是万物发育的基本保障。我国古人将这一思想推而广之，作为处理人天、人际、人文、身心等关系的理想范式。

和谐理念至今还影响着中华民族的思维方式、心理结构、价值选择、审美情趣、伦理道德和行为特征。中国文化精神中的和谐思想不仅完全契合了现代人文精神，

---

① 《人文奥运行动计划实施意见》，北京市委、北京市人民政府印发，2005。
② 《道德经》第四十二章。

它对处理现代社会发展的自然生态环境、人文生态环境和人类自身发展所面临的多种问题，更是都具有积极的指导意义。

现代奥林匹克面临的种种问题，特别是奥林匹克运动自身的矛盾冲突，在原有的理论框架中，已不能自我修复，到了需要一种新的观念、新的思路和新的理论来指导、调节与处理的时候了。人文奥运理念的提出，为中国文化精神进入奥林匹克运动提供了难得的契机与巨大的用武空间。用中国文化的和谐理念阐释奥林匹克理想，指导奥林匹克实践，处理奥林匹克面临的种种问题，对于补充奥林匹克主义，完善奥林匹克理论，创建更符合人本价值的奥运运作新模式，都具有重大的理论价值与现实意义。

（3）拓展奥林匹克运动发展视野

从诞生的那一刻起就扎根于西方人文沃土的现代奥林匹克运动，其演进和发展必然受到西方基础主义、二元对立和人类中心主义的渲染与熏陶。这一点在奥运会的举办城市中都可以寻觅到证据：现代奥运会的举办城市除 1964 年东京奥运会和 1988 年汉城奥运会以外都一直驻足西方。虽然东京和汉城奥运会都在"人文"上大做手笔，但都未能泼出独具东方神韵的浓墨重彩，很重要的原因就是因为东京和汉城都不是东方文化的源头，从那里不可能领悟到东方人文的博大精深。因此，近代奥林匹克运动始终没能走出"现代主义"的怪圈。而北京人文奥运把现代奥林匹克运动带到了东方神韵的心脏，使奥林匹克的发展视野豁然开朗。

一方面，现代奥林匹克运动一直守候在它的人文家园并在西方国家东奔西走，对西方以外的文化因素却鲜有关注，最终导致西方文化逐渐占据了主导和基础。而人文奥运以其独特的魅力促成了奥林匹克运动与神州大地的亲密接触，让奥林匹克亲自感受东方人文"和而不同"与不同文化间的交流融合，从一元走向多元，发展视野由西方转向东方及全世界。

另一方面，现代奥林匹克运动的发展始终没能超越"人类中心主义"和"一元基础论"。在过去的一百多年中，奥林匹克运动一直忙于奔波而从未直面环境后果，这使得奥运会所带来的环境问题愈演愈烈，其内容、形式以及主导文化价值观一直被西方主宰，而以"天人合一"、"道法自然"为背景的人文奥运则强调"和而不同"、多元共存的全球伦理和持续发展。因此，人文奥运的注入扩大了奥林匹克的关注对象，使奥林匹克由对"更快、更高、更强"的痴迷转向自身及自身与自然、社会的和谐发展，有助于奥林匹克在发展过程中扬弃人类的自命不凡，敬重与爱戴大自然，实现人与自然的"同一性"，增强自身可持续发展的后劲。

2. 人文奥运与奥林匹克教育

教育是奥林匹克主义的核心内容，是奥林匹克主义的出发点和归宿点。《奥林匹克宪章》提出："奥林匹克主义谋求体育运动与文化和教育相融合。"[①] 人文奥运的内涵之中也必然包含教育的深刻内容。2008 年北京奥运通过充分发动群众参与，调动最广大群众的积极性，在拥有世界最多人口的大国之中进行着最广泛的奥林匹克教育，并通过开展形式多样的教育活动和体育健身活动，在不断汲取奥林匹克教育丰富内涵的基础之上，创新和发展着奥林匹克教育，从而促进奥林匹克教育向多元化发展。

（1）汲取奥林匹克教育的丰富内涵

奥林匹克运动诞生之初，由于种种缘由，人们并不了解奥林匹克运动的真正内涵，更多的人把奥运会等同于普通的体育竞技比赛，还有些人将奥运会误认为竞技杂耍。因此，早期的奥运会比赛并没有体现出奥林匹克内在的人文价值。

随着时代的发展，人们逐渐认识到了奥林匹克运动在文化与教育上的重要意义，于是把汲取和兼容其他文化精髓作为促进奥林匹克发展的重要手段，把传播奥林匹克文化，激发青年奋发向上、勇于拼搏的精神作为奥林匹克运动发展的核心内容。1997 年，在国际奥林匹克委员会文化委员会主持的论坛上，明确提出了要防止建立单一模式的体制，强调必须树立对不同文化加以包容和理解的共同意识。因为，全世界文化的多样性构成了人类百花齐放的壮丽图景，只有承认并尊重这种多样性，才能使奥林匹克大家庭所有成员共建美好的世界，只有吸收和融合各民族不同的文化，才能使奥林匹克运动更具世界性。奥林匹克运动所推崇的绝不是一种标准的现代化或文化的单一化，更非欧洲化或西方化，奥林匹克运动必须是多文化的又是跨文化的。

人文奥运正是在遵循奥林匹克宗旨的前提下，秉承奥林匹克教育的理念，以举办奥运会为主线，通过开展丰富多彩的文化教育活动，依托于组织诸如全民健身活动周、"北京奥林匹克体育节"等活动，丰富全体人民的精神生活，促进青少年的全面发展；同时以全国人民的广泛参与为基础，推进文化体育事业的繁荣发展，增强中华民族的凝聚力和自豪感，也进一步丰富着奥林匹克教育的内涵。

（2）促进奥林匹克教育向多元化发展

复兴于 1896 年的现代奥林匹克运动，是在继承古奥运会文化精髓的基础上发展起来的。现代奥林匹克创始人——顾拜旦从一开始就致力于奥运会的世界性，并主张将体育与文化结合，培养身心和谐发展的人，进而建立和平美好的世界。在这种理念的指导下，现代奥林匹克运动在其竞技体育发展的同时，也担负着崇高的历史使命，并促使其独特的奥林匹克文化与世界多元文化进行直接接触和融合。奥林匹

---

① 国际奥林匹克委员会编：《奥林匹克宪章》，8 页，北京，奥林匹克出版社，2001。

克从多角度、多层面汲取人类社会的真善美，丰富其自身文化内涵，从物质文明到精神文明、从个体到社会、从具体到抽象。奥林匹克运动经过产生、形成、发展直至发展到成熟，走过了百年历程。而奥林匹克教育也从不同的形式内容、不同的角度，以不同的方式与其互补，为奥林匹克运动提供了充满人文气息的、适于奥林匹克发展的文化和教育环境，构成了奥林匹克运动多姿多彩的整体景观，并以其非凡的力量激励着人们为实现美好的理想而努力奋斗。

北京奥运会的举办是中国对于奥林匹克运动所作出的一项巨大贡献，其价值也正在于能够使奥林匹克运动和奥林匹克教育活动更加充分地体现出世界性、开放性以及对多元文化的追求，能够使奥林匹克精神得以广泛传扬，使奥林匹克运动的文化内涵更加丰富。在筹办和举办期间，人文奥运正是凭借其独有的东方文化魅力和充分发挥大众参与的优势，通过开展不同的文化艺术活动、全民健身活动以及其他多种形式的奥林匹克教育活动，不断创新模式，在拥有世界最多人口的中国进行着最广泛的奥林匹克教育，宣传奥林匹克知识，推动奥林匹克知识在更广领域普及。

（六）世界眼中的中国新形象

奥运会作为一项全球性的体育和文化盛会，具有强大的国际展示功能，因而奥运会举办国在筹办和举办过程中可以全方位地、充分地向世界展示自己。1964年东京奥运会，向世界展示了战后重建的日本；1988年汉城奥运会，使处于国际社会边缘状态的韩国，得到国际社会的普遍好评，成为韩国发展史上的一个里程碑；2000年悉尼奥运会，改善了澳大利亚长期以来在亚洲国家心目中"重欧美、轻亚洲"的政治形象。

北京奥运会是世界各国文化与中国文化的一次雄伟交汇，是东方文明与西方文明的激情对话，更是中国文化走向世界的重要契机，是构建中国文化形象的巨大推动力量。人文奥运是北京奥运会的核心理念，文化奥运是人文奥运理念的一个重要内涵，借助北京举办奥运会的契机，展示中国的文化形象，是贯彻人文奥运理念的重要目标。北京2008年奥运会的筹办与举办有力地让世界了解了中国的真实情况，纠正了西方主流媒体和政客妖魔化中国而给国际上一些人士造成的错误印象。总奖牌数获得第一，更是让中国彻底地摘掉了"东亚病夫"的帽子。奥运会象征着和平，中国把北京奥运会作为向世界宣传"和平发展"理念的机会，人文奥运也赋予我们重建"文化中国"国际形象的极好机缘。

据统计，2008年北京两个奥运会期间，100多个国家的首脑及其代表团，204个国家和地区的运动员、教练员和领队，3.1万注册与非注册记者，上百万的中外游客来到中国，来到北京。通过电视观看奥运会的观众人数也超过了45亿，通过网络和手机等观看奥运会的人数亦是创造历史新高。在今天看来，在如此短暂的时间内，北京成功地向如此庞大而密集的人群展示了一个民主进步、文明开放的国家形象，向世人展示了"文化中国"多姿多彩的辉煌文明和充满活力的当代成就。而在这期间，热爱和平、开放进取的大国风范，和谐进步的社会面貌更是得以全面呈现。

在2008年北京奥运会这个世界各民族文化交融互惠的现实平台上，多元创造、对话交往、和谐共存成为北京人文奥运的灵魂，也成为新世纪世界奥林匹克精神的核心理念。2008年，世界聚焦中国，正是奥林匹克运动提供了这次让全世界各国朋友更多了解中国的机会，让世界更加了解中国，中国也更加了解世界，这才是真正了不起的奥运会。

（七）走向世界的北京

北京，因其重要的政治、经济地位与其悠久的历史、丰富的文化积淀为世界所瞩目。而随着中国经济的高速发展，作为世界最重要的新兴经济体的首都，北京也越来越多地吸引着世界的眼光。2008年北京奥运会、残奥会的圆满成功，给了北京一个全面展示中国形象和城市魅力的机会，也标志着北京已真正进入了国际性都市的行列。

1. 人文奥运对北京的积极作用

2006年10月1日，中共中央总书记胡锦涛在考察北京奥运场馆建设工程时指出：一定要尽最大努力把奥运会办好，以增强全国各族人民的自信心和奋斗精神、增强中华民族的自豪感和凝聚力；要紧紧抓住新北京、新奥运的重要机遇，全面贯彻落实科学发展观，着力推动经济社会又快又好发展，着力提高城市建设管理服务水平，着力促进社会和谐，把改革发展稳定的各项工作做得更好；要坚持以人为本，注重解决人民群众最关心、最直接、最现实的利益问题，使筹办奥运会的各项工作造福广大人民群众。

可以说中央和北京市一再强调要抓住举办奥运会的机遇，促进北京和全国社会各方面的发展。而就北京而言，以和谐为核心理念的人文奥运与北京构建社会主义和谐社会的首善之区的重要目标也是相统一的。通过人文奥运，可以巩固和谐社会建设的精神支撑，从而有利于最终实现社会主义和谐社会首善之区的目标。而构建社会主义和谐社会的首善之区也为推动人文奥运创造了有利的社会条件，因为人文奥运各项工作只有在一个政通人和、经济繁荣、人民安居乐业的和谐社会中才能有序开展。

（1）人文奥运与北京现代化建设

人文奥运的提出，不仅是北京对世界的一个庄严承诺，同时也为北京的城市发展提供着积极的精神动力。北京2008年奥运会在为提升北京城市文明素质、树立北京良好的国际化大都市形象提供广阔发展平台的基础上，对北京的城市精神文明建设也不断提出着新的要求。

依托其丰富的精神内涵，人文奥运对北京城市现代化的积极影响主要表现为：首先是以经济起飞、技术发展、体制完善等为主要内涵的社会层面的现代化；再是以素质提高、生存方式和文化模式转型为主要内涵的人自身的现代化。我国社会转型期的精神文明建设，在很大程度上有赖于社会的整体文化建构和以人的文化转型为核心的人自身现代化的发展。在经济全球化的影响下，传统文化与现代文化、中国文化与西方文化不断冲突和交融，构成了我国独具特色的社会主义精神文明建设的文化基础。

北京建设和谐社会，人文奥运作为一种体育文化发展理念，其"以人为本，和谐发展"的观念对北京的城市发展必将产生积极的推动作用。通过影响人的思想、道德观念、精神风貌、价值观念、社会公德以及文明素养，人文奥运不断为北京推进现代化建设、构建和谐社会提供着高质量的软环境平台和强有力的智力支持。

（2）人文奥运与城市文化发展

随着我国社会现代化进程的深入，人文体育思想作为一种文化观念形态对社会转型和人的现代化转型日益发挥着重要作用。而毫无疑问，人文奥运作为一种文化理念对北京的文化建设也产生着积极的促进和推动作用，因为体育文化在以人的文化转型为核心的人的现代化过程中起着至关重要的中介转化作用。

体育作为人类身体文化的组成部分，是促进人发展的重要中介。在物化层面，体育通过各种运动形式、方法、手段满足人们对身体运动的需要；在精神层面，体育则以其文化形态渗透在人们的价值体系中，影响和改变着人们的精神世界，并潜移默化地促进着中国民众由凭借经验、传统、习俗、情感而生存的自在自发的传统主体，向凭借理性、规则、法制而生存的自由自觉的现代主体的文化转型。这是我国社会现代化转型过程中体育发展的关键环节，因而人文奥运对于北京的城市文化建设将产生积极的影响。

人文奥运不仅是一个特定时期内的理念，更是一个具有实践特性的可持续的文化发展战略，其核心宗旨是实现经济社会建设硬件设施与软件设施的优化组合，将经济增长与市民人文素质、生活质量的提高有机结合起来。在此战略指导下，北京市在奥运会筹办和举办期间，以及后奥运时期，一直努力进行着文化创意产业的探索和实践。据介绍，北京将进一步培育壮大文化产业，并着重围绕内容创意和交易传播两大核心环节，大力发展文艺演出、出版发行和版权贸易、影视节目制作和交易、动漫和网络游戏研发制作等九大文化产业，着力于提升首都文化软实力，争取让文化创意产业成为首都经济重要支柱产业之一。

（3）人文奥运与北京可持续发展

现代社会，由于人与自然关系的失衡，环境污染、资源破坏对社会的发展和人民健康造成日益严重的不良影响。人文奥运作为三大奥运理念之一，并且作为一种饱含人文底蕴的可持续发展理念，其对于提升北京城市的文明程度，实现北京的可持续发展起着至关重要的作用。因为人文奥运不仅是中华文化通过拓展奥林匹克精神而提出的一个创新性理念，同时也是一个具有实践特性的可持续发展战略，其以人为本的内涵与作为核心理念的和谐思想，都与科学发展观的可持续发展理念相一致。

人文奥运所内含的以人为本、可持续发展理念，与党的十六届四中全会所强调指出的"要坚持以人为本、全面协调可持续的科学发展观，更好地推动经济社会发展"的指导思想紧相契合。其中，人与自然的和谐发展，在构建社会主义和谐社会的进程中具有十分特殊的意义。统筹人与自然和谐发展，不仅是保持我国经济、社会持续健康发展的迫切要求，同时也是保证人类健康生存环境、保证人全面发展的迫切要求。

人文奥运在实施过程中，通过立足于人与自然的和谐发展，把人文奥运、绿色奥运作为北京城市、社区建设的首要目标，同时牢牢把握"以人为本"这一结合点，依托于不断加强城市环境建设、组织体系、社区服务、文化宣传和体育活动等，以奥林匹克运动为纽带，带动北京城市的社区建设，以建立健康、文明的体育生活方式，从而推动着北京的可持续发展。

2. 继承奥运遗产，建设人文北京

2008 年奥运会完满落幕。这一年，北京成为全球的焦点，世界文化齐聚北京，奥林匹克精神在这里得到全面弘扬，奥林匹克运动也在世界人口最多的国家得到进一步普及和发展。但当奥运的热潮退去，当 2008 年已成为历史，如何清点 2008 年奥运会所遗留的遗产，并有效地将其转化为今后国家和北京城市发展的动力，这无疑是今后北京必须考虑的重要问题。为此，北京市委、市政府在学习和贯彻科学发展观的基础上，作出了建设人文北京的重大决策，并以此来统筹今后北京的城市建设和发展。

（1）后奥运时代三大理念的转化

国际奥委会主席罗格先生说："我相信，历史学家将把 2008 年奥运会看成是中国发生重大变革的一座重要的里程碑。" 2008 年北京奥运会、残奥会，不仅给世人奉献了一场精彩纷呈的体育盛会，而且实现了东方文化与西方文明的完美交融，同时对北京的现代化建设和我国和谐社会的构建也将产生深远的影响。2008 年北京奥运会所积累的经验教训，将成为奥运史上弥足珍贵的文化遗产。而作为奥运三大理念之核心的人文奥运所弘扬的和谐世界、和谐奥运的人文精神，在向全球展示辉煌悠久的中华文明之余，更是以东方的古老文明对以西方文化为主的奥林匹克文化进行着生动的补充，凸显着北京对奥林匹克主义的独特贡献。北京奥运所倡导的绿色奥运，在探索独具特色的天人合一的实践基础上，也为北京留下了生态平衡的宜居环境，从而泽被后世。

在后奥运时期，反思 2008 年奥运会的成功，我们不难发现，北京奥运会之所以成为一届"无与伦比"的奥运会，除了举全国之力办奥运这样的大环境之外，北京奥运会所提出的各种理念也为奥运的成功提供了精神动力。其中，人文奥运的建设，为构建北京市民的理性思考能力、开放宽容的胸怀、创新发展的精神等文明素养提出了新的标准，并为北京提供了全面、协调、可持续发展的精神动力。第二十九届北京奥运会已经落下帷幕，但后奥运时期的北京，如何传承奥运精神，继承奥运所遗留的珍贵遗产，并使之成为北京建设和发展的精神力量，则是今后北京城市发展战略的重要任务。

因此，为充分继承北京奥运的物质和精神遗产，以科学发展观来为北京的未来发展提供战略方针，北京市委、市政府作出了将北京奥运会的"绿色奥运、科技奥运、人文奥运"的三大理念转化为建设"人文北京、科技北京、绿色北京"的重大决策，并且将人文北京提升至首要位置。

从"人文奥运"到"人文北京"理念的转化，这既是北京市依据发展需要所作的理念提升，也是饱含文化自觉的新理念开启，而且是践行社会主义核心价值体系、升华城市内在精神、建设以人为本的首都社会的历史性抉择。其核心也在于在弘扬奥林匹克精神的基础上进一步寻找北京的城市品格和灵魂，并将人文精神源源注入其中，从而使所有的活动、项目和产业皆以此为精神依归。

（2）继承奥运遗产，建设人文北京

北京市委书记刘淇同志在《求是》杂志 2008 年第 23 期上发表的题为《建设"人文北京、科技北京、绿色北京"》的文章中指出：北京奥运会、残奥会的圆满成功，标志着首都的经济社会发展已经站在了一个新的起点上。面对新形势、新任务、新要求和人民群众的新期待，必须深入贯彻落实科学发展观，认真总结奥运会、残奥会的成功经验，按照首都工作的特点和规律，不断丰富、升华、发展人文、科技、绿色三大理念，把以人为本、科技创新、生态文明的要求摆在更加重要的位置，努力建设"人文北京、科技北京、绿色北京"。

建设"人文北京"的指导思想是：全面贯彻落实党的十七大精神，以科学发展观为指导，贯彻"人文北京、科技北京、绿色北京"的发展战略，充分发挥首都的综合优势，通过积极挖掘人文北京的内涵，提升首都城市建设、社会管理、教育文化、医疗卫生、公共安全、生态文明、新农村建设等领域的服务水平，为建设繁荣、文明、和谐、宜居的首善之区作出切实贡献。

刘淇书记从四个方面阐明了"人文北京"的含义：建设"人文北京"，就是要在首都各项工作中全面落实"以人为本"的要求，尊重人民主体地位，发挥人民首创精神，真正做到发展为了人民、发展依靠人民、发展成果由人民共享；就是要切实保障人民群众的经济、政治、文化、社会权益，不断提高群众的思想道德素质、科学文化素质和健康素质，提高城市文明程度；就是要深入发掘首都丰厚的文化资源，大力发展文化事业和文化产业，充分展现首都文化的魅力；就是要妥善协调好各方面的利益关系，切实维护公平正义，不断促进首都的和谐与稳定。

作为一个历史悠久的古都和中华人民共和国的首都，北京的发展理念不仅对于中国各地区和各城市，而且对于世界各国与城市的建设和发展，都具有重大的示范性和辐射性。因此，对北京发展模式的这一探索意义非凡，这不仅将成为今后北京城市发展的精神指引，而且也是北京市贯彻落实科学发展观、探索北京发展模式的新思路。

但是"人文北京、科技北京、绿色北京"的理念关涉面相当广泛，实施"人文奥运"向"人文北京"理念的转化，必须首先认清一个问题：作为一个举世瞩目的重大事件，北京奥运的经验和影响覆盖了社会发展、国际交往等诸多领域，从场馆建设、环境治理到赛事组织，从食品安全、反恐治安到志愿服务，从经济投入、政治较量、外交风云到文化交流，从对内动员、对外宣传、媒体政治到危机处理，错综复杂、千头万绪，而所有这些都是以奥运为基点和目标的。但从举办一项重大活动的理念向长久的城市发展理念的转化，则并非简单的概念套用和词汇搬家，虽然有许多可以继承接续的认知和经验，但更有极大的理性深化和实践拓展空间。

因而对于人文北京的建设，我们需要以北京市的全面健康持续发展，建设一流国际大都市为目标，不断汲取奥运期间人文活动、文化产业与事业、公众参与等方面的内容与形态，更要超越这些具体的内容和形态，抓取因奥运而召唤、激发、构建的人文精神，从而进一步丰满人文北京的内涵和意义，最终推动北京的社会主义和谐社会首善之区建设。

第二篇

北京城市形态的人文价值追求

秦红岭 [*]

　　也许我们把太多的注意力放在了城市的物质和经济方面——而忽略了它的另一面：它的精神因素和属性特征。一个城市可以成为既形态美丽又适合居住的物质环境——绿树成荫、交通流畅，保留开放空间——然而却没有提供一种我们称之为"城市的"、特殊的、难以形容的品味。

　　　　　　　　　　　　　　　　　　——［印度］查尔斯·柯里亚

---

[*] 秦红岭，北京建筑工程学院文法学院教授。

现实生活中，倘若问问老百姓对北京的看法，人们常常会从北京的历史文化、政治地位、气候条件、生活成本、交通状况等方面谈及一些具体感受，当然也有许多人会从北京的城市景观、建筑物、街道、公共空间、居住环境等方面谈一些看法。这些方面从广义上说便涉及北京的城市形态问题。虽然人们对一个城市"好"在哪里的看法，是一个见仁见智的问题，但其中肯定有一些共性的东西，它们构成了好的城市形态的价值标准。那么，好的北京城市形态，应有哪些人文价值追求呢？

一、好的城市形态的价值标准

（一）城市形态是一个综合性概念

何谓城市形态，学者们从不同角度、不同层面进行了探讨，并没有一个共识性的定义。从多数学者的观点中可以看出，城市形态是一个综合性概念，它是城市聚居地产生、成长、形式、结构、功能和发展的综合反映，是城市社会、经济、文化的综合表征，是城市的空间、建筑、环境与人所共同形成的整体构成关系。对城市形态的理解，应注意以下两点：

第一，城市形态首先表现为一种物质实体特征所呈现的"相貌"，它是一个城市的全面实体组成，或实体环境以及各类活动的空间结构和形式。主要包括城市区域内城市布点形式、城市用地的外部几何形态、城市内各种功能地域分区格局以及城市建筑空间组织和面貌等等。

北京有 850 多年的建都史，先后有金、元、明、清四个朝代在此建都。明代以来北京城市形态呈"凸"字形城廓平面，绵延 7.8 公里的南北中轴线，使之形成对称的城市格局。1949 年新中国成立后，北京城市建设继承和发展了城市的中轴线布局，市区的城市形态从物质实体特征来看，呈内聚型同心圆模式，尤其是不断扩展的环状和放射状的路网结构更是强化了城市形态的圈层蔓延模式。2004 年初，《北京城市总体规划（2004—2020 年）》修编提出了"两轴—两带—多中心"的新的城市空间格局（见图 1），旨在使城市空间形态由内聚型同心圆式向外延型呈带形发展模式转变。北京将通过完善"两轴"（即北京传统中轴线和长安街沿线构成的十字轴），强化"东部发展带"（北起怀柔、密云，沿顺义、通州东南指向廊坊和天津），整合"西部生态带"（与西部山区生态屏障相联系），最终构筑城市中心与副中心相结合、市区与多个新城相联系的新的城市形态。

需要强调的是，第一，城市形态并非一个静态的实体环境概念，城市形态各组成要素以及各要素之间的相互关系随社会发展而不断变化，因而城市形态是构成城

图1　北京"两轴—两带—多中心"的城市形态示意图

市发展变化的空间形态特征，正如建筑大师齐康的观点，城市形态是构成城市所表现的发展变化的空间形态特征，这种变化是城市这个有机体内外矛盾的结果。[①]

第二，不能把城市形态仅仅当作物质实体来理解，城市形态不仅是指城市各组成部分的有形表现，也不只是城市用地在空间上呈现的几何形状，而是一种复杂的社会文化过程，是城市中社会经济、政治、文化、宗教等各种活动的综合结果，应将其放到广阔的社会经济关系、政治关系、市民生活和文化背景中来考察和理解。

城市往往体现为一种文化形态，以各具特色的形态特征和空间组合表达着各个民族、各个地域的文化观念、宗教观念、道德风尚和哲学价值观。美国著名城市理论家刘易斯·芒福德（Lewis Mumford）提出过一个重要思想：城市是人类精神文化的创新地和大"容器"，是人类至今创造的最好的文化记忆的器官。城市的贡献和作用在于它能保存、留传和发展社会历史文化，"城市通过它的许多储存设施（建筑物、保管库、档案、纪念性建筑、石碑、书籍），能够把它复杂的文化一代一代地往下传"[②]，这是城市独特的功能之一。芒福德在谈到巴比伦、罗马、雅典、北京、巴

---

①　参见齐康：《城市环境规划设计与方法》，27页，北京，中国建筑工业出版社，1997。

②　[美] 刘易斯·芒福德：《城市发展史：起源、演变和前景》，580页，北京，中国建筑工业出版社，2005。

黎等城市时说，它们之所以能支配各自国家的历史，正是因为这些城市始终能够代表其民族的文化，并把其绝大部分留传给后代。在此，芒福德的思想为我们讨论城市形态问题确立了一个基本的立足点：应当把城市视为文化生成、文化传承的积极力量来加以思考。意大利建筑师阿尔多·罗西（Aldo Rossi）的观点也与此类似，他认为城市演变体现了复杂的社会秩序，强调应将城市看作市民集体记忆的场所，这可以帮助人们掌握城市形态的意义："我们可以说，城市本身就是市民们的集体记忆，而且城市和记忆一样，与物质和场所相联。城市是集体记忆的场所。这种场所和市民之间的关系于是成为城市中建筑与环境的主导形象，而当某些建筑体成为其记忆的一部分时，新的建筑体就会出现。从这种十分积极的意义上来看，伟大的思想从城市历史中涌现出来，并且塑造了城市的形式"①。

（二）中外学者论好的城市形态的价值标准

中外许多学者都提出了好的城市形态的价值标准。这里价值标准的概念并非属于严格意义上的价值论范畴，而是指考察、判断某个城市形态好与坏的标准、准则，用更通俗、更形象的话表达就是，好的城市形态"应该怎样"呢？

首先让我们来看看美国著名城市规划评论家简·雅各布斯（Jane Jacobs）的独到观点。她在1961年的经典之作《美国大城市的死与生》里，细致观察了实实在在的城市生活而不是热衷于理性主义的空想，她洞察到城市形态几何学般的整齐划一的外表与有效满足日常生活的需要之间并不一定存在对应关系："只知道规划城市的外表，或想象如何赋予它一个有序的令人赏心悦目的外部形象，而不知道它现在本身具有的功能，这样的做法是无效的。"② 雅各布斯的逻辑是：好的城市是充满活力的，而城市的活力主要源于城市的多样性，因此多样性就是好的城市形态的基本标准。她认为，城市是人类聚居的产物，成千上万的人聚集在城市里，而这些人的兴趣、能力、需求、财富甚至口味又都千差万别。因此，无论从经济角度，还是从社会角度来看，城市都要尽可能地错综复杂并呈现多样性，以满足不同人的多元而复杂的生活需求，她明确提出："关于城市规划的第一个问题——而且，我认为也是最重要的问题是：城市如何能够综合不同的用途——在涉及这些用途的大部分领域——发生足够的多样性，以支撑城市文明？"③ 在这种理念的指导下，雅各布斯列出了一个好的城市形态的四个准则，即主要用途要混合（mixed primary uses）、大多数的街区要小（short blocks）、不同年龄和状况的建筑物要并存（building of ev-

---

① ［意］阿尔多·罗西：《城市建筑学》，130～131页，北京，中国建筑工业出版社，2006。
② ［加拿大］简·雅各布斯：《美国大城市的死与生》（纪念版），11页，南京，译林出版社，2006。
③ ［加拿大］简·雅各布斯：《美国大城市的死与生》（纪念版），144页，南京，译林出版社，2006。

ery age and condition)、人流的密度必须达到足够高（most of their presence）。她反对严格的功能分区，认为城市的居住区、商业区和工作区相互交叉混合在一起，才能产生集中优化效应，为市民提供丰富多彩的活动和体验，才能使这一区域每天的大部分时间里有人气，也才能上演一幕幕丰富多彩的"街道芭蕾"（street ballet）。她主张大多数街区尺度不要太大，这样城市路网自然就会密集一些，城市的街道就变得相互通达而不会隔离，就会形成一种互相关联的城市交叉使用资源。她认为所谓的老建筑主要不是指一些标志性建筑，而是很多普通的老房子。对于一个城市而言，普通建筑才是与老百姓的日常生活息息相关的建筑，它们如同城市的母体。

与极端现代主义那种居高临下的对城市的俯视角度不同，雅各布斯基于一个普通市民的体验和观察，以家庭主妇般的细腻眼光，将注意力更多地集中于城市街头真实的日常生活，对什么才是好的城市形态提出了既富于批判性又富于建设性的见解。她没有被现代主义城市规划所宣扬的表面上的理想蓝图和美丽的视觉秩序所迷惑，她呼吁要全面复兴和建构城市的深层肌理及其活力。尽管雅各布斯讨论和评价的是近 50 年前美国大城市的种种问题，但对于当前经济快速发展使北京城市空间结构产生巨大变化的背景下，如何营造有活力的北京城市形态，有重要的启发意义。

其次，让我们看看美国城市规划学者凯文·林奇（Kevin Lynch）所提出的城市形态价值理论。林奇在其著作《城市形态》的序言中，首先提出了"一个天真的问题"："什么能造就一个好的城市？"同时指出："一个综合的城市理论不仅应该阐述一个城市是如何运转的，同时也应该阐述这个城市'好'在哪里。"[①] 对此，林奇首先将城市空间形态的价值标准划分为五种类型，它们分别是：具有强大作用的标准（即城市形态的政策目标，如满足对服务、基础设施以及住房的需求）；带有愿望性的价值（如增强社会平等、增加社会和谐）；弱势的价值标准（如改善人们的精神健康状况、增强社会稳定）；隐性的价值标准（如维护政治权力和政治声望、传播所谓"先进"文化）；被忽略的价值标准（如适应人的生理卫生和心理需求的环境、使用者能控制的程度）。随后他进一步指出，在上述五种类型的价值标准中，"具有强大作用的标准"与"隐性的价值标准"共同组成城市形态政策制定的核心目的——核心价值标准。[②]

在价值标准的指导下，林奇详尽阐述了适宜人类居住的好的城市形态的七条性能指针，这是对价值标准的具体说明，它们分别是：活力、感受、适宜、可及性、

---

① ［美］凯文·林奇：《城市形态》，序言，2 页，北京，华夏出版社，2001。
② 参见 ［美］凯文·林奇：《城市形态》，39 页，北京，华夏出版社，2001。

管理、效率、公平。具体而言，第一，好的城市形态是有活力的。林奇说的"活力"与雅各布斯推崇的城市活力的含义有所不同。雅各布斯的活力主要是指城市生活多样性所呈现出的人、人的活动与生活场所相互交织而形成的生动秩序。而林奇对"活力"的解释是："一个聚落形态对于生命的机能、生态的要求和人类能力的支持程度，而最重要的是，如何保持物种的延续。"① 可见，他的"活力"指标更准确地说是一种人类生态学的标准，表达了他对城市生态安全、城市可持续发展的重视。第二，好的城市形态让人更容易地获得对居住地的全面感知、理解、记忆与认同。林奇对"感受"指标的解释是："一个聚落在时间上和空间上可以被其居民感觉、辨识和建构的程度以及居民的精神构造与其价值观和思想之间的联系程度，即空间环境、我们的感觉和精神能力以及我们文化的建构之间的协调程度。"② 因此，他对好的地方作出了一个概要的定义："一个好的地方，就是通过一些对人以及其文化都非常恰当的方法，使得人能了解自己的小区、自己的过去、社会网络，以及其中所包含的时间和空间的世界。"③ 可见，越是具有地方特色的环境，越是能够调动人们的所有感知，并对人的记忆、情感和价值观产生直接的影响。第三，好的城市形态具有良好的适宜性（fitness）。一个城市是否有适宜性，是指其空间及其肌理是否与其居民的行为习惯相符，是指在行为空间和行为轨迹中活动和形式的相符程度。④ 林奇认为，个人对适宜性的感觉用通俗的话来表达就是"好用"。为实现城市的适宜性，林奇提出了两个必须遵循的准则：一是可操纵性，即一组空间可以轻易地改变以应对新的用途或形态；二是可逆转性，即一旦发现问题与错误有更正的可能性。第四，好的城市形态可及性强。可及性一般用于衡量某个地点可以接近的便捷程度。"在某种程度上，一个理想城市被想象成一个能方便地获取大量不同的物品、服务，并与其他人接触的中心地区。相反，人们对于城市常有的抱怨是交通阻塞，很难到达工作地点、店铺、学校、公园、医院等其他地方。"⑤ 对于现代城市而言，可及性是一项越来越重要的指标。第五，好的城市形态对空间进行良好的控制（或管理）。人们在城市空间里的行为不可能是完全自由的，必须加以规范。尤其是市民共同拥有的城市公共空间和公共设施，更要得到合理的管理并协调不同使用人群的关系。第六，好的城市形态既有效率又体现公平。林奇讲的效率广义地说是一种维持平衡的标准，即城市在某些性能上达到一定的水平而不降低另一些性能的水平。比如，城市经济高速发展了，城市化水平也得到不断提升，与此同时城市发展的代价不能

---

① ② ［美］凯文·林奇：《城市形态》，84 页，北京，华夏出版社，2001。
③ ［美］凯文·林奇：《城市形态》，101 页，北京，华夏出版社，2001。
④ 参见［美］凯文·林奇：《城市形态》，108 页，北京，华夏出版社，2001。
⑤ ［美］凯文·林奇：《城市形态》，133 页，北京，华夏出版社，2001。

成正比例增加（如能源、资源的消耗不断增加，城市环境污染越来越严重等等），否则便是低效率的。从狭义上说，林奇认为一个有效率的城市，就是一个具有高度可及性的城市。而对于公正，林奇指的是人与人之间分配代价和利益的一种方式，他的结论是："生命力的平等、可及性的平等、私人或小群体的领域控制的平等，包括对后人所做的保护、对儿童成长环境所做的规定，都是环境公正中最重要的内容。"①

总之，林奇既从整体的价值视角，也从较具体的环境行为学的视角探讨了城市形态问题，揭示了人的价值观与居住形态之间的一般性关联和评价尺度，较细微地分析了人们如何感知特定的环境并且产生相应的心理与情感反应，进而如何在规划设计实践中利用这些规律。他的理论对于北京城市规划与城市建设具有多方面的借鉴意义。

最后，我国一些学者在城市的价值取向和城市形态的价值标准方面也提出了许多有价值的思想与看法。

梁思成 1949 年 6 月 11 日发表在《人民日报》的文章《城市的体形及其计划》中，回顾了欧美城市自工业化以来的种种弊端，提出了建立城市体形的十五个目标。包括"适宜于身心健康，使人可以安居的简单朴素的住宅，周围有舒爽的园地，充足的阳光和空气，接近户外休息和游戏的地方"；"工作地距离住宅不宜太远，以避免时间、精力、金钱的耗费；避免造成街上车辆之拥挤和车内乘客之拥挤"；"一切自然的优点——如风景、山冈、湖沼、河海等等——都应保存而利用"；"全部建筑式样应和谐"；"大规模的商店、博物馆、剧场等等，供多数人的需用，且需多数人维持的，须位置适中，建筑式样和谐，使用方便，且须有充分的停车地"；"公共建筑需要建立在方便适中并且观瞻壮美的位置上"；"与外界的交通须缜密计划，铁路，飞机场，市际公路，过境公路等等，须在安全而方便的位置上，而且须足供运输量的需求"等等。梁思成提出的城市形体的目标很具体，很人性化，同样也可将其看作判断城市形体好坏的价值标准。1950 年 2 月，梁思成还和陈占祥共同提出《关于中央人民政府行政中心区位置的建议》，史称"梁陈方案"。这一方案的内容，并不仅仅是首都行政中心区的选址问题，实质上它还是一个蕴涵先进的城市发展价值理念的北京城市形态规划建议书。例如，该方案提出了首都规划的基本价值原则，即"现在我们实际上的问题是必须为人民的便利，人民的经济和美感的条件，和习惯的文化的需要，而计划能与生活的进步一同生长发展的北京市"。其中，为"习惯的文化的需要"是指保留中国都市计划的优美特征，不模仿不合便利条件，不合美感条

---

① ［美］凯文·林奇：《城市形态》，163 页，北京，华夏出版社，2001。

件，或破坏本国优美传统的欧洲城市类型。“梁陈方案”虽然不可能再实施，但它提出的有关北京城市规划和建设的基本理念与原则，却启迪我们在今天的人文北京建设中，应多一份对北京传统城市文化的自信、尊重与爱护。

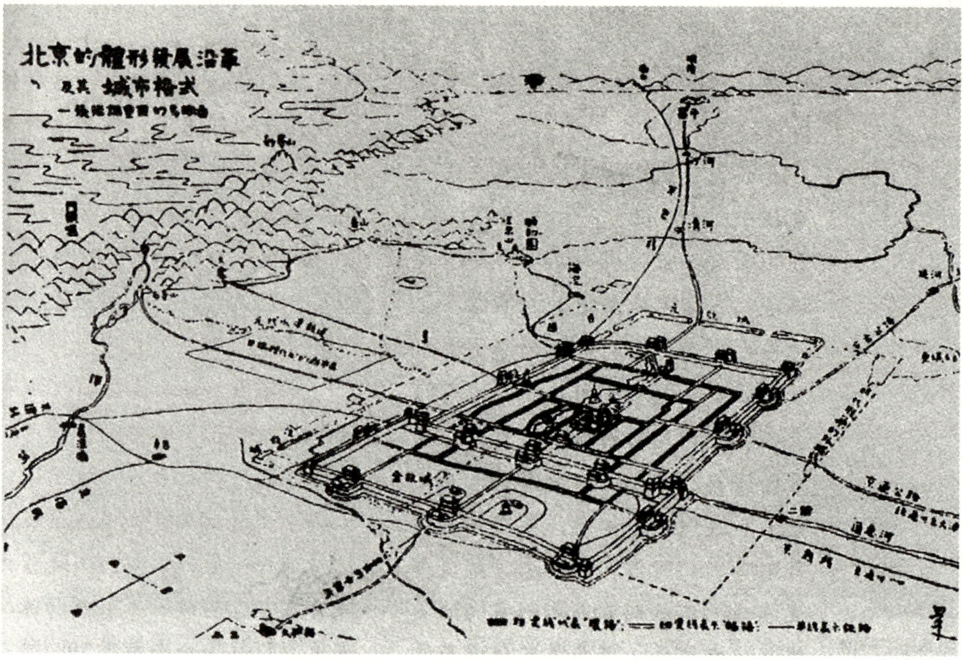

图 2　梁思成所绘北京的体形发展沿革及其城市格局图

资料来源：《梁思成文集》，第 4 卷，北京，中国建筑工业出版社，1986。

北京国际城市发展研究院的研究报告认为，城市生活质量的高低是衡量城市价值是否最大化的重要标志。城市不仅仅是一种经济现象，更是经济、社会和人的全面、综合及协调的发展过程，最好的城市是适宜人居住的城市，最好的城市是与众不同的个性化城市，最好的城市是老百姓期待和向往的城市。① 张鸿雁全面反思了中国城市形态的各种主要问题之后，基于城市社会学的维度，提出了城市形态本土化主张，强调了本土化城市形态的人与自然和谐为本的价值理念，并将之上升为一个民族经济与社会文化发展可持续力的构建和民族自信力的重构问题。② 徐苏宁认为，好的城市形态应该是真、善、美高度统一的艺术综合体。其中，真的城市形态主要指城市的结构合理，它是人们认知城市的基础；善的城市环境指除了要尊重城市文脉以外，还要为人们创造一个可以从容应对生活的功能环境，满足人们的物质文化生活需求，它是实现美的合目的性的关键；而美的城市意象表述的是城市形态

---

① 参见李成刚：《什么样的城市是最好的城市》，载《中国报道》，2005 (10)。

② 参见张鸿雁：《中国本土化城市形态论》，载《城市问题》，2006 (8)。

的艺术创造和情感体验。[①] 张晓霞、杨开忠认为，理想的城市形态是能够建构一种"生成性的空间"，这种空间中起主宰力量的应该是人性尺度或人文关怀，而不是单纯的社会经济学方面或物质环境的作用。"生成性空间"没有标准，但是却有目标、价值和追求。比如生态、环保、怀旧、富裕、和谐等等。[②] 张雄认为，无论是传统的还是现代的世界级城市形态的价值标准应有共同的东西，这就是任何一个永久聚落的空间形态都应该是一个把人类与巨大的自然力量联系起来的手段，也是一个促使生存世界安定与和谐的方式。为此，他还提出了八个具体标准：开放性、包容性、巨大的城市呼吸功能（即吐故纳新）、城市主体特征个性化、多样化、流动的便利性和可及性、和谐性、城市提供的设施与服务达到高效率和高质量。[③] 刘捷在《城市形态的整合》一书中比较宏观地阐述了城市形态整体的价值取向，主要表现在四个方面，即建立多元秩序、促进经济发展、弘扬人文精神和维护城市生态。其中，建立多元秩序主要指城市的多样性、开放性问题；促进经济发展则突出城市形态价值取向上的经济性和效率优先的价值；弘扬人文精神主要关注的是城市形态的人本视角、平民视角和民主视角；维护城市生态着重于面向生态的城市设计，以确立绿色城市的理念。

（三）当前北京城市形态问题的人文反思

近几十年来，北京的城市形态和城市建设呈现出日新月异的面貌，取得了有目共睹的成就。但是，在繁荣与发展的背后，也出现了一系列问题。从人文视角审视，北京在城市形态方面的问题主要有以下几个方面：

第一，城市空间的片断化、破碎化所导致的城市文脉淡化现象。

近几十年大规模的城市开发建设，使北京原先连续的城市肌理被分解割裂，城市文脉不断淡化，大量的新建筑尤其是一些标志性建筑或"偶像建筑"以自我为中心，与城市空间的关系失去平衡，城市景观的连续性也被一些位置随意杂乱的高层建筑切割，城市的整体风貌显得支离破碎。曾长期在中国从事城市规划和设计工作的美国规划师苏解放（Jeffrey L. Soule）认为，北京的新建筑和城市设计竞相引人注目，以致构成对城市的伤害。好的城市应该以绝大多数建筑作背景，由此界定城市的公共属性，就如同一支军队需要成千上万名优秀士兵排成整齐威严的队列，却只有几个将军一样。而现在的北京却几乎被变为一个充满了"建筑将军"的城市，

① 参见徐苏宁：《城市设计美学》，164～172 页，北京，中国建筑工业出版社，2007。
② 参见张晓霞、杨开忠：《理想城市的建构与城市的人文关怀》，载《山东师范大学学报》（人文社会科学版），2006（3）。
③ 参见张雄：《世界级城市形态的价值标准》，载《探索与争鸣》，2003（5）。

每个将军统领只有一个士兵的军队。一处处"震撼效应"叠加起来，结果就是城市形态的自我"休克"。① 被誉为"新加坡规划之父"的刘太格也认为："一座城市是由很多建筑组合而成的，就像一个建筑的合唱团，大多数建筑都是谐音，只有一两个是领唱，那合唱团的歌声听着才能入耳。城市也是这样，如果每幢建筑都想领唱，都标新立异，那肯定就全乱了。"②

除此之外，城市形态的基本结构、城市肌理与交通形态也密切相关。随着机动车交通突飞猛进的发展，越拓越宽的马路在城市内纵横，城市的快速机动车干道、高架道路以及立交桥的大量增加对原有的城市形态造成冲击，破坏了北京城历史形成的街道格局，撕裂了城市的整体结构，切断了城市空间的连续性，城市空间被切割成一块块的"孤岛"，加剧了城市空间破碎化趋势。在世界很多城市，即便一些特大城市，都没有像北京这样拥有众多的立交桥、高架桥和过街天桥，切割着城市的轮廓线。北京是世界上立交桥最多的城市之一，从 1974 年到 2008 年，北京的立交桥已经发展到 178 座，遍布五大环线和主干道。城市中是不是立交桥建得越多就越好，建得越多交通就越顺畅，这是一个值得城市规划者认真反思的问题。

第二，城市形态趋同化导致的城市特色危机现象。

只有具有独特的城市个性，才会拥有迷人的城市魅力。以独有的城市格局和建筑形式所呈现出的古都历史文化风貌是北京最大的人文资本。然而，当今的北京如同我国其他大城市一样，除了少数标志性建筑、文物古迹和历史街区以外，大多数的城市空间变得越来越同质化，越来越没有识别性。全是一样的宽马路、一样的立交桥、一样的中心广场、一样的商业街、一样的住宅小区、一样标识的星级酒店和百货商场、一样的马赛克和玻璃幕墙包裹着的高层建筑，甚至一样的绿化风格、城市雕塑和霓虹灯……北京作为世界著名的历史文化名城，在近几十年的开发建设中，并没有尽可能地将老北京独一无二的城市肌理、韵律和特色融会贯通，作为旧城风貌重要载体的胡同—四合院的建筑形态遭到严重破坏，一片片积淀丰富人文信息的历史文化街区没有得到整体保护，从而撕裂了城市发展中珍贵的时空延续感及文化自明性。根据 2007 年的统计，北京旧城仅占规划市区面积的 5.76%。这其中，传统建筑风貌区及传统与现代混合区的面积占 43.7%，已呈现完全现代化风貌的区域占 36.67%，已成为道路、现代广场的面积占 19.63%。可见，偌大的北京所保留的历史风貌空间已经相当有限了，甚至严格说来连一条完整具备明清建筑风格和形制的胡同也没有了。尽管在历史文化名城的保护方面，北京出台了相关的政策与法规，

① 参见［美］苏解放：《北京当代城市形态的"休克效应"》，载《瞭望新闻周刊》，2005（33）。
② 转引自薛江华：《担忧中国城市仿效美国郊区》，载《羊城晚报》，2009-03-27。

但老城区仍在"保护"中不断地遭到"建设性破坏",历史遗存变得支离破碎,传统空间秩序逐渐丧失,城市形态走向趋同。

第三,城市形态的历史文化内涵和精神内涵的表面化现象。

城市形态虽然首先表现为一种物质实体,但构成城市之魂的却是物质实体背后所表现出的各种历史的、文化的内涵。对城市传统的保护,既包括它的物质环境,也包括它的人文环境和生活形态。"残山梦最真,旧境丢难掉"。文化是人类的情感表达,而不是一种简单的形式符号。城市的各种建筑与街道,倘若没有"朱雀桥边野草花,乌衣巷口夕阳斜。旧时王谢堂前燕,飞入寻常百姓家"这样的或凄婉、或沧海桑田般的故事与景象,是无法完整体现出一座城市深厚的历史文化意味的。在近几十年来的城市开发与建设中,北京并非不重视城市形态的历史文化内涵方面的提升,然而,在几乎全盘推倒重来的旧城改造模式下,在开发商利益最大化与政府政绩冲动的双重催化下,在城市建设普遍浮躁和盲目攀比的大背景下,城市形态更多呈现出的只是一种能够短时间见效果的可视化、布景化的文化表象。即便是继承和恢复传统的城市文化与建筑文化,大多也是简单模仿传统建筑和古都风貌的"显性"文化符号,忽略建筑与周边人文环境的有机关系,不能很好地将其"隐性"的观念与文化气息和生活形态表达出来。例如,在产业化开发中建设的若干仿古建筑或仿古一条街,虽可在有限的范围内营造表面的传统气氛或地域风格,但无法保护全部历史信息,其本身只是无生命力的抄袭与复制(见图3)。其实,一个城市的文化品位绝非一朝一夕之功,不可能短期速成。北京在大规模拆旧建新中失去的不仅仅是古老的建筑和街道格局,还包括城市特有的人文景观和历史记忆。这样的现象反衬了真正体现北京城市文化之"魂"的缺失。这种"魂"是唤起市民归属感、认同感和眷恋感的东西,是赋予城市以个性化的鲜活生命力的东西,是慢慢生成、浑然天成、凝聚着日常生活、浸透着历史记忆的东西。

第四,城市形态发展中市民视角和人性空间的缺失问题。

多年来,北京如同全国大多数城市一样,一直倡导"人民城市人民建,城市建设为人民"。但由于城市开发的过度市场化、市民社会发育不健全以及缺乏有效公众参与的"精英主义"的规划模式等因素的制约,城市的真正主体——老百姓却往往是被动地参与到城市建设中,真正以普通人日常生活为导向的"市民城市"建设非但没有得到很好的落实,反而是城市的大规模更新开发、城市的公共空间和景观建设往往不照顾居民日常生活模式和社区网络,一定程度上割裂了普通的城市居民与城市的血脉联系,并以人性化的市民生活环境破坏为代价。

第五,城市形态存在一定程度的效率与公平的失衡问题。

好的城市形态既有效率又要体现公平。在我国,由于城市建设一直有一种重效

图 3 仿制和重建后的北京前门大街，缺失的是北京的城市文化之"魂"

资料来源：秦红岭摄于 2009 年 7 月。

率、轻公平的片面化倾向，往往为了保经济发展而忽视兼顾公平，社会公平原则受到一定程度的冲击。城市规划也被认为应当为各类建设项目的快速推进服务，有意无意忽略了城市规划维护社会公平和谐的公共政策功能。表现在城市形态方面，北京在一定程度上出现了区域发展不平衡的问题和令人担忧的两极化趋向，主要体现在三个方面：其一，北京在近几年的发展中，出现了比较明显的区域发展不平衡问题，已经影响到了北京城市形态的和谐发展。2009 年 3 月 11 日，北京市社科院、社科文献出版社联合发布的 2009 年《中国区域经济发展报告》蓝皮书中指出，北京六大高端产业功能区全部集中在中心区域和东北部，使得这些区域的要素过于密集，房价高涨，交通成本高，不利于产业发展和环境优化。而京西南区域面积占全市的1/3，人口占 1/4，发展却相对缓慢，其国内生产总值（GDP）仅占全市的 1/8，财政收入占全市的 1/16。此外，北京城区还存在优质的教育、医疗、交通等城市公共产品配置不均衡的问题。其二，北京城市新区、中心区与城乡接合部及"城市角落"（如"城中村"、一些特殊人群聚居地）在城市基础设施、房屋建设、环境整治等方面呈现出较大反差与不和谐现象（见图 4、图 5）。这些区域的规划、建设和社会管理长期处于混乱和低水平状态，造成房屋布局杂乱无章、建筑密度过高、环境卫生差、生活和基础设施配套严重不足、消防隐患严重以及治安状况堪忧等问题。其三，城市居住空间资源分配方面效率与公平矛盾日益显现，居住形态方面呈现出空间贫富分异和居住隔离的现象。

图4 北京海淀区的一处城乡接合部，街道交通混乱，人车混流，占道经营现象突出

资料来源：秦红岭摄于 2009 年 7 月。

图5 北京海淀区唐家岭"蚁族"聚居区有很多这样的"握手楼"

资料来源：《新京报》记者韩萌摄于 2010 年 1 月。

  总之，自 20 世纪 80 年代起，轰轰烈烈的城市快速发展进程，引发了城市传统风貌消失、城市文脉断裂、人居环境污染、市民视角缺失、公平与效率失衡等若干问题，城市发展也愈来愈显露出它非人性化的一面。这些问题引起了有识之士的思考：我们的城市该往何处去？如何重构我们的城市理想？如何寻找我们的城市之魂？而对于城市形态理论而言，要解决城市形态发展过程中出现的种种问题，应当首先从讨论好的城市形态"应该是什么"的价值标准入手，反思并调整以往城市建设和发展目标的价值取向。因为"对城市价值的研究，或许有助于我们深刻地认识今天的某些价值观念背后所反映出来的城市的困境，即我们真正缺失的是什么"[1]。如前所述，雅各布斯、林奇以及我国一些学者对这个问题已经有了不少有价值的研究成果。

下面，我们主要从北京城市形态发展建设的人文价值追求方面提出一些看法。

二、追求全方位的宜居之城

1996 年联合国第二次世界人居大会上提出了城市应当是适宜居住的人类居住地的概念。2005 年 1 月 12 日国务院会议原则通过的《北京城市总体规划（2004—2020 年）》将北京城市发展目标确定为"国家首都、世界城市、文化名城和宜居城市"，其中，引人关注的是首次在我国提出了"宜居城市"的概念。同年 7 月，全国城市规划工作会议上提出，要把宜居城市建设作为城市规划的重要内容。随后，全国陆续有 100 多个城市提出了建设"宜居城市"的目标。"宜居城市的提出，反映出人们的危机意识、城市环境意识的增强和对城市生活质量要求上的重大变化，也彰显着人们的价值取向和城市发展观念的转变。"[2] 过去我们总是强调城市作为经济发展的舞台，注重追求城市经济发展速度、GDP 增长等物化的发展指标，现在我们认识到，城市首先应该是一个生活的地方，是市民能够惬意地栖居的地方，这对中国城市来说是一个全新的城市规划的价值标准。

究竟什么是"宜居城市"，它的内涵和基本特征是什么，对此学界并没有统一的界定和权威的表述。《北京城市总体规划（2004—2020 年）》对"宜居城市"的表述是"创造充分的就业和创业机会，建设空气清新、环境优美、生态良好的宜居城市"。《中国宜居城市研究报告》指出："'宜居城市'是适宜人类居住和生活的城市，是宜人的自然生态环境与和谐的社会和人文环境的完整统一体，是城市发展的方向和目标。"[3] 该报告还从城市的安全性、环境的健康性、生活的方便性、出行的便捷度、居住的舒适度等五个方面，构建了宜居城市的评价指标体系。2007 年 5 月 30

① 李翔宁：《想象与真实——当代城市理论的多重视角》，164 页，北京，中国电力出版社，2008。
② 胡宝哲：《营建宜居城市理论与实践》，14 页，北京，中国建筑工业出版社，2009。
③ 张文忠等：《中国宜居城市研究报告（北京）》，34 页，北京，社会科学文献出版社，2006。

日，中国城市科学研究会发布了《宜居城市科学评价标准》，将宜居城市的评价标准概括为六大方面，即社会文明度、经济富裕度、环境优美度、资源承载度、生活便宜度、公共安全度。

简言之，"宜居城市"就是指适宜人居住和生活的城市。然而，倘若不提出评价宜居城市的基本指标，这一定义等于什么也没说。《中国宜居城市研究报告》和《宜居城市科学评价标准》中对宜居城市指标的理解，似乎更多的是从理性化、科学化及功能性的角度进行界定，注重一些可测的外在指标，缺乏伦理学和美学层次的价值描述。我们认为，归根结底，宜居城市就是全面满足人性需要、让市民生活更美好的城市。它不仅有良好的生态环境，适宜人居住，而且生活于其中的市民感到公平、温暖、愉悦，并产生家园般的归属感。

广义的"宜居城市"是一个全方位的概念，强调城市在经济、政治、社会、文化、环境等各个方面都能协调发展。它至少包含三个层次，即功能性宜居、社会伦理性宜居与精神性宜居（乐居）。

（一）功能性宜居

功能性宜居侧重于有利于人的生存与发展的物质环境方面，这是城市最基本的功能，也是宜居城市最基本的要求，关注的是物质环境建设、交通条件、住房建设、公共服务设施建设和社会治安等与市民日常生活密切相关的实际问题，主要满足市民对城市的安全性、健康性、生活方便性和出行便利性等基本生活要求。下面我们主要阐述与城市规划关系较密切的安全性要素和便利性要素。

无论世界上哪个城市，安全性高低都是评价城市宜居程度最基本的指标。因为没有了安全，"宜居"便成了一种奢谈。2009年4月30日，全球著名咨询机构美世（Mercer）公布了2009年全球城市生活质量调查报告。世界最宜居城市排名出炉，维也纳市成为第一。对于评选维也纳为榜首的理由，奥地利《侧面》杂志欧洲版编辑奥特玛-拉霍德斯基说了这样一句话：世界上没有哪座城市，能够让人午夜时间依然在大街上安全地行走，但在维也纳可以。

宜居城市的安全要求主要指公共安全程度。《宜居城市科学评价标准》中公共安全度指标主要包括有完善的预防、应对自然灾难和人为灾难的设施、机制和预案以及城市政府对公共安全事件有较强的处理能力。涉及城市规划的公共安全主要包括城市防灾、环境健康、建筑安全等内容。一个合理的城市规划，要充分考虑各类防灾空地、疏散避难场所的布置，这样不仅可以降低公共安全事件发生的可能性，而且可以减少公共安全事件发生时的损失。与世界先进城市相比，北京的城市公共安全存在薄弱环节，公共安全设施和保障水平还有待提高。

宜居城市的安全要求还体现在城市规划、城市建设、城市管理的各种细节之中，这其中行人（包括骑车人）过马路的安全问题是一个不可忽视的方面。虽然越来越多的城市市民拥有了私人小轿车，但我国城市的步行交通和自行车交通在城市交通中所占比重仍然较大，有关部门调查数据显示，北京市自行车交通的出行量占全市总出行量的38%。这就要求城市道路交通规划制定者本着以普通市民为本的宗旨，切实重视步行道路交通和自行车交通安全问题，摆脱以机动车交通为主的规划理念，创造出安全宜人的步行交通和自行车交通环境。

另外，城市犯罪行为是现代城市中对市民人身和财产安全危害最大，也最难以治愈的痼疾。而在关于城市犯罪影响因素的研究中显示，城市空间环境的布局形态对犯罪行为有一定的影响，某些特定的空间环境特征能够促使犯罪行为的发生。如城市规划和建筑设计存在所谓空间死角，即众人视线难以发现的隐蔽、封闭空间，便可能成为犯罪诱发环境。所以，通过加强城市街区和建筑设施的监视性、联络性的空间环境设计，逐步减少街区隐蔽死角和黑暗的巷道，消除犯罪诱发环境，也是一项预防犯罪、增加城市安全性的有效方法。针对日益显著的城市犯罪及其引发的社会问题，联合国人居署于1996年开始实施"更安全城市"计划，并一直持续至今。此计划通过与世界各国城市合作，旨在完善城市安全保障能力和犯罪预防机制，创建经济发达、社会稳定、人民生活质量可持续发展的更安全城市。此计划强调从城市环境预防层面来加强城市安全，通过改善城市规划和设计，改变滋生犯罪行为的物质环境，从而在一定程度上避免城市犯罪的发生。

宜居城市的便利性要素首先是指与日常生活密切相关的各类配套服务设施的齐全与分布合理性。一般而言，快餐店、菜市场、邮局、杂货铺、康体保健场所、运动健身场所等服务网点，作为散布在城市肌体上的各种日常生活细胞，在10分钟的步行路程内为宜，超过这个半径居民就会感到不方便。另外，服务于普通市民的日常休闲、健身、娱乐设施的相对缺乏以及分布的不均衡也是影响城市宜居的重要方面。其次，交通出行的便捷性。城市交通是城市基本活动的生命线，是否有方便快捷的交通直接影响着市民工作及生活各个层面，我们很难想象一个交通拥挤、出行困难的城市是一个宜居城市。同时，交通条件的优劣还是反映城市形象的一项重要指标。北京的交通状况便是北京人最为关注的话题之一，也是制约北京宜居性的瓶颈之一。相信每一位北京市民，在每天上下班的路上都饱尝过交通拥堵之苦。中国科学院地理科学与资源研究所发布的《中国宜居城市研究报告（北京）》指出，北京居民对"交通通畅状况"的评分低于60分，是调查中居民最不满意的指标之一。可见，北京的城市形态还远远没有适应交通方式的变化，这不仅表现在交通拥堵问题得不到根本改善的现实，还表现在城市功能布局与交通系统缺乏协调、步行交通体系不完善、各种交通工具之间的换乘配合不方便、停车场地匮乏和道路设施不完善等方面的问题。

（二）社会伦理性宜居

古汉语中"宜"与"义"可以互训，"义者宜也"，宜即公义、公平之意。因此，真正的宜居城市还是公平的城市，是和谐的城市，是面向所有人的包容性城市，它要让生活在这个城市中的每个人，不论他是本地居民，还是外来居民，不论他是富裕阶层，还是中低收入或贫民阶层，都感到各得其所，拥有平等的工作、竞争与发展机会，以能够满足个性和发挥个人潜能的方式生活，因为"缺少基本的平等是一种持续的力量，它足以抵消任何可能使社会变得和谐，使城市变得人性化的努力"①。

世界范围内宜居城市规划一直都关注和强调公平、和谐等伦理层面的价值追求。2003 年，加拿大温哥华市在《大温哥华地区 100 年远景规划》中将宜居城市看成一个能够满足所有居民的生理、社会和心理方面的需求，同时又利于居民自身发展的城市系统，并明确将"公平"、"尊严"等伦理性价值理念作为宜居城市的关键原则之一。同时，温哥华市提出的其他一些营建宜居城市的基本原则也值得我们思考和借鉴，如："在一个宜居城市中，人们不应生活在恐惧或邪恶的阴影中"；"一个宜居城市应使公共空间作为市民相互交流、学习和社会交往的场所，这些对于青少年尤为重要。所有市民都是青少年生活的老师"；"在一个宜居城市里，人们相互信任、相互尊重"等等。② 上世纪 60 年代日本经济起飞，以东京为中心的大都市圈迅速扩张，集中了日本人口的 1/4，这些人口大部分来自外乡。在这种高速城市化的进程中，城市必须让外乡人感到被接纳而不是受到歧视。为此，日本东京于 1982 年、1986 年和 1991 年三次东京发展长期规划中，都提出要在"尊重人性"的基本理念下建设"家园城市"的构想，并将这一城市发展价值目标具体定为三大主题，即把东京建设成"安居乐业的城市"、把东京建设成"生机勃勃的城市"、把东京建设成"可称之为故乡的城市"。③ 显然，这三个主题偏重于从市民的精神状态和心理归属层面追求城市的宜居目标。2007 年，在世界千万人口以上的特大城市中，人口密度是北京的 6 倍的东京所有的宜居指标均名列榜首。

---

① ［英］理查德·罗杰斯、菲利普·古姆齐德简：《小小地球上的城市》，8 页，北京，中国建筑工业出版社，2004。
② 参见胡宝哲：《营建宜居城市理论与实践》，21～22 页，北京，中国建筑工业出版社，2009。
③ 参见东京都厅生活文化局国际交流部外事课：《第二次东京都长期规划：家园城市，东京——朝着 21世纪开始新的航程》，东京，日本时报社，1988。

　　北京建设宜居城市的重点同样不能局限于功能性宜居方面，不能仅仅强调物质层面的宜居，应当在促进城市的公平、和谐、包容度等伦理性宜居方面多下工夫。

　　首先，宜居城市是面向所有城市居民的，而非仅仅指现行户籍制度意义上的市民，也就是说，市民的内涵既包括居民也包括外来人员。近些年来北京市外来人口迅速增加。2008年北京市常住人口中外来人口达465.1万，占常住人口的27.4%。外来人口构成一个庞大的群体，他们要全面融入城市生活会遇到各种压力和困难，而且他们和土生土长的当地市民一样，也需要交通工具、学校、医院和适宜的住房。我们的城市建设和居住规划也必须考虑到这部分群体的利益，要为他们在城市落脚提供基本保障，使他们能享受到平等的公共服务和社会保障。目前，由于户籍制度的制约，以及由此带来的住房、就业、教育、医疗、社保、税费等许多方面的制度差别，城市居民权利与机会不平等的问题仍旧存在。例如，北京市针对中低收入人群、具有福利性质的保障性住房和"两限房"，按政府有关文件规定，其直接的销售对象为"具有北京市户口的中低收入家庭"。如此，便将长期在北京居住而没有北京户口的住房困难群体排除在保障性住房和"两限房"之外，应该说这样的政策存在一定程度的公平性缺失。河南籍来京农民工刘永全给《经济参考报》记者算过一笔城市户籍所捆绑的"利益账"：如果我的孩子有北京市户口在北京上学，按目前农民工子弟学校小学600元/学期、中学1 000元/学期计算，仅9年义务教育阶段我就能节约13 200元；如果能像北京人一样参加"一老一小"医疗保险，每年交100元就可以获得最高17万元的大病医疗保障；如果我暂时找不到工作，我们全家四口将获得北京市每月300多元的低保金，按近10年来每年我失业2个月计算，我将获得政府12 000多元的补助；最为优惠的是，如果我申请到一套90平方米的经济适用房，按北京五环路内房屋均价接近2万元/平方米计算，卖了房我至少能获得80万元，那对我是一个天文数字！可能这位农民工算的账不一定很准确，但却从一个侧面实实在在反映了现行户籍制度不但降低了农民工在城市公平竞争的机会，而且也剥夺了他们的诸多权益。因此，城市政府如何积极有效地推进户籍制度改革，让那些长期在城市生活和工作的外来人员能够公平地融入城市，享有和本地人一样的福利待遇和生活条件，将是推进城市公平的根本性目标。

　　其次，公平与和谐的城市还要突出处于不利或弱势地位的社会群体的利益要求，优先关心和救助社会弱势群体，优先为他们的切身利益和实际困难考虑，以缓和社会矛盾，实现一种大体均衡的利益格局。当前，北京仍处于旧城改造、城市更新和社区开发建设的快速发展期，从一定意义上说，旧城改造和城市开发既是城市资源的一次重新配置，也是城市众多阶层和社会群体的一次利益大调整。城市政府应遵循公平原则，尽量使城市中各阶层尤其是弱势群体享受到城市发展带来的成果，而不能使城市开发成为社会利益分配不公平加剧、收入差距拉大、强势群体伤害弱势群体的手段。因此，我们的城市规划和旧城改造应多做些雪中送炭而不是锦上添花的事，否则将使城市的公共资源更多偏向那些拥有较多资源的人群，加剧利益格局失衡态势。尤其需要指出的是，在解决城市贫困阶层的住房问题上，单凭市场机制是靠不住的，必须依靠政府的宏观调控和公共干预，使公平原则在城市规划和住房建设中被最大化地体现出来，通过制定合理的城市住房政策目标及实施方案、加快政府负责的公共住房建设、明确房地产开发商必须承担的社会责任、健全社会保障和救助机制以及社会资源和收入的再分配等手段，保证弱势群体的基本居住权利的实现。

对城市弱势群体的关怀，还体现在城市的规划政策和空间设计要充分考虑与照顾弱势群体的特殊需要和利益，这是达到社会公平的基本指标，也是体现城市文明程度的重要标志之一。北京市统计局公布的数据表明，截至 2006 年 4 月 1 日，北京市各类残疾人的总数为 99.9 万人，残疾人占全市总人口的比例为 6.49%。因此，如何提高残疾人的生活自理能力，改善他们的生活质量，是城市建设应当考虑和解决的一个重要问题。当前，城市公共空间的无障碍建设在北京还做得很不到位，与国外一些城市相比有很大差距，尤其是缺乏细节设计的关怀，常常被简化成为轮椅使用者建坡道或是为盲人提供盲道。

第三，伦理性宜居的城市还要具有开放包容的都市人文精神。"海纳百川，有容乃大。"包容不仅产生和谐，也产生凝聚力。一个城市只有提升了它的包容精神，才能使各种要素、各种力量和谐相融，才能保持城市的勃勃生机和持续活力，才能使主流文化和各种不同的亚文化群体能够相互尊重，才能生成文化多样性，这是一个魅力都市的必备品质之一。北京之大，大在包容。大气包容一直是北京城市精神和城市品格的重要组成部分。2009 年 10 月北京市统计局在北京、天津、上海、重庆四个直辖市开展"京、津、沪、渝四大直辖市城市包容度调查"，从地域开放性、文化多样性、社会关怀、就业环境、城市管理和总体评价六个方面对城市包容度进行测量，结果显示，北京城市包容程度为 84 分，市民对北京作为"包容性城市"认同感较高，有 62.9% 的被调查者认为北京是中国最具有包容性的城市。然而，从包容度上将北京与世界一些著名城市做比较，还是可以明显看出北京在城市包容性方面的缺失与差距。比如，"京、津、沪、渝四大直辖市城市包容度调查"结果显示，这些城市的市民对于一些亚文化群体、另类边缘群体的宽容度和接纳度还有待提高。其实，包容性城市应该有另类与边缘人存在和发展的空间，能够让各色人士都从内心感到自己被这座城市所接纳，都可以各得其所。又比如，为了维护市容市貌，城市政府对路旁摆摊设点过多地采取了一味限制与取缔的做法，造成城管人员与小商小贩之间的冲突，也从一个侧面折射了城市包容性上的问题。包容性城市应善待所有的普通劳动者，应为不同阶层的人群提供生存和发展的机会，应正视我们的城市里还有许多低收入的人群需要通过马路摆摊等方式或非正规部门的就业来谋生这样一个基本国情。

（三）乐居

宜居城市的第三个层次是能够满足居住者情感需求与审美需求的精神性宜居，即乐居。它强调居住环境的人性化、丰富多样性和审美愉悦性，强调环境是否给人带来美的感受，实现"诗意地栖居"。

显然，乐居是建立在功能性宜居基础之上的，一个城市如果不适宜人居住，满足不了市民日常的基本生活需求，当然谈不上乐居。但是，从理想的居住环境来看，仅仅停留于功能层面上的宜居是不够的，还要在此基础上让人住得赏心悦目，住得愉快，达到自由与和谐之乐居。从这个意义上说，乐居是宜居的最高境界，只有美的环境才是对人性的最高肯定。现代城市的职责不仅是使人生活得更富裕、更有效率，还在于使人们生活得更富有诗意和人性化。"我们生活的目的之一便是审美。仅仅能生存是不够的，或仅仅对环境有认知上的理解，仅仅有道德法则，仅仅有健康和安全都是不够的。人类以审美的幸福为目标，这意味着人类试图实现对和谐、完整、丰富和多样性的要求——在环境中以及在整个生活中。"[①] 因此，在城市规划和城市建设中，建成环境应成为回归自然、与自然修好的场所，无论是城市的整体规划与布局，还是公共空间和居住区的设计，都应该以最大限度亲近自然为美。理想的人居环境应该是使人尽管生活在现代大都市里，却时刻能感受自然、亲近自然，既能使人的自然本性得到充分的释放，同时又符合现代生活舒适性的要求。

著名科学家钱学森对"山水城市"的构想便是对城市乐居之道的有益探索。他提出："能不能把中国的山水诗词、中国古典园林建筑和中国的山水画融合在一起，创立'山水城市'的概念？人离开自然又要返回自然。"[②] 这里，钱先生实际提出了将城市环境转变成景观的环境美化理想，即环境创造者们能否通过对中国山水文化的借鉴，提供一个人与自然和谐统一的城市景观和城市发展模式。吴良镛则进一步指出："山水城市"是提倡人工环境与自然环境协调发展，其最终目的在于"建立人工环境"（以"城市"为代表）与"自然环境"（以"山水"为代表）相融合的人类

---

① ［芬兰］约·瑟帕玛：《环境之美》，206页，长沙，湖南科学技术出版社，2006。
② 转引自鲍世行、顾孟潮：《杰出科学家钱学森论城市学与山水城市》，47页，北京，中国建筑工业出版社，1996。

聚居环境。① 可见，山水城市不是简单地指有山有水的城市，其核心理念是协调城市空间与自然环境之间的相互关系，将自然景观有机融入到人造环境中，达到一种人与自然和谐的理想城市形态。

其实，在许多人的心目中，老北京的城市形象便是一个与自然修好的居住环境（见图6）。郁达夫说过，北京是具城市之外形，而又富有乡村景象之田园都市。林语堂说过，北平是一个理想的城市，每个人都有呼吸之地；农村幽静与城市舒适媲美。北京大学前校长蒋梦麟回忆老北京时说："北京城到处都是树木。私人住宅的宽敞的庭院和花园里到处是枝叶扶疏，满长青苔的参天古木。如果你站在景山上或其他高地眺望北京，整个城市简直是建在森林里面。"② 今天的北京更加现代化，然而与老北京相比，欠缺的是不是那份特有的田园气息呢？我们认为，追寻山水城市、园林城市的乐居之道是北京在迈向世界城市进程中不能丢掉的理想，它既是构建绿色北京的重要基础，也是人文北京的重要内涵，至少体现以下三方面的人文价值意蕴。

图6　北京旧城西部地区航拍图（摄于1945年）

资料来源：王军：《采访本上的城市》，57 页，北京，三联书店，2008。

第一，山水城市理念主张借助中国传统山水诗词、园林建筑等诗性文化资源，将其精神、结构和要素融入城市规划与建设之中，以开拓出使理性与感性、物性与

---

①　转引自鲍世行、顾孟潮：《杰出科学家钱学森论城市学与山水城市》，246 页，北京，中国建筑工业出版社，1996。

②　《西潮与新潮——蒋梦麟回忆录》，206 页，北京，东方出版社，2006。

人性有机结合的城市景观模式，使当代都市空间成为得益于大自然"烟云供养"，带给人审美愉悦性的诗性文化空间。现代建筑与城市建设在工业文明统治之下，遵循着功利化的技术指导模式发展，导致人、环境、自然之间的矛盾日益尖锐，人们生活在都市的"钢筋水泥森林"之中，城市异化为技术与人工的处所，城市体验的主要特征是川流不息的车辆、摩肩接踵的人群、机械和电子的噪声、单调的高楼大厦和被污染的空气。城市越来越远离自然，越来越难以体会到古代山水诗词所描绘的那种对自然美的愉悦甜蜜感受，那种如春风化雨、润物细无声般净化人的情感、触动人的心灵的优美景观。有学者说过，人若不能诗情画意地居住，所有长处都不足道矣。因此，"现在面临的问题是如何将原先被城市排挤出去或仅被视为城市中可有可无的装饰品的自然重新请回到城市中来，并赋予自然以应有的地位，从而使得人性中被压抑许久的自然性重新恢复起来。正是在这一理念之下，新的城市理念——园林城市应运而生了"①。

第二，山水城市理念着力塑造一种尊重地域文化传统、使人与自然和谐依恋的城市环境美，这种环境美的特质往往呈现一种让人安居和乐居的"家园意识"。"家园意识"的提出首先是因为在现代社会中，由于城市的飞速变化、环境的冷漠单调、生活的匆匆忙忙与精神的紧张空虚而使人产生一种失去家园的无所适从之感。为纪念诗人荷尔德林逝世一百周年，海德格尔在题为《返乡——致亲人》的演讲中明确提出了美学中的"家园意识"。他说："'家园'意指这样一个空间，它赋予人一个处所，人唯有在其中才能有'在家'之感，因而才能在其命运的本己要素中存在。这一空间乃由完好无损的大地所赠与。大地为民众设置了他们的历史空间。大地朗照着'家园'。"② 对城市认同感的最高层次便是家园意识，一种将自己生活的城市看作"家乡"而非"他乡"的意识。其实，我们每个人在内心深处都可能追寻一块真正属于自己的地方。它不仅是我们身体的栖所，也是我们心灵的故乡、精神的家园。联合国副秘书长、联合国人居署执行主任安娜·蒂贝琼卡（Anna Tibaijuka）在给上海世博会的贺信中指出，要在城市中实现更美好的生活，有赖于两个方面：一是满足市民基本生活需求，二是在精神方面使市民得到充实和愉悦。在她看来，在人们心中培养一种地方情结、归属感和共同的思维，其重要性并不亚于让人人拥有基本的生活条件。然而，并不是所有的城市都让人产生家园感，甚至从一定意义上说，家园感的丧失成为整个现代城市的通病。与自然山水疏离的城市往往难以让人感叹"故乡的山山水水是那么的熟悉，一草一木是那么的亲切"，而失去了传统文化滋养

① 陈望衡：《环境美学》，36～37 页，武汉，武汉大学出版社，2007。
② ［德］海德格尔：《荷尔德林诗的阐释》，24 页，北京，商务印书馆，2000。

和地域风格的"千城一面"的同质化城市，更难以引发人们浓浓的故园情。山水城市的理想目标就是要通过创造人与自然、人和人相和谐的，具有地域个性特色和深厚历史文化底蕴的人居环境，激发并强化人们的家园意识和地方情结。

第三，理想的山水城市所营造的具有地方特色的景观意象，有助于增强人们的场所感，使生活于其中的人们感到安全、自在与惬意。"场所感"是与家园意识紧密联系的美学范畴。场所感与人的具体的生存环境以及对其感受息息相关，指人对环境为我所用的特性的体验，或者是使人与特定环境成为"朋友"的认同感。作为现代城市普遍缺失的东西，"场所感不仅使我们感受到城市的一致性，更在于使我们所生活的区域具有了特殊的意味。这是我们熟悉的地方，这是与我们有关的场所，这里的街道和建筑通过习惯性的联想统一起来，它们很容易被识别，能带给人愉悦的体验，人们对它的记忆中充满了情感。如果我们的邻近地区获得同一性并让我们感到具有个性的温馨，它就成了我们归属其中的场所，并让我们感到自在与惬意"[①]。一个城市缺少有代表性的景观意象，失去传统氛围和历史连续性，就不是一个"高度可意象的城市"，便难以使人形成"场所感"。山水城市之独特的山水景观和与之相联系而形成的历史人文景观，如同诗歌美学中的"诗眼"，有了它，城市才能鲜活，才能呈现出生动独特的文化气质，并使这样的城市成为拥有高度可意象的景观的城市。老北京的自然风光本身并不出类拔萃，但由于有了人文因素的介入，却使"燕京八景"（蓟门烟树、卢沟晓月、金台夕照、琼岛春荫、居庸叠翠、太液秋风、玉泉趵突和西山晴雪）这种寻常的自然景观成为富有地域特色的胜景。

总之，山水城市所营造的城市景观，既包括自然景观，又包括与人文景观复合的综合景观。作为一种审美物态文化，这些景观将审美性、生态性、宜人性和文化性较好地结合在一起，从而使城市成为让人乐居的理想人居环境。北京的城市规划和城市建设必须具有一种着眼于未来的精神，提出并追求更高的乐居目标。打造山水城市的城市形态和景观格局，应成为北京所追求的城市目标之一。

三、追求居住空间有机融合的和谐之城

作为城市社会的基本空间类型，作为居民日常生活展开的主要场所，居住空间在城市形态的发展与演变过程中起着非常重要的作用。比如在我国大城市，20年来的快速城市化进程引发的居住空间郊区化的现象，便是城市形态形成"摊大饼"式的圈层扩展和蔓延的重要因素；又如，档次高低不一、类型不同的住宅区组成了城

---

① ［美］阿诺德·伯林特：《环境美学》，66页，长沙，湖南科学技术出版社，2006。

市形态的"马赛克"式的镶嵌图，形成了城市居住空间分异和极化，以至出现城市的"富人区"和"贫民区"。[①] 居住空间结构与形态的合理与否，不仅影响城市居民的生活质量，而且影响整个城市形态的功能和城市效率的实现。尤其是社会转型期所出现的城市居住空间格局上的阶层分化趋势，涉及空间正义与社会和谐的大问题，更是成为备受关注的热点问题。

从世界范围内来看，居住空间分异与社会隔离是城市现代化过程中难以避免的普遍现象。早在上个世纪二三十年代，著名的芝加哥学派针对当时美国城市出现的两极分化、居住隔离等社会现象，借用了生物界自然竞争的生态学规律来研究城市空间结构及其变化，强调经济因素、土地价值对城市居住形态的影响，其中最著名的是关于居住空间结构的三大模型，即伯吉斯（E. W. Burgess）的"同心圆"模式、霍伊特（H. Hoyt）的"扇形"模式、哈里斯和乌尔曼（C. D. Harris & E. L. Ullman）的"多核心"模式。近几十年来，全球化背景下西方后福特主义城市转型的主要特征是城市的两极分化更严重、对比更强烈、社会空间分异加剧。城市变得更加"分化"、"碎化"和"双城化"：一极是精英阶层在舒适豪华的典雅小区居住，这些小区通过围墙、保安杜绝外人的自由接触，形成所谓防卫型小区；另一极是城市下层、低收入人群或有色种族在衰败的城市中心区密集居住。[②]

我国改革开放以来，市场经济条件下土地和房地产市场的发展、住房分配制度的改革、住宅产业化步伐的推进、居民贫富差距的拉大以及社会分层的加剧，对城市居住形态产生了较大影响，居住空间分异与隔离的趋势越来越明显，城市居民按收入和社会地位的不同居住在不同的地段和小区，同时分异人群逐渐转变为贫富差异，并由此导致了城市低收入和贫困人口聚居化的现象。冯健对北京市区的城市空间结构进行了调查，提出北京社会空间分异的趋势日益明显，社会要素对城市发展的影响越来越大。[③] 北京零点研究咨询集团就城市"贫富分区"现象，于2006年4月对北京、上海、广州等20个城市的2 553名常住居民进行了调查。调查表明，总体看来，41%的受访市民认为目前所在城市存在明显的"穷人区"与"富人区"的划分；39%的受访市民认为"区分界限不明显，但存在这样的趋势"。其中，北京市民认为"贫富分区明显"者超过三成（32.6%，见图7）。

所谓居住空间分异，是指在一个城市中，不同层次或不同收入水平的居民聚居

---

　　① 参见鲍宗豪：《文明与可持续城市化》，见 http://su. people. com. cn/GB/channel111/200706/28/1810. html。

　　② 参见李志刚、吴缚龙、卢汉龙：《当代我国大都市的社会空间分异——对上海三个小区的实证研究》，载《城市规划》，2004（6）。

　　③ 参见冯健：《正视北京的社会空间分异》，载《北京规划建设》，2005（2）。

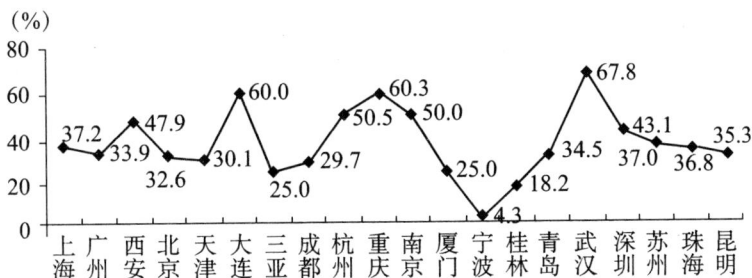

图 7　我国不同城市居民对所在城市"贫富分区"的判断比例（2006 年）

资料来源：零点指针数据网，见 http：//www. horizonkey. com/showart. asp？art _ id＝602&cat _ id＝5。

在不同的空间范围内，整个城市形成一种居住分化甚至相互隔离的状况。简言之，空间分异就是社会分化、社会分层在城市空间布局上的反映和表征，体现为同质人群聚集居住、异质人群彼此隔离。居住空间分异的现象古已有之，并不是新鲜事。在中国古代，都城的方位布局及分区规划深受礼制思想和宗法等级制度的影响，形成了等级分明的居住空间格局。早在周代时，城市便有了"内城"和"外城"的区分，即"城郭"。"内城"是统治阶级居住和行政机构所在地，而"外城"则居住着平民阶层。《管子·大匡》中所描述的"凡仕者近宫，不仕与耕者近门，工贾近市"，则表明当时的城郡居民已按照职业的不同而划定居住区域。清代的北京城将皇城范围内的一般居民全部迁出。近代以来，北京城在居住格局上历来也有"东富西贵，南贫北贱"的民间说法，形象反映了达官贵人和老百姓的居住分区状态。

新中国成立后，由于计划经济条件下城市建设处于国家计划控制和管理之下，城市的空间生产和消费以公平导向为基本原则，因此城市的空间贫富分异程度比西方城市低得多，但北京在"单位大院形制"的影响下，城市各类单位大院功能齐全，院墙高筑，仍存在一定程度的城市居住形态的相互隔离现象。近些年来，伴随社会转型而来的城市人口贫富分化加剧的现实，使城市居住形态发生了从单位大院到出现了所谓"富人区"、"贫民区"的变化，即计划经济条件下所形成的以单位布局的空间分异为基础的居住空间结构逐渐瓦解，居住空间的贫富分异现象日渐明显。

客观地说，在以市场为主要调节机制的经济模式下，城市居住空间的分异在某种程度上是一种不可避免的现象，它是居民居住状况多样性与复杂性的鲜明体现。其实，城市居住空间适度的分异格局并不是一件坏事，相反却有其合理性和必然性。从经济学上看，其合理性主要表现在能够充分实现市场对有限的土地资源的有效配置，充分利用级差地租的作用规律，实现各个地块的价值最大化，同时有利于房地产开发的市场定位与客群定位，增强物业的保值和增值性。从社会学上看，它有助于适应和满足不同收入阶层居民的多元需求，维护同一阶层社会成员"物以类聚、人以群分"的合群性、共享性特征，而且相近的生活背景、生活习惯会增加认同感，减少矛盾纠纷，形成和谐的小区关系。

适度的空间分异有一定的合理性，然而，过度分化与隔离的居住空间分异格局，尤其是富裕与贫困阶层之间社会距离急剧扩大并引起居住空间形态上强烈反差的社会现象，却可能隐藏诸多负面的社会问题。

首先，它造成社会不同阶层之间因地域分割而导致的相互交流减少，隔膜加大。积极的群际交往对城市和谐、社会和谐有重要的作用，正如《马丘比丘宪章》所强调的，"在人的交往中，宽容和谅解的精神是城市生活的首要因素，这一点应用为不同社会阶层选择居住区位置和设计的指针，而不要进行强制分区，这是与人类的尊严相容的。"因为空间分割而产生的不同人群之间的隔阂现象如果不能有效地抑制，会加剧城市社会矛盾，甚至引发社会冲突。其次，使人们的不同身份、地位通过一种固化的空间特征得以强化，以直观的视觉冲击力刺激人们的神经，对弱势群体的社会心理、自我认同产生负面效应，从而诱发人们的不公平感和相对剥夺感，加剧了社会不同阶层的疏离甚至仇视心理。在城市中，最容易引发人们产生不公平感的是个体的居住空间资源占有方式。一方面是高收入阶层占有过量的、有良好区位性的、有完善的公共配套设施的居住资源，一方面是城市中的低收入者等弱势群体数口之家居于斗室，或居住在环境、公共设施、交通等方面相对较差的区域。从现实层面看，程度不同的分区居住不可避免，但政府不能对不同收入阶层居住空间贫富分异的趋势和空间资源占有的不平等问题听之任之，让其自行发展。因为，不合理的空间贫富分异，其实质已超出经济实力地位的差异，而是社会不公平、社会不平等在居住空间上的表现。因此，若不对其有效引导与控制，将有损公平、和谐的社会价值目标的实现。"城市规划、住房建设，塑造的是一种凝固的社会架构。如果这种凝固的架构是以贫富分化为前提，那么就可能把已有的贫富差别固定下来。这对一个社会而言，是莫大的威胁。"[①] 1992 年美国洛杉矶黑人放火烧毁中产阶级居住区（韩国城）以及 2005 年 10 月底发生的法国"巴黎骚乱"，一个重要原因就是贫富分区所带来的日益滋生的社会对立和不满情绪。

在这方面，二战后美国针对城市中心贫民区的"城市更新"计划出现的种种问题，也对北京城市更新与住房建设有一定的警示和借鉴意义。1949 年美国联邦政府颁布了《住宅法》及一系列相关的政策法规，主要社会目标是大规模建设公共住房，以帮助城市消除贫民窟和重建残破衰败的区域，实现每个美国家庭对体面住房的追求。然而，这一体现公平原则的社会目标在具体的住房政策实施过程中并未得到有效贯彻，反而是在市场机制的强大冲击和强势利益集团的主导下，联邦政府的住房

---

① 薛涌：《穷人凭什么给富人腾地方》，载《新京报》，2006 - 03 - 19。

政策不断偏离公平目标，低收入者往往集中在基础设施缺乏、低教育水平、低就业率和高犯罪率的公屋小区，并带来城市日益严重的居住隔离和阶层分裂现象。"事实上，很多联邦计划是加剧了生活条件差的、住在内城的低收入居民的生活问题；根据1949年《住宅法》而实行的城市更新计划，由于为居民的迁移而供应的各种可选择的住宅太少，而成了威胁低收入家庭的同义语。"① 所以，从上个世纪70年代之后，美国住房政策进行了战略性调整，其目标不是简单地消除贫民区而代之以公共住宅，而是调整为建立"高低收入者混合居住区"的模式，以消除贫富居住区截然分离的状况，促进社会融合。这是美国花了数十年代价得来的经验教训，美国社会也为此付出了高昂的社会成本。

虽然北京的居住空间分异状况与法国、美国等西方国家的城市不同，还不存在大规模的郊区化问题和种族冲突问题，空间分异程度还远未达到它们的严重程度，但绝不能忽视社会空间分异趋势对社会公平、和谐社会所造成的不良影响。因此，为了防止出现严重的社会分层和两极分化，达成住房资源占有的整体公平性，抑制或减轻空间分异的趋势所带来的负面影响，城市规划作为空间资源配置的调控工具和公共政策，应有意识、有计划地适度控制居住空间的隔离与分异，处理好公平与效率的关系，构建一种混合居住的空间发展模式，以减少不同阶层居住资源差距，尤其是改善低收入阶层的生活与工作条件，使不同阶层、不同群体能在合理的空间配置环境中和谐共存与有机融合，这是构建和谐城市的重要方面。

对城市居住空间分异的控制在欧洲等地区的城市早已受到广泛重视，政府作用于居住空间分异的调解主要采用的方法有两种：一是通过对房地产的介入，避免住房市场过度市场化。典型的做法是在比较昂贵的、普通中低收入人群支付不起的小区建设适量的经济住房。二是通过有效的规划手段实现居住的混合，避免对弱势群体的排斥。主要体现在通过混合用地规划提升居住群体的异质性。② 在我国，为了应对居住空间分异的负面作用，学者们提出了不同阶层混合居住的模式与规划手段。如苏振民、林炳耀认为混合居住是解决社会空间分异的重要途径，并提出了分类混合居住的两种模式：一种是中间阶层和低收入阶层的混合居住，另一种是中间阶层和高收入阶层的混合居住。他们从物业税、公共投资和社会住房保障三方面提出了居住空间资源的公共政策建议。③ 孙立平则提出了"大混居、小聚居"的阶层融合模式，认为这样既可以促进不同阶层间的接触和交往，防止教育、商业和环境等公

① ［英］彼得·霍尔：《城市和区域规划》（第四版），215页，北京，中国建筑工业出版社，2008。
② 参见李志刚、张京祥：《调解社会空间分异，实现城市规划对"弱势群体"的关怀——对悉尼UFP报告的借鉴》，载《国外城市规划》，2004（6）。
③ 参见苏振民、林炳耀：《城市居住空间分异控制：居住模式与公共政策》，载《城市规划》，2007（2）。

共资源的过分不合理分布,又可以使不同阶层之间保持一定的距离。[①] 北京已经开始尝试通过有效的规划手段和政策引导推行阶层混居的模式,使不同经济背景和收入水平的居民有可能住进同一个小区。2007 年 7 月 18 日,北京市规划委发布的《北京市"十一五"保障性住房及"两限"商品住房用地布局规划》提出,此后三环外的不在政府土地储备控制区域内的普通商品房项目,必须配套建设保障性住房和"两限"商品住房,是不是按照规定"配建",将成为开发商们能不能拿地的关键。到 2010 年,全市居住用地供应规模约为 90 平方公里,除去轨道周边及其他已供应保障性住房及"两限"商品住房用地,按 15% 的比例配建,可建约 1 200 万平方米保障性住房及"两限"商品住房。而且,在用地布局原则方面,明确提出要以集中建设和开发配建作为主要手段,按照"大分散、小集中"的模式进行空间布局,促进社会公平和融合。

达成居住融合的方式,除了摸索一套适合我国国情的混合居住模式以外,还应当强调符合空间正义原则的住房建设政策,使城市的所有居民,无论男女老幼、贫富贵贱,都能够公平地获得居住空间资源,有适当的住房、清洁的环境和必要的公共设施。为此,要注意以下三个方面的问题:

一是基于公平逻辑,城市居住空间建设的着力点不是为富裕阶层等强势群体锦上添花,而应当首先为弱势群体雪中送炭,在保证他们基本居住权实现的前提下,通过适度倾斜政策,改善中低收入小区的居住环境状况,缩小不同档次住宅区之间在公共服务设施、环境景观等方面的差距。

二是规划及相关部门应通过市场的积极引导和政府力量的合理控制与公共干预,保证作为公共物品的公共设施、公共空间等非居住性公共资源的公平分布,改善和提高公共交通可达性条件及公共设施配置的水平,特别是中低收入聚居区的卫生健康设施、商业文化设施、交通和教育配套设施水平,实现区域性布局的优化合理。

三是城市规划必须是以大多数市民的公共利益作为出发点,要防止富人阶层和权力阶层对自然资源和自然景观的瓜分,避免住宅建设中出现某些谋少数人利益的"圈环境、圈资源"现象,不能让城市中具有较高生态质量和景观质量的优质地段被高档住宅区或某些社会集团所独占。城市环境、城市自然景观资源等都是公共品,它必须充分表达平民性、共享性的价值,而不应该借由金钱、权力强化其等级性和特权性。在规划实践中,应将山水湖河岸线和景观标志地区规划为公共绿地和公共开敞空间,防止这些区域为封闭性社区和一些单位、社会集团所独占,防止不同居住区域的人们在对公共环境资源的享用程度上差距扩大。

---

① 参见孙立平:《"大混居、小聚居"与阶层融合》,载《北京日报》,2006 - 06 - 12。

另外，如何在城市住宅建设、公共空间、公共设施的建设与管理方面抑制贫富分异，香港政府的经验特别值得北京借鉴。在香港，住宅类型大体分为两个部分，一是供有钱人居住的商品房，即私屋，另一部分是政府盖的公屋，供低收入阶层居住。同时，香港政府的有关法律规定，建设新城时，私屋的比例不允许超过40%。这就保证了新城中居住人群的异质化。私屋与公屋并非穿插而建，也就是说穷人和富人是不混居的，但政府提供的公共设施、公共空间必须是穷人与富人共有的。公共空间是社会沟通行为的主要载体之一，香港政府希望借助这一载体的共有和共享，来加强不同收入阶层间的相互交流和理解，避免因居住隔离而引发的文化隔离、教育隔离等现象，从而尽可能减少居住空间分异产生的负面影响。其实，这跟以前老北京的胡同居住文化有点类似。老北京居住在一条胡同里的人往往贫与富毗邻而居，贫富差距很大，等级分明。但因为有了胡同这样的公共空间载体，人们彼此之间并没有很深隔膜，打个比方，一个拉洋车的，也可能和胡同里的有钱人搭上话。

虽然城市的居住分异与隔离是不可避免的，但是通过以公平价值为导向的规划政策，通过增进各阶层的相互交往，居住分异的趋势是可以缓解的。毕竟，21世纪人类的理想家园是居住空间有机融合的和谐城市。

四、追求服务于市民日常生活的人性之城

从城市发展的历史来看，世界上没有一个大城市是完全按照理性模式建立起来的，城市形态的形成是各种利益、各种欲望在城市中交错角力的结果，是自然、人文、经济等多种因素综合作用的结果，其中，文化观念和精神力量的影响很大。林奇认为不同的物质空间形态是与不同的思想和价值观相匹配的。他将城市形态划分为三种典型的模式：宇宙模式、机器模式和有机体模式，这一概括分类与自然条件和经济秩序的关联较小，而更多的是与精神文化和心理体验相关。如宇宙模式认为，城市因神灵而生，依靠宇宙的力量或神的魔法而得以存在与发展；城市是一个仪典性的中心，空间和仪式用来把人们聚集起来并稳定和束缚人们的行为，城市的布局和运转应遵循宇宙运行的方式；城市形态是服务于宗教力量和权势的，轴线、规则网格、中心、围合体及城门这些形态特征是表现权力和等级制的冷酷工具，用来使一部分人屈从另一部分人，同时，这些形态也具有共同的心理体验作用，为人们提供了安全感、稳定感和威严感等心理感受。[①]

王朝时代北京的城市形态就属于典型的宇宙模式。城市平面轮廓与结构呈现一

---

① 参见［美］凯文·林奇：《城市形态》，53～59页，北京，华夏出版社，2001。

种规则的、方正的图案模式，形象体现了"不正不威"的文化观念；城市布局运用中轴线对称的手法，使城市格局秩序严谨，空间主次明确；将宫殿置于都城中央显赫位置，以烘托宫殿的重威，凸显凌驾于臣民之上的国家权力；都城从型制到方位都要象天法地，从而"顺之以天理"；不同种类的城墙分别承担着不同的功能，体现着等级差别……这些形态特征无一不反映一种王权至上、礼制至尊的思想，城市形态成为宗法等级制度的物化象征，成为维护封建统治秩序的工具。这种宇宙模式的城市形态主要是为封建统治阶级、权力阶层而非普通人的生活服务的，城市的主人是帝王、贵族等权力阶层，城市空间的社会意义也主要体现为一种政治使命和等级划分价值。城市的布局、市场的设立、居民区的管理、道路的修建等方面，都是从统治者的利益出发，城市作为全国性的或地区性的政治行政中心，凸显的是城市的政治性象征建筑，并服务于权力的要求，很少考虑城市居民生活方便的需要，城市居民处于被管理、服从、顺应的地位。

近代以来，尤其是 1949 年新中国成立以来，作为社会主义国家的首都，北京的城市形态在旧城的格局上虽然还体现着宇宙模式的一些特征，但其主题思想已发生了深刻变革，城市集中表达的不再是封建帝王"普天之下，唯我独尊"的王权思想。

当今，城市应是为提升市民的生存质量和生活品质而设计与建造，以城市中普通市民的根本利益为本，对于普通人生活状况的全面关注，应当成为城市形态的人文价值追求。这种人文追求，其实早已成为近代以来一些城市规划思想家的道德使命。例如，霍华德（Ebenezer Howard）、芒福德等学者敏锐地觉察到工业社会和机器化大生产所带来的城市问题及对人性的摧残，提出了关心人民利益、以人性的满足为立足点的城市规划指导思想，表达了一种人本主义的价值诉求。在对未来城市发展的构想上，芒福德将其发展的动力确立在市民意识之上。他指出："现在城市必须体现的，不是一个神化了的统治者的意志，而是市民的个人和全体的意志，目的在于能自知自觉，自治自制，自我实现。他们活动的中心将不是工业，而是教育；每一种作用和功能将按照它促进人类发展的程度来加以评价和批准，而城市本身将为日常生活中自发的冲突、挑战和拥抱提供一个生动的舞台。"[①] 上个世纪 60 年代以来，随着规划理论界对以功能主义为主导的战后城市更新运动作出的反思与批判，城市规划的价值基础和方法论都受到了极大的挑战与质疑。雅各布斯、詹姆士·C·斯科特（James C. Scott）以及一些后现代城市主义者重新唤起了人们对城市形态平民化、人性化、日常生活化的关注。现代主义城市设计之所以受到人们的批评

---

① 〔美〕刘易斯·芒福德：《城市发展史：起源、演变和前景》，584 页，北京，中国建筑工业出版社，2005。

和责难，就在于它在强调理性主义和功能性的同时，忽略了对人性化、多样化的关注，而走入了高度理性化、冷漠化、单一化和功能化的歧路。"人们普遍认为现代城市的规划和设计是一张缺乏地方特性的蓝图，一个无名无姓的、非人性化的空间，一个只有大量建筑物和供小汽车通行的地方。"① 雅各布斯强调以普通市民日常生活为本的充满活力、多样化和用途集中的城市形态，并提出了城市规划应为谁服务的尖锐问题，认为不断失败的城市规划教条要想成功就需要有市民的视角。斯科特抨击了以柯布西耶为代表的极端现代主义城市规划，尽管它可以创造出整齐的秩序和功能的分割，但其代价却是有损市民精神的如机器一样贫乏而单调的环境。他还批判现代功能主义规划过分注重效率和壮观的视觉秩序，只考虑所谓"人类的真理"和整体美学，根据自己的认识为其他人设计了基本需求，根本不承认他们为之设计的居民在这方面有什么发言权，也不承认他们的需求可能是多重而不是单一的。② 针对美国社会无序蔓延的郊区化和冷漠孤立的邻里小区，20 世纪 90 年代兴起的后现代的新城市主义，是西方学者把人本理念、市民生活融入规划设计实践的一次成功探索。新城市主义所强调的传统邻里小区开发和以公共交通为导向的开发，以及从下到上的公众参与规划决策模式，鲜明体现了规划的市民视角。

城市并非个人意图和政治权力的作品，城市是基于普通市民的日常生活状态而展现出来的，那是市民的城市。城市像大树一样，有着天然的美丽，市民的力量往往让城市能够自由地生长。以普通人生活为导向的"市民城市"的伦理特质，最根本的要求是确定城市规划主要服务的社会主体是谁，那就是城市不是为权力阶层而建，不是为少数利益集团而建，不是单为投资者和观光客而建，而应是为生活在城市中的全体市民而建，尤其是为占城市绝大多数的普通市民而建——他们才是城市中的"大众"。用龙应台说过的一句话来表达，就是"没有一个值得爱的城市不从市民的情感开始"③。依此，城市形态设计的维度，除了视觉（美学）维度、技术维度和社会经济维度外，更重要的是体贴普通人生活的人性化维度。城市归根到底是人创造并为人服务的，城市是人性的物化，它的最高本质是关心人、满足人的需求。城市形态的优劣很难有永恒的评判标准，但无论过去、现在还是将来，有一点则是不变的，那就是城市规划与城市建设中应始终从人的现实生活需要出发，把普通人的价值放在首位，体现对普通人生活状况的全面关注，以普通市民的幸福为核心目的，这也是衡量城市文明程度的标志之一。进言之，"市民城市"应将市民意愿、大

---

① ［美］南·艾琳：《后现代城市主义》，3 页，上海，同济大学出版社，2007。
② 参见［美］詹姆士·斯科特：《国家的视角——那些试图改善人类状况的项目是如何失败的》，155 页，北京，社会科学文献出版社，2004。
③ 龙应台：《谁的城市谁的家——我的市民主义》，载《南方周末》，2003 - 05 - 22。

众口味而非长官意志或精英意志上升为城市设计的支配力量，让城市规划回归到日常生活这个根本性的源头，更多地研究作为城市主体的普通城市居民本身的意愿，在城市的形式和功能方面进行人性化因素的探索，尊重公众的价值观和审美意识，使作为城市真正主人的普通大众不再是城市规划和建筑艺术的消极旁观者，在一定意义上取代规划师或建筑师而成为城市发展的"舵手"，使城市可以提供美好生活这一古老诺言能够兑现。反之，如果一个城市的规划与建设，不是以绝大部分普通市民的日常生活为出发点，普通市民不能成为城市开发的获益者，反而在规划中处处渗透家长式或精英式的治理，市民只不过是规划中被动接受的一部分，那只能说明，这样的城市，还不是市民的，或者说，这样的城市里还没有普通市民真正的地位和权利。因此，如何赋予城市形态、城市空间以日常生活的意义，重视城市空间改造对市民日常生活的影响，为普通人提供更方便、更人性化的空间，应当引起城市规划与建设者必要的重视，并将其视为城市发展的核心理念之一。

遗憾的是，近些年来北京的城市规划与城市建设中，以经济发展为本、普遍追求功能效益原则的城市发展模式已经严重地制约了城市市民品格的提升。例如，随着机动车数量迅速增加，北京机动车道路所占的面积越来越大，甚至有的地方将自行车道挤压到人行道，人行空间越来越窄。有关资料表明，在北京市总体规划的交通规划中，快速路、主干道的规划完成率达 75% 以上，而次干路、支干路的完成率只有 20%，这说明为快速交通和机动车畅通行驶考虑得多，而对照顾大多数人的慢速交通不够重视。另外，一些街道景观和设施建设也多考虑行车方便，小汽车好像是道路的主人，行人要战战兢兢、气喘吁吁地小跑着走过越拓越宽的马路。眼睁睁地看着街道不断被汽车挤占，人们发出了"城市为汽车而建"，"城市的道路越修越宽，但留给平民百姓的走路空间，却越来越狭窄"的感叹。又如，旧城改造使北京传统街区和街巷生活正在消失，一些四合院被高价卖给有钱的商人，开发为所谓的高档住宅或旅游娱乐场所，抹平了这些空间原有的生活印痕和人文价值，脱胎为新富裕阶层或所谓精英阶层消费主义生活模式的各种时尚场所，跟原住民和大多数普通市民的关系越来越疏远。就连广场等与市民的日常生活息息相关的公共空间的规划与建设，重视的也往往是城市的整体视觉景观形象，忽视公共空间作为有意义的场所与市民的公共交往平台，如何全面满足市民的意愿和需求，如何更好地将居民的生活方式和传统习俗渗透进广场的设计中，保证其成为市民的一个日常生活场所或真正的市民中心。有学者认为，过去三十年来中国城市经历了飞速的改造与扩张，但普通市民使用的城市公共空间却没有得到应有的改善，"政府开发的城市空间，大多为点式空间（如广场或中心绿地），有时也包括一些像主要城市街道那样的线型空间。这类工程有不少是为了向上级主管或其他短期访问者显示政府政绩而建造的，再加上经办官员往往喜欢搬用过时的建筑形式来追求肤浅的纪念碑式的视觉效果，结果使这些耗资巨大的工程成为脱离普通市民需要的虚假橱窗"①。

2009年7月5日《新京报》一则《小区锁大门婉拒工人纳凉》的报道，从一个侧面反映出北京在服务于普通市民尤其是城市外来务工人员的公共空间建设之不足。朝阳区慧忠北里某居民区，在每天午休时间，附近工地许多工人端着盒饭来到小区纳凉吃饭，物业为了维护小区环境卫生，将大门上锁，禁止工人进入。报道称一名翻墙而入的工人表示，午休时间之所以聚集于小区，原因是工地周边是露天广场，没有树荫，因为天气太热，他们无处乘凉才会选择来小区，已经持续半年了。看了这则报道，我们应该思考的是，先不论物业简单把"门"一关了之的做法是否妥当，试想，如果工地周边的露天广场能够绿树成荫，或者北京有分布合理、数量充足的街心公园，这些城市建设者还会不得已聚集于居民小区乘凉休息吗？

因此，北京在规划布局公共空间时要充分考虑人口规模、分布情况、城市居民的生活习惯、交通组织等各方面因素，从定位、定量、定性等方面对城市公共空间进行统筹安排和均衡布局，避免过分注重中心广场与大型公园的开发建设，而忽视满足人们日常晨练、散步、休闲、交谈需要的社区广场与街心公园的建设。日本近代以来形成的现代都市公园体系，很值得北京借鉴。在日本国土规划和城市规划的合理定位之下，其公园形成了国立公园、自然公园、风景公园、综合公园、运动公园、动植物园、幼儿公园、地区公园（服务半径1千米）、街区公园（服务半径500米以内）、近邻公园（服务半径250米，又称"贴身公园"）等类型。二战后，经过几十年的努力，目前基本形成了以小公园为主体，按规模、服务半径配置的现代都市公园体系。其实，在今天这个时代，相对于大型公共空间而言，服务于周边人群或特定人群的小尺度公共空间由于具有亲切、易达性、多样性等特点，更有魅力，更能体现市民在城市公共空间中的主导地位，也更有利于地域身份意识在周边居民间的建立。试想，1个10万平方米的城市大广场，和100个1000平方米的社区广场或街心公园，在占地面积相同的前提下，哪一个能更好地服务于普通市民的日常生活呢？显然是后者。社会学者郑也夫认为，大公园与街心公园是功能不同的两种东西，是不可以互相替代的。大公园在一定程度上是为别的城市的人服务的，是为旅游者服务的。街心公园像家常菜一样，是为本地人或居住在附近的人服务的，满足的是最重要、最频繁的需要。所以城市的建设者应该在这方面下一些工夫。②

城市景观建设中也存在缺乏市民视角的问题。如为了修建体现现代化城市形象

---

① 缪朴：《谁的城市？图说新城市空间三病》，载《时代建筑》，2007（2）。

② 参见郑也夫：《城市社会学》，20页，北京，中国城市出版社，2006。

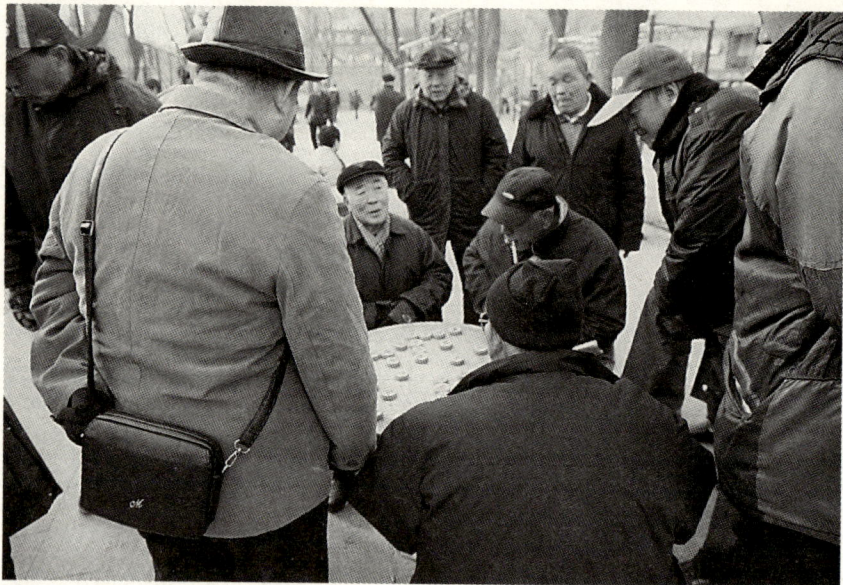

图8　在一个寒冷的北京冬日上午，位于景山后街的一处街心公园仍然人气不减

资料来源：秦红岭摄于 2009 年 1 月。

的景观大道或以改善交通的名义，过多开辟宽阔的封闭式街道，不惜牺牲城市街道原有的合理尺度和绿化格局，将原本尺度宜人、绿树成荫的街道变成光秃秃的大马路。一到夏天，整条街道都暴露在太阳底下，行人经过这样的街道，骄阳当头，热不堪言。还有一些亲水走廊、创意雕塑、花坛造型等景观似乎是"为建而建"的景观展示，缺少世俗情趣的生动内容，不能贴近市民的日常生活，无法让人从容徜徉、自由嬉戏。此外，城市公共绿地分布也不太合理，大都集中在城市中心区域，且以展示性为主。若以普通市民的需求为本，就应该让公共绿地镶嵌在市民日常生活的周边区域，实行"以小为主，普遍分布"的原则，使公共绿地所发挥的效益直接惠及居民日常生活。此外，真正以市民为本的城市，不应只注重一些形象性、展示性的"大空间"规划，还要用心地设计与管理城市中一些常常被忽略的"小空间"，例如街道的转角、小巷、角落、过街天桥、地下通道、公交换乘空间、室内外过渡空间等等，这些"小空间"往往与市民日常生活息息相关。

　　总之，城市毕竟是一个人居场所，城市中绝大多数的街道和景观当是为市民的真实生活而设，而非为城市的虚妄形象而设，规划与刻板的模式和冰冷的形式无关，规划本质上是一种人性的体验。城市形态的发展建设归根结底是为了使城市空间更好地为市民生活服务。北京要建成一个真正以市民生活为导向的城市，就意味着建构以市民意愿、市民认同为导向的城市空间生产思路，就意味着应方便体贴所有人的生活，全面提升整个城市的生活品质，使北京成为一座充满人性化魅力的家园！

中编

"人文北京"建设研究

第三篇

推进"人文北京"建设研究[*]

冯惠玲　郝立新　干春松　陆益龙[**]

　　[*]　本文为中国人民大学人文北京研究中心"'人文北京'行动计划研究"阶段性研究成果，完成于2009年8月。

　　[**]　冯惠玲，中国人民大学常务副校长、中国人民大学人文北京研究中心主任；郝立新，中国人民大学校长助理、中国人民大学人文北京研究中心执行主任、中国人民大学哲学院院长、教授；干春松，中国人民大学哲学院教授、中国人民大学人文北京研究中心副主任；陆益龙，中国人民大学社会学系教授、中国人民大学人文北京研究中心研究员。

北京，因其重要的政治、经济地位与其悠久的历史、丰富的文化积淀为世界所瞩目。随着中国经济的高速发展，作为世界最重要的新兴经济体的首都，北京越来越多地吸引着世界的眼光。而 2008 年北京奥运会、残奥会的圆满成功，则给了北京一个全面展示中国形象和城市魅力的机会，因而也标志着北京已真正进入了国际性都市的行列。

为了充分继承北京奥运的物质和精神遗产，以科学发展观来为北京的未来发展提供战略方针，北京市委书记刘淇同志在《求是》杂志 2008 年第 23 期上发表的题为《建设"人文北京、科技北京、绿色北京"》的文章中指出：北京奥运会、残奥会的圆满成功，标志着首都的经济社会发展已经站在了一个新的起点上。面对新形势、新任务、新要求和人民群众的新期待，必须深入贯彻落实科学发展观，认真总结奥运会、残奥会的成功经验，按照首都工作的特点和规律，不断丰富、升华、发展人文、科技、绿色三大理念，把以人为本、科技创新、生态文明的要求摆在更加重要的位置，努力建设"人文北京、科技北京、绿色北京"。

这个总括性的理念的提出，深得北京市民的赞许。的确，深入总结北京奥运会成功举办的经验和意义，将绿色、科技、人文三大奥运理念转化为今后北京城市发展的精神指引，必将为北京的发展提供强大的动力。

作为一个历史悠久的古都和中华人民共和国的首都，北京的发展理念不仅对于中国各地区和各城市，而且对于世界各国与城市的建设和发展，都具有重大的示范性，人文北京的提出，不仅是针对北京的发展而提出的战略性思路，也必将对探索有中国特色的发展道路和中国城市建设具有一定的示范意义。

"人文北京、科技北京、绿色北京"的理念关涉面相当广泛，我们知道，在奥运会这样一个以体育运动为主体的事件中，因为涉及场馆、设施、环境和比赛组织等方面，所以科技奥运、绿色奥运和人文奥运这三个理念，既互相关联，又大致处于同样重要的地位。但是，如果将这个口号提升为北京城市发展的战略，那么，人文北京相比于科技北京和绿色北京，就有一种相对的超越性。这个问题在后文中，我们将详细地加以讨论。具体地说，"人文北京"的建设，从"人文奥运"向"人文北京"的提升，表明我们不仅要汲取奥运期间人文活动、文化产业与事业、公众参与等方面的内容和形态，更要超越这些具体的内容和形态，抓取因奥运而召唤、激发、构建的人文精神，进一步丰富人文北京的内涵和意义。也就是说，需要我们以北京市的全面、健康、持续的发展，建设一流国际大都市为目标，在纵深和涵盖面两个向度上对"人文北京"作新的诠释和定位。

一、"人文北京"的内涵和外延

无论是北京作为中国文化遗产留存最多的城市之一，无论是北京作为一个开放、多元和包容性的城市，还是北京给居住或曾经生活于其中的人所产生的难以割舍的留恋，这些都彰显出北京这座城市所拥有的深厚的人文底蕴，也正因为如此，人文奥运和人文北京，才不会是无源之水，无本之木，所以，一经提出便引发北京市民乃至全国人民的共鸣。

人文精神，并不能一概而论，就其最根本的层面看，就是对人的价值的肯定和尊重，是人类"自我发展"和"自我完善"的过程。但是，人文精神并非一成不变的，它所体现出的是对于不符合人的根本利益的生产方式和社会管理方式的一种反思，是对所有束缚人性发展的力量的批判和突破。比如，中国先秦时期和古希腊的人文主义是人对于自身存在的觉悟。文艺复兴时期的人文主义倡导的是对科学精神和世俗生活的肯定。而19世纪末开始的人文精神，则开始了对科学主义和人类发展方式的反思，并发展至今。所以说，人文主义是一个不断发展和丰富的过程。

这也意味着，当我们提出人文北京的时候，我们不但要从已有的人文精神的发展中提炼出丰富的内涵，从北京深厚的人文底蕴中发掘出符合我们这个时代的人文精神，而且要发挥当代北京人的创造性和主体性，发展和丰富人文精神。

"人文北京"提出的直接依据是"人文奥运"，北京奥运会之所以成为一届"无与伦比"的奥运会，除了举全国之力办奥运这样的大环境之外，北京奥运会所提出的各种理念也为奥运的成功提供了精神动力。其中，人文奥运的建设，为构建北京市民的理性思考能力、开放宽容的胸怀、创新发展的精神等文明素养提出了新的标准，并为北京提供了全面、协调、可持续发展的精神动力。因此，在后奥运时期的北京，如何传承奥运精神，使之成为北京建设和发展的精神力量，是北京城市发展战略的重要任务。

之所以要将"人文奥运"提升为"人文北京"，首先是理念的价值。理念是人们对特定认识的提炼和升华，因其简洁、凝练、深刻和丰富而具有强烈的表达力、感召力和引导力。北京奥运三大理念，尤其是人文奥运理念的提出和不断丰富，生动地勾勒出北京奥运的特质和追求，鲜明地昭示北京对于奥林匹克运动内涵的诠释和赋予，赢得了国际奥林匹克人士及各国人民的理解和赞赏，也成为北京申奥、筹办和举办奥运的思想纲领与行动指南。由是推而延之，为北京长久发展建树人文理念，亦应获得彰显精神、聚拢思想、昭示内外、举纲张目的可观效果。

其次是人文的魅力。人文奥运理念的弘扬和向现实的转化，几乎渗透在北京奥运会及其筹备工作的每一个方面：（1）到处流淌的中国元素淋漓酣畅地演绎了光辉灿烂的中国文化与奥林匹克精神的融会（开闭幕式、会徽中国印、吉祥物福娃、祥云火炬、鸟巢、水立方等等）；（2）真诚热情的北京市民和奋勇拼搏的运动健儿让人性的光芒在赛场内外熠熠生辉（赛会志愿者、城市志愿者、窗口行业服务、文明观众、残奥会观众、妈妈冠军、奥运村等等）。我们有理由相信，人文精神绵长不绝地滋养涵化，会使文化底蕴厚重的北京政通人和，文化兴盛，越来越富有生机和魅力。

实施"人文奥运"向"人文北京"理念的转化，必须首先认清一个问题：作为一个举世瞩目的重大事件，北京奥运的经验和影响覆盖了社会发展、国际交往等诸多领域，从场馆建设、道路交通、环境治理到赛事组织，从食品安全、反恐、治安到志愿服务，从经济投入、政治较量、外交风云到文化交流，从对内动员、对外宣传、媒体政治到危机处理，错综复杂、千头万绪，而所有这些都是以奥运为基点和目标的。从举办一项重大活动的理念向长久的城市发展理念的转化，并非简单的概念套用和词汇搬家，有许多可以继承接续的认知和经验，更有极大的理性深化和实践拓展空间。我们需要以北京市的全面健康持续发展，建设一流国际大都市为目标，在纵深和涵盖两个向度上对"人文北京"作新的诠释和定位。

将"人文奥运"提升为"人文北京"，其核心就是要在弘扬奥林匹克精神的基础上进一步寻找北京的城市品格和灵魂，并将人文精神源源注入其中，使所有的活动、项目和产业皆以此为精神依归。

我们注意到，在奥运三大理念向北京未来发展理念的转变中，"人文"主题由原来排在第三位上升至第一位。这一顺序的变化有着深层的价值指向。

首先，从人文、科技和绿色这三个要素来说，科技北京所指是城市发展所依赖的科学技术的水准，作为一个高等学校和科研机构最为集中的知识创新中心，北京要发挥和利用这方面的优势。而绿色北京指的是要把北京建设成生态文明①型的城市。但是，无论是科学精神还是生态文明，均是人文精神的重要内容，也就是说相对于科技和生态，人文向度有着更大的涵盖度，因此，人文前移是对这三个要素内在逻辑的合理调整。

其次，人文精神的最核心内容就是以人为本，而科学发展观的核心精神也是以人为本，这意味着在经历了三十年经济社会高速发展之后，中国开始对发展战略进行调整，与此相应，北京发展战略的重心也必须将人文"前置"和"上移"，即在具

---

① 有人认为在经历了原始文明、农业文明和工业文明的三个阶段之后，人类文明处于从工业文明向生态文明转型的过程中。生态文明是对工业文明的一种反思，是在探讨人和自然、社会发展和自然系统、人类文明未来走向上的新型文明形态。参见诸大建主编：《生态文明与绿色发展》，26页，上海，上海人民出版社，2008。

体规划、部署城市经济、科技各项事业之前着眼构建北京的人文精神，把人文精神贯彻于各项事业的具体发展规划之中，构建北京的城市品格和城市灵魂。这是北京发展战略的需要，是城市历史进路的自然延展，也符合文明进步的客观规律。就城市战略和城市历史而言，奥运之后的北京当是"政治北京"、"经济北京"、"科技北京"、"绿色北京"、"文化北京"的综合体，而能够统摄这些城市主题定位的恰是"人文北京"。换言之，人文北京既是精神、文化、道德等"软北京"的集中概括，也是政治开明、经济繁荣、科技进步、环境清雅等"硬北京"的价值基准。事实上，政治、经济、科技、环境的发展，最终都要凝结一体、汇入人文精神，所谓海纳百川，有容乃大。

从这一意义上看，从"人文奥运"到"人文北京"是富有逻辑的理念转化，也是饱含文化自觉的新理念的开启，还是践行社会主义核心价值体系、升华城市内在精神、建设以人为本的首都社会的历史性抉择。任何一个社会和时代皆有其核心价值体系，它表征了人们的共同理想和普遍尺度。人文北京所应构筑的城市品格和灵魂，正是社会主义核心价值体系在首都北京的具体化，而其内在精神则反映了人们心向往之、自觉追求的社会理想。这个理想所指引的城市发展境界，当是关心人、爱护人，珍视美好生活、尊重人的基本权利，维系人与人、人与社会、人与自然亲善关系的和谐图景。

（一）人文北京的内涵

概念的内涵就是这个概念所反映的对象的本质属性的总和，我们认为，人文北京，既继承了人类人文精神发展的内在精神，是科学发展观在北京城市发展中的体现，也是北京市人民创造性地继承人文奥运的精神，根据北京城市发展的实际制定的战略决策。

刘淇同志、郭金龙同志多次发表文章阐释人文北京、科技北京和绿色北京的重要意义，在其他重要的会议和考察中，包括刘淇同志在考察中国人民大学时也反复强调了"人文北京"作为北京发展战略的重要意义和主要内容。在这些讲话和文章中，刘淇书记从四个方面来阐明"人文北京"的含义：（1）建设"人文北京"，就是要在首都各项工作中全面落实"以人为本"的要求，尊重人民主体地位，发挥人民首创精神，真正做到发展为了人民、发展依靠人民、发展成果由人民共享；（2）就是要切实保障人民群众的经济、政治、文化、社会权益，不断提高群众的思想道德素质、科学文化素质和健康素质，提高城市文明程度；（3）就是要深入发掘首都丰厚的文化资源，大力发展文化事业和文化产业，充分展现首都文化的魅力；（4）就是要妥善协调好各方面的利益关系，切实维护公平正义，不断促进首都的和谐与稳定。

这四个方面覆盖面很广，既提出了人文北京的核心内涵，即全面落实以人为本的科学发展观，也指明了推进"人文北京"建设的主要方向和实施途径。我们可以把它概括为：一个核心，四个发展。"一个核心"就是"以人为本"，"四个发展"是：（1）保障人民利益，促进民生发展；（2）提升道德、科学文化和健康素质，促进文明发展；（3）综合创新，促进文化发展；（4）统筹兼顾，促进政治文明与社会和谐发展。

1. 以人为本是人文北京的核心

首先，之所以说以人为本是人文北京的核心，就在于这个理念既符合马克思主义的基本原理，也是贯彻、落实科学发展观的现实需求。

党的十七大报告中关于以人为本有一段完整的阐述："必须坚持以人为本。全心全意为人民服务是党的根本宗旨，党的一切奋斗和工作都是为了造福人民。要始终把实现好、维护好、发展好最广大人民的根本利益作为党和国家一切工作的出发点和落脚点，尊重人民主体地位，发挥人民首创精神，保障人民各项权益，走共同富裕道路，促进人的全面发展，做到发展为了人民、发展依靠人民、发展成果由人民共享。"

从这段话中我们可以看到，以人为本其实是对全心全意为人民服务的一种新的解释，因此也可以说以人为本的实质就是为人民服务，是党的宗旨的另一种表达方式。而"尊重人民主体地位，发挥人民首创精神"，反映了在以人为本的内涵中，贯彻了辩证唯物主义的主体思想和历史唯物主义的群众观点，即人民是社会历史的主体，是一切社会财富（包括物质财富和精神财富）的创造者，是推动社会发展的主要力量。

胡锦涛同志进一步指出：科学发展观的核心是以人为本。推动科学发展，根本目的就是要坚持尊重社会发展规律与尊重人民历史主体地位的一致性，坚持为崇高理想奋斗与为最广大人民谋利益的一致性，坚持完成党的各项工作与实现人民利益的一致性，坚持保障人民权益与促进人的全面发展的一致性，做到发展为了人民、发展依靠人民、发展成果由人民共享。

其次，以人为本与人文北京理念的逻辑联系。

刘淇同志的文章中强调以人为本是人文北京的核心，明确地昭示着人文北京是对于中国共产党全心全意为人民服务的宗旨的继承和发展，同样也是贯彻落实科学发展观的具体措施和行动指南。人文北京的提出意味着北京的发展将紧紧围绕着发展为了人民、发展依靠人民、发展成果由人民共享这样的目标。无数的实践告诉我们，只有把经济建设的目标定位于北京市民的民生改善，北京的发展才能具有最广泛、深厚的群众基础，也才能激发广大群众的首创精神和凝聚力，为北京的发展找到源头活水。反之，如果北京的发展与人民的利益无关，甚至损害人民的正当利益，不能为人民带来自我发展和提升的空间与机会，那么北京的发展就背离了其根本方向，北京就会失去活力和吸引力，失去人民的支持和参与。

人文北京的提出，不仅是对北京过去发展经验和未来发展方向的总结，也是对过去发展中存在的问题的反思。

新中国成立以来，特别是改革开放三十年来，中国经济和社会的发展，取得了前所未有的成绩，人民的生活水平也有了翻天覆地的变化。不过也出现了追求经济发展而忽视环境保护，人民不能充分享受改革开放成果等问题。当前中国社会发展中的社会矛盾，主要集中在就业、贫富差距、社会保障三个方面。毋庸讳言，这些问题在北京也不同程度地存在着。这都要求我们在推进人文北京建设的过程中不断改善。

总之，"以人为本"的核心的确立，意味着北京的发展将体现出尊重人的价值、保障人的权利、实现人的潜力等价值目标，也必将为社会主义核心价值体系建设提供新的思想资源，并更好地向世界展示科学发展观的魅力。

2. 人文北京与北京的"四个发展"

"四个发展"，是对以人为本的核心观念的具体化。在"四个发展"中，民生发展是基础，文明的提升是保障，文化的发展是特色，和谐社会建设是目的。虽然刘淇同志在论述人文北京的讲话中没有直接点出"民生"的字眼，但是无论是以人为本的核心的确立，还是文明提升、文化的发展与和谐社会的建设，均着眼于民生的改善和发展。文明和文化属于人文主义的重要表现方式，人的道德素养、科学素养和健康素养都体现出人文精神的基本内涵，也就是对人的尊严的重视和对生活质量、生活态度的思考。文化是人文的最鲜明的表现方式，人类的文明成果，均不同程度地通过文化表现出来，从而成为这个地区的文明的标志。

以人为本的思想，还需要有有效、清廉的政治秩序与和谐的社会环境来支撑，如此，通过发展民生、建设和谐社会、展现文化魅力、提升文明素养，以人为本的核心理念得到了完整的展开。也就是说，以人为本的观念是这四个发展的指导思想，而通过四个发展，以人为本的观念得到逐步落实，并由此构成了"一个核心"和"四个发展"之间的相互影响、相互促进的逻辑关联（如图1所示）。

第一，保障人民利益，促进民生发展。

中国革命的先行者孙中山在他的著名的三民主义理论中，就提出民生问题是一切社会问题的根本，他说："社会的文明发达、经济组织的改良和道德进步，都是以什么为重心呢？就是以民生为重心。民生就是社会一切活动中的原动力。""所以社

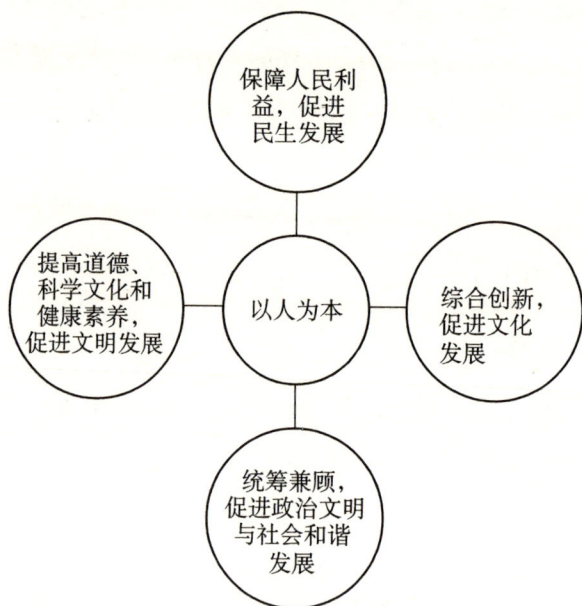

图1　"一个核心"与"四个发展"之间的逻辑关联

会中的各种变态都是果，民生问题才是因。""民生就是政治的中心，就是经济的中心，和种种历史活动的中心，好像天空以内的重心一样。"①

　　而且孙中山认为他所提出的民生主义也可以被看作社会主义。后来中国共产党在中国建立起社会主义的新中国，其目的也只有一个：将中国人从贫穷落后的状态中解放出来，享受平等、自由、富裕的生活。

　　但是由于我们在社会主义建设中出现了一些曲折，所以，邓小平同志等明确提出贫穷不是社会主义，把经济建设放在第一位，目的还是改善中国人民的生活水平。

　　从科学发展观的战略和人文北京的口号中，我们能够深刻地感受到以人为本的方针的核心是老百姓的生活。在刘淇同志关于人文北京的讲话中，我们也能深刻感受到北京市的确是将关注民生、保障民生、改善民生作为促进科学发展、促进社会和谐的重要举措。因此，我们认为人文北京建设，当下最为基础、与广大人民群众的生活最密切相关的是促进民生发展。

　　受国际金融危机的影响，中国的经济发展遇到一些困难，但是，在财政收入减少的情况下，不但政府把有限的财政投向教育、医疗、社会保障等公共领域，而且还保持了很大的增长幅度。应对金融危机，党和政府提出必须把保增长、保民生、保稳定作为重中之重，着力解决好关系群众切身利益的民生问题，把人民群众的需求和期待作为政府决策的基本依据。北京市党的第十次代表大会，曾经提出了改善

---

　　① 《孙中山选集》，上卷，177页，北京，人民出版社，1956。

民生的六大具体举措：一是通过大力发展廉租房、经济适用房和两限房，优化住房供应结构，解决群众的住房困难，建立住房保障体系。二是实施公交优先战略，大力发展轨道交通，同时明确公交的公益性质，坚持推行低票价政策，提高市民乘坐公交出行率。三是加强环境整治和大气治理，让市民呼吸到清新的空气，把北京建设成为更加宜居的城市。四要积极推进义务教育均衡发展，解决群众上学难问题，提升教育服务水平。五要加强食品安全工作，通过建立食品追溯机制，进一步健全食品安全保障体系。六要进一步加强社会保障工作，坚持公共医疗卫生事业的公益性质，大力发展公共卫生服务。这是根据北京发展的实际提出的解决民生问题的最切要的措施。

但这六个方面，并不能代表民生问题的全部。

民生涵括的范围很广，狭义的民生问题指的是衣食住行这样一些基本生活保障，主要是满足人基本的生活需要，但是人的需求层次是不断提高的，更需要有丰富的生活内容和获得安全及受尊重的感觉。比如，安全需求包括对人身安全、生活稳定以及免遭痛苦、威胁或疾病等的需求；获得尊重的需求既包括对成就或自我价值的个人感觉，也包括他人对自己的认可与尊重。有获得尊重需求的人希望别人按照他们的实际形象来接受他们，并认为他们有能力，能胜任工作。他们关心的是成就、名声、地位和晋升机会。当他们得到这些时，不仅赢得了人们的尊重，同时就其内心而言因自身价值获得实现与认同而充满自信。更高层次的则是自我实现需求。自我实现需求的目标是自我实现，即在工作和生活中充分占有人的本质，实现人的全面发展。因此，广义的民生问题也必然包括文化素质、文明程度和社会公正。换句话说，没有好的文化享受和文明环境，那么人的生活质量得不到保证，而没有公平的社会环境，那么人的尊严和自由就不能真正实现，因此，民生发展是社会发展的基础，但是只有社会正义得到保障，个人的权利得到实现，文化享受不断提高，民生的发展才摆脱了简单的衣食问题，从而走向了人的自我实现和自我完善。所以说民生问题不但是人文精神的内在表现，也与人文北京的其他内容息息相关。

如果从比较长远的眼光看，民生问题应重点关注的是教育、医疗和社会保障。

首先要加大教育投入，不断提高教育投入在 GDP 中所占的比例。在全国率先推行普及高中阶段义务教育，并不断提高高等教育的入学率，使全体市民的文化教育水平有一个质的飞跃。推进基础教育资源的均等化、合理化配置，构建和谐的教育秩序，让生活在北京的人都能享受到均等、优质的教育资源。推进教育体制的改革，充分发挥各种社会资源在教育发展中的作用，拓宽办学渠道，促进教育更好更快地发展。加强基础教育改革，更加注重素质教育和创新能力教育，全面提升市民的文化素质。

其次要改善首都的医疗条件和就医环境，解决就医拥挤和就医难这一突出问题。加快城市社区医疗服务体系的建设，提高社区医疗服务的质量，更好、更全面地满足市民的医疗卫生需求。推进和完善城镇医疗保险体制改革，减轻普通市民尤其是低收入群体的医疗卫生负担。建立和健全医疗救助及保险制度，真正做到病有所医。完善公共医疗卫生体制，积极引入市场机制，拓展医疗资源的来源，政府要加强对医疗卫生机构的严格监管，更好地满足城市不同阶层的健康与医疗需求。

再次要进一步发展城市社会保障和社会福利事业。巩固和扩大最低生活保障覆盖面，扩大郊区农村困难家庭享受最低生活保障的范围，实现困难群体人人生活有保障。建立统一的养老保障体系，改善老年人社会福利，提高养老社会化服务水平。在政府主导、社会广泛参与的机制下，加快老年人服务机构建设，提高老年人的生活质量和生活水平。关注特殊人群的社会保障和社会福利，在公共政策、公共设施建设、教育、就业、医疗和社会扶助等方面，充分保护残疾人等弱势群体的权益，给予弱势群体更多的人文关怀和社会福利。积极支持社会福利组织等民间组织的发展，促进社会福利和慈善事业的制度化、组织化发展。

最后，推行积极的就业政策，促进市民收入水平不断提高。政府采取积极财政政策，保持城市高就业率。推进合理的薪酬制度建设，促进职工的收入水平按一定速率不断增长。拓展城市就业信息服务平台，让更广泛的求职者能够获得有效职业信息。增加职业培训的公共服务，为更多劳动者提供职业技术培训，提高劳动技能，促进就业。

第二，提高道德、科学文化和健康素养，促进文明发展。

如果说民生问题是人文北京的基础，那么文明的发展是保障。文明素质包括思想道德素质、科学文化素质和健康素质。

文明一词，含义丰富，"人类究竟从文明获得多少利益？有一位观察家强烈地感受到物质生活的舒适；知识的增进与传播、迷信的衰落；相互交往的方便；举止、态度的温柔；战争与个人冲突的减少，强者对弱者的欺凌持续地减少；集全球众人之力所完成的伟大工程"[1]。也就是说，在一般的意义上，文明包含着我们所认为的道德价值、科学文化和人类文明成就等多方面的内容，但在这里我们主要指的是道德素质、科学文化素质和健康素质。

文明素质的最主要内容是道德素质。胡锦涛同志指出："一个社会是否和谐，一个国家能否实现长治久安，很大程度上取决于全体社会成员的思想道德素质。没有共同的理想信念，没有良好的道德规范，是无法实现社会和谐的。"建设人文北京，

---

[1] ［英］雷蒙·威廉斯：《关键词：文化与社会的词汇》，48 页，北京，三联书店，2005。

道德的规范和引导是不可缺少的。"人无德不立，国无德不兴"，中国人文精神就是以道德冲破天命而宣告诞生的。与别的文化形态相比，中国文化特别注重道德意识和道德秩序的建设，因此，从个人道德、家庭道德到社会共同道德各方面都积累了大量的思想资源和实践方案。这为我们现在进行道德素质建设提供了良好的基础。

同时，中国的改革开放和发展，使我们了解到更多的道德资源，比如尊重个人的权益、注意区分公共事务与私人事务等，这都会丰富我们对于道德的认识，并增强我们的道德宽容。

科学素质也是文明素质的重要组成部分。在人文精神的发展历史上，科学精神起到了十分重要的作用，以实证科学的发展为基础，不但引发了工业革命，使人类文明提升到工业文明的阶段，更重要的是确立了以科学精神取代迷信和信仰，以理性取代愚昧的人文精神。因此，科学精神是人文精神的重要内容。

科学精神作为文明素质的组成部分，也是每位公民生存和发展的基础。提高公民个人科学素质，就是满足公民自身发展的需要，提高处理实际问题、参与公共事务的能力，这是以人为本思想的具体体现。

科学素质还可以使人获得更多的生存技能，帮助人们更好地参与社会竞争。在现代生活空间与社会环境高度知识化和技术化的情况下，不论是生存就业还是谋取发展，都要求劳动者不断学习科技知识，掌握先进的科技方法和技能。

科学素质还可以提升我们的生活质量。在物质生活水平得到明显提高后，人们日益关注健康水平和文化生活质量的改善。现代社会科学技术渗透到日常生活中，人们的衣食住行都离不开科学技术。

更为关键的是科学精神可以帮助我们树立正确的世界观、人生观和价值观，实现人的全面发展。具备基本的科学素质，崇尚科学思想和科学精神，才能正确认识世界，解释自然界和社会中的各种现象；才能不迷信任何权威和既有理论，勤于思考、善于提问、敢于怀疑、勇于创新，提高识别和抵制愚昧迷信、伪科学的能力；才能提升精神境界，自觉承担公民的社会责任，积极参与公共事务的决策、管理和监督，将个人的人生价值与国家前途和社会发展更好地融合起来，实现人的全面发展。

提高公民科学素质对人文北京的建设意义重大，因为通过广大公民科学素质的提高，为培育千百万创新型科技人才，提高北京自主创新能力和综合实力确定扎实基础，对建设创新型城市，构建和谐社会，实现北京全面建设小康社会的目标具有重要的促进作用。

提升北京文明水平的第三个内容是提高北京市民的健康素质。健康素质是一个囊括躯体健康、心理健康、社会适应良好和道德健康的统一指标体系。健康素质既包括个体健康素质，又包括整体健康素质。个体健康素质是从微观上讲的，指个体身体和心理的社会适应能力；整体健康素质，是针对宏观而言，指一个国家或地区人群健康状况的综合反映。

对个人而言，健康是一个人智力、体力和心理发育能力的基础，是劳动生产力的基础。对社会而言，良好的国民健康素质是促进经济发展和社会进步的重要保障。提高全民健康素质，促进人的全面发展，保证人的健康发展，是以关心最广大人民的根本利益为出发点的。

现代意义上的健康早已经超越了简单的躯体健康的局限，世界卫生组织早已对人的健康从身体、心理及社会适应能力等方面作了相应的标准定义。北京人的和谐生活，北京城市的和谐发展，都和北京市民身心健康息息相关；同时，"人文北京"发展思路中"人的全面发展"理念，也要求人们在物质生活极大进步的同时，进一步提高对精神生活的追求。

第三，综合创新，促进文化发展。

"如果说有哪一个城市，由于深厚的历史原因，本身即拥有一个精神品质，能施加无形然而重大的影响于居住、一度居住以至过往的人们的，这就是北京。"① 经过数百年的发展，特别是长期作为中国政治、文化中心的历史，使北京具有中国无出其右的文化优势。而文化也就构成了人文北京的重要特色。

北京的文化发展有两方面的内容：首先是北京文化的继承和创新；其次是依托北京的知识资源，发展文化产业。

北京的文化发展，首先要立足于北京，即要深入发掘首都丰厚的文化资源，充分展现首都文化的魅力。

朱熹有首诗中说道："问渠那得清如许，为有源头活水来。"北京丰厚的传统文化资源，包括在现代吸收外来文化之后形成的新文化资源，都是建设"人文北京"的"源头活水"。因此，北京文化的发展首先是要注重历史文化遗产传承和保护。比如，我们要精心修复或保护一批有特色、有品位、有京城地域特色的文物古迹和京城独有的建筑。加大力度发展建设各类中小传统文化博物馆，保护扶植民间工艺，凸显京味文化。充分利用和挖掘老北京的传统文化场所，并适度恢复以庙会为代表的传统文化活动，于北京城内设置京城传统文化区域和文化空间。如以琉璃厂为中心的宣南文化区（士人文化），以天桥为中心的市井文化区（大众民间文化），除保护原有的建筑外，恢复一些传统的建筑，尤其要凸显传统建筑的名称、标识等，包括恢复街道的旧有名称，以保存历史在城市中的记忆。

---

① 赵园：《北京：城与人》，3页，上海，上海人民出版社，1991。

但是，保护历史文化遗产并非单纯为了怀古，城市的保护和发展有一个根本的目的就是有利于北京市民的生活，并与北京经济的发展相结合。要将改善民生、风貌保护和产业发展有机结合起来，不断创新体制机制，有计划、分步骤地推进古都风貌保护工作。要坚持政府主导，规划先行，实现双赢，努力做到群众、社会和政府都满意。要大力发展旅游业，将旅游业与古都风貌保护工作紧密结合起来。

同时，北京的城市文化遗产的保护要具备国际视野，善于学习和借鉴发达国家国际大都市在古都风貌保护方面的成功经验。

北京文化的最大特点就是开放性和包容性。北京历史上实现过三次文化大融合，辽金元系平原文化与草原文化的大融合，明朝系黄河文化与长江文化的大融合，清朝系关东文化与京师文化的大融合。近代以来，我们面临着北京文化的第四次文化大融合，这次融合的范围更大，是北京文化与西方文化之间的融合。

随着全球化时代的到来，文化之间的冲突和融合具有空前的强度和广度。北京的文化中除了原有的雅致、悠闲之外，也融入了竞争、商业。即使是城市的面貌，在雍容、高贵的皇城和四合院周围，则是现代化的建筑，虽然，人们对这样的变化褒贬不一，但是北京必然是要变成一个综合了中国传统特性和国际化因素的新的都城。

历史证明，让不同质的文化因子有选择地进入自己的文化体系之中，才能丰富文化内涵，提升文化品格。从这个意义上说，我们在今天建设"人文北京"，不能满足于已有成就，更不能单纯地依赖于传统资源，而必须以开放的心态，低调的身段，充分汲取和借鉴兄弟省市城市文明建设的经验，充分汲取和借鉴世界上其他城市文明建设的经验，以承认"和而不同"的态度，确保"人文北京"建设显现传统与现代的统一。

文化发展的第二个重要方面，包括了从知识创新到文化产业等方方面面的内容。在"人文北京"建设中要大力发展文化创意产业（包括文化产业和创意产业，二者并称为文化创意产业），是指依靠人们的智慧、技能和天赋，借助于各种手段对文化资源进行创造与提升，通过知识产权的开发和运用，产生出高附加值产品，形成具有创造财富和就业潜力的产业。联合国教科文组织认为文化创意产业包含文化产品、文化服务与智能产权三项内容。从中我们可以发现，文化创意产业不仅是"人文北京"的具体内容，而且可以使"人文北京"、"科技北京"和"绿色北京"互相促进，共同发展。因此，发展文化创意产业对贯彻新北京的三大理念具有重要的意义。

因此，要发展现代文化产业，首要的任务是制定首都文化产业发展规划，明确首都文化产业发展的目标和方向。其次是结合现有的北京文化发展现状和不同区域的人才基础，建设不同特色的文化产业园区，形成文化产业化的规模效应。再次是把北京建成文艺演出中心、出版发行与版权贸易中心、影视节目制作和交易中心、动漫和网络游戏制作交易中心、传统文化保护中心。

还有，应该尊重广大人民群众的文化创造愿望，激发他们参加文化建设的积极性，在法制的规范下，切实保障人民群众的自由表达空间，使全体北京人民成为北京文化创造和分享文化产品的主体。要充分利用北京地区高等院校和科研机构集中的优势，把北京建设成为中国思想学术文化生产和传播的中心，为国家文化软实力的提升和价值观竞争力的增强提供智力支持。

北京作为中华文化的窗口，要为建设中国的软实力和中华文化的伟大复兴作出贡献。胡锦涛同志提出，"中华民族伟大复兴必然伴随着中华文化繁荣兴盛"。与此同时我们要把以和谐为核心的中华文化进一步推向世界，使之成为中国和其他国家加深理解、发展友谊与相互合作的积极因素。这样既可以改善人民群众的精神生活，也可以提升中国的形象。

第四，统筹兼顾，促进政治文明与社会和谐发展。

十六大报告中首次提出政治文明概念。政治文明指人类社会政治生活的进步状态和政治发展取得的成果，主要包括政治制度和政治观念两个层面的内容。从现代意义上理解政治文明，首先，政治文明意味着一种得以产生并具有持续生命力的政治形态。其次，政治文明意味着社会政治领域的进步。第三，政治文明更意味着政治的发展。

和谐社会是人类的共同理想，也是对中国社会主义建设的目标的一种新的描述，社会主义不仅要解放生产力，发展生产力，消灭剥削，消除两极分化，最终达到共同富裕，而且要实现以民主法治、公平正义、诚信友爱、充满活力、安定有序、人与自然和谐相处为目标的社会和谐。

建设和谐社会并非是要消除社会矛盾，而是以更合理的方式来理解人与自然、人与社会和人与人之间存在的问题，从而获得一种最优化的解决方式。

人文北京的建设，一个重要的目标就是建设和谐社会。刘淇同志强调，建设"人文北京"，就是要妥善协调好各方面的利益关系，切实维护公平正义，不断促进首都的和谐与稳定。要做到这一点，就需要我们正确认识人民的经济利益、文化利益、社会利益、政治利益及其组合关系，并通过利益调整的机制，来审慎地抑制和克服这些方面潜在的社会不稳定因素。

利益调整的基本原则是公平和正义，对北京来说，首先是要推进城乡一体化建设，保障北京市民拥有同等的权利和义务，这要求我们推进城市公共服务和公共资源配置的均等化工作，促进社会公平。促进教育、保障、医疗卫生和基础设施建设等公共资源配置在城乡之间、区域和部门之间达到均等化。

作为一个容纳大量流动人口的北京，还要加强和改善非户籍居民的公共管理，逐步扩大为非户籍居民的公共服务范围，提高服务质量，保障他们的合法权益。

当然，与古代依赖"人治"的做法根本不同，我们在解决这些问题时，更需要借重"法治"的力量，凭借制度建设的这个有力杠杆，来切实保障广大人民群众的经济、政治、文化、社会权益，同时从严治党，依法行政，整肃贪渎腐败，树立与维护党和政府的威信，确保党和政府的惠民利民方针与措施能够落到实处。

按照建设人文北京的总体要求，从解决困扰发展的体制机制矛盾入手，把握重点领域和关键环节，深化行政管理体制改革，大力推进民主法制建设，扩大公众有序的政治参与，提升公共服务水平，推进依法行政和政府信息公开，强化行政问责和绩效评估，为建设人文北京提供制度保障。

推进依法治市，为建设人文北京创造良好的法治环境。加强法制建设，大力推进依法治市，切实提高政府和公务员依法履行职责的能力和水平。改革行政执法体制，适当下移行政执法重心，完善行政执法经费保障机制，强化对行政执法的监督和责任追究。充分发挥社会监督的作用，积极推进政府信息公开。深入开展普法教育，增强市民的法律意识。

北京是一个汇集了多种民族、多种宗教的城市，人文北京建设，强调文化的多元性和信仰自由，这是北京文化中的开放性和包容性的重要体现。

北京在历史上既是蒙古族创立的元朝的首都，也是满族人创立的清朝的首都，一直以来就是一个多民族和睦同处的城市。因此，认真总结民族团结和信仰自由的经验，将是和谐北京的一个重要的使命。

（二）人文北京的外延

概念的外延就是适合这个概念的一切对象的范围，具体到人文北京的概念，其外延就是通过人文北京建设所要达到的具体的目标。

对于北京的城市建设，国务院在 2005 年原则通过了《北京城市总体规划（2004—2020 年）》，规划提出了北京城市建设的五大原则：

（1）贯彻更好地为中央党政军领导机关服务，为日益扩大的国际交往服务，为国家教育、科技、文化和卫生事业的发展服务和为市民的工作和生活服务的原则。

（2）贯彻"五个统筹"的原则。结合首都发展的实际，统筹城乡发展，推进郊区城市化进程，实现城区与郊区的统一规划；统筹区域发展，协调好京津冀地区以及北京城区与郊区、南城与北城、平原地区与山区的发展规划，积极推动区域协调发展；统筹经济与社会发展，规划好产业与社会事业发展的空间布局；统筹人与自然和谐发展，协调好人口、资源和环境的规划配置；统筹国内发展和对外开放的要求，提高城市现代化、国际化水平。

（3）贯彻更大程度地发挥市场对资源配置的基础性作用的原则。强调城市总体规划在城市发展中的宏观调控和综合协调作用，突出政府社会管理和公共服务职能，高度重视科技、教育、文化、卫生、体育、社会福利等社会事业的发展。

（4）贯彻尊重城市历史和城市文化的原则。把握社会主义先进文化的前进方向，保护古都的历史文化价值，弘扬和培育民族精神，全面展示北京的文化内涵，形成融历史文化和现代文明为一体的城市风格和城市魅力。

（5）贯彻建设资源节约型和生态保护型社会的原则。处理好经济建设、人口增长与资源利用、生态环境保护的关系，正确处理城市化快速发展与资源环境的矛盾，充分考虑资源与环境的承载能力，全面推进土地、水、能源的节约与合理利用，提高资源利用效率，实施城市公共交通优先的发展战略，形成有利于节约资源、减少污染的发展模式，实现城市可持续发展。

现在我们提出人文北京建设，当然不仅仅是局限于北京城市的总体规划，而是在更大的范围内给北京的建设提供战略和核心理念的支持，因此，虽然，这些原则体现了科学发展观，与人文北京的理念在根本上是一致的，但是在总体目标上还是不同的。

我们认为人文北京的外延主要表现为下列的目标。

1. 确立人民主体的指导思想

这是就思想观念上来说的，正确的认识会指导正确的行动。我们党一直坚持全心全意为人民服务的宗旨，这就要求我们在思想观念上牢固树立人民利益至上的意识。只有让人民得到实惠，分享社会发展的成果，才能真正发挥人民群众的创造性和主人翁精神。人文北京的建设，以生活在北京的人民的利益作为发展的出发点，一切为了市民、一切依靠市民，这样，人文北京的建设将大大地激发北京市民投身到北京的建设和发展中去。

通过人文北京的建设，要让北京人民充分了解人文北京的内涵，并转化为政府、企业和各个机构的行动指针。既让市民了解自己的主体地位，从而激发他们的创造性和参与感，也要让各行各业深刻认识到，以人为本的人文北京建设，将会让北京更美好。

2. 完善的社会保障体系

目前北京的社会保障制度的完备性要远远超出全国的平均水平，但是依然只能覆盖少部分人口。还需动员各种社会资源，形成包括社会保险、社会救助、社会福利与慈善事业相协调的社会保障体系，建立起更加普遍的社会安全和社会支持网络，尤其要确保底线公平。

3. 清廉高效的政府

以人为本的政府，应该是高效的政府，但并不是以垄断权力为基础的全能型政府。因此，政府的职能要从管制转变为服务，政府行政系统的运作要公开透明，经得起百姓的监督。特别是要通过诚信机制来建立人民群众与党和政府之间的信任，使人民成为真正的社会的主人。

4. 公平公正的制度环境

改革成果由人民共享，需要有一种制度性的保障，这里最主要的是要保障机会的公平和程序的公平。由于长期以来的制度累积，我们国家目前还存在着因户籍等身份原因所导致的机会的不平等，这一点要在社会发展的过程中逐步加以改革。

人文北京的建设要求我们从制度创新的意义上来处理包括城乡差别、外来人口的社会保障等问题，为在全中国破解社会不公的顽疾获得探索性的经验。

5. 文明有礼的北京人

中国文化素来注重礼仪，而汉语中的"人文"本义就是礼乐教化。北京作为首善之区，理应作为文明的表率。而人文北京的建设，正是要继承数千年礼乐教化之精华，发扬人文奥运时期"讲文明、树新风"的精神，使北京人的文明素质再上一个台阶。

6. 传统与现代交相辉映的魅力都市

著名建筑学家梁思成曾经把旧北京城市的设计称为"杰作"，但是，很长一段时间内北京的城市建设走了一段弯路，经济发展、政治需要和城市规划之间的矛盾不能得到妥善的处理，因此北京城市遗产的保护、新的城市建设风格也没有得到统一，大量的有纪念意义的历史建筑被拆毁。

国务院原则通过的《北京城市总体规划（2004—2020年）》将北京定位为"国家首都、世界城市、文化名城和宜居城市"，应该说这个目标是符合人文北京的理念的。对于北京的历史文化遗产的保护，规划提出："北京是世界著名古都和历史文化名城。应充分认识保护历史文化名城的重大历史意义和世界意义。重点保护北京市域范围内各个历史时期珍贵的文物古迹、优秀近现代建筑、历史文化保护区、旧城整体和传统风貌特色、风景名胜及其环境，继承和发扬北京优秀的历史文化传统。"这充分体现了对北京历史的尊重。但是继承传统并不表明保守和固步自封，而是要"形成传统文化与现代文明交相辉映、具有高度包容性、多元化的世界文化名城，提高国际影响力；创造充分的就业和创业机会，建设空气清新、环境优美、生态良好的宜居城市。创建以人为本、和谐发展、经济繁荣、社会安定的首善之区"。

7. 天人和谐的宜居北京

按照"国家首都、世界城市、文化名城、宜居城市"的定位，把首都建设成繁荣、文明、和谐、宜居的首善之区。

人与自然的和谐指的是人类和自然环境之间的一种协调的关系，城市也一样，绿色北京的战略从生态文明的角度来指导北京的发展，而宜居北京的意涵更为丰富，它不仅是指我们需要一个良好的自然环境，而且还指人与自然亲近、人与社会亲和的宜居的城市。

8. 创新之都和文化之都

国家之间的竞争是科技的竞争、文化的竞争。北京作为一个科技、文化聚集之地，不但要成为中国的创新之都，而且也要为世界科学技术的发展和人类文化的积累作出更多的贡献。

与制造业的发展相比，中国的科技发展水平还有待提升，文化的影响力也不够，特别是创新能力严重不足。通过加深国际合作和交流，特别是北京在鼓励创新和文化发展上进行有效的制度创新，北京有望成为世界的科技创新之都和文化影响力之都。

二、"人文北京"建设的重要地位和作用

在贯彻落实科学发展观的过程中，北京市将 2008 年奥运会的三大理念"绿色奥运、科技奥运、人文奥运"，进行了深化和提炼，从而形成了指导北京未来发展的三大战略方针，即"人文北京、科技北京、绿色北京"。显而易见，这三大理念的排列顺序发生了重大的变化，"人文"由原来的第三上升为第一。那么，我们应该如何理解这样的变化？同时，在这三个理念由一个国际性的体育比赛的理念转变为北京城市建设的理念的过程中，其内涵和关系发生了什么样的变化，这也需要深入思考和领会。

（一）"人文北京"与"科技北京"、"绿色北京"的辩证关系

人文精神和科学精神、生态文明之间有着密切的关系。人文精神最初产生于人们对于人与外在世界的新的认识，也就是说人开始认识到人的独立性，进而把自己从神或其他不可知的力量的控制中独立出来。而科学则是以近代的文艺复兴为开端的人文精神的第二个发展阶段的关键。因为科学和理性的发展，人们不但开启了理性化和世俗化的生活方式，将理性和信仰进行了合理的分割，同时科学技术的发展，

还发展出机器化大生产方式，进而确立了以肯定人权和平等为基础的近代制度体系。

但是，对科学的迷信所带来的唯科学主义和单纯追求增长的发展模式，随着 20 世纪人类之间的战争和日渐被破坏的自然环境而不断受到批评，因此，以生态文明为特色的第三阶段的人文主义思潮开始成为人们认识人与自然、人与社会的关系的一种占主导地位的思想。由此我们可以看到，科学精神和象征着绿色的生态文明一直是人文主义的重要内容，这也说明，当我们讨论人文精神与科学精神和生态文明之间的关系的时候，我们应该认识到两点：第一，它们之间有着内在的统一性，只是在不同的历史阶段，所侧重的内容有所不同。第二，人文主义的三个发展阶段并非是后一个取代前一个的关系，而是一个不断丰富的过程，也就是说，当文艺复兴时期崇尚科学精神的时候，它的口号是回到古典去，也就是对古希腊人文主义精神的继承。而我们现在所高举的生态文明的大旗，同样是对科学和理性的态度的继承，它所反对的是用一种新的对于科学的迷信取代对于上帝的迷信，主张用理性的、分析的态度来看待科学的限度，要让科学有人文的关怀，要让人类的发展有节制和可持续。

从根本上认清这三者之间的本源性的联系，对我们理解"人文北京"和"科技北京"、"绿色北京"之间的关系提供了一个可靠的基础。从本质上看，"人文北京、科技北京、绿色北京"是新时期北京市建设和发展战略的总体，三者互为一体构成有机整体，其中，"人文北京"是核心，更是统领。"科技北京"、"绿色北京"之间，存在互相重叠的部分，又有其相对独立性。说它们有互相重叠的部分，主要是说科技发展有助于"绿色北京"的建设，而"绿色北京"的实现除了理念上的进步之外，重要的是要依靠科学技术。

但是，"人文北京"对"科技北京"和"绿色北京"有包容性。如前文所说，科技和绿色（生态）是人文精神的重要体现，而"人文北京"的目标的达成，科技进步和生态文明的建设是重要的途径。也就是说，在建设"人文北京、科技北京、绿色北京"的过程中，首先要抓住"人文北京"这一根本，用"人文北京"的理念、原则和战略思想去指导、引领城市的建设与发展，并通过"人文北京"建设，提高"科技北京"的创新能力，以及"绿色北京"的生态文明。总之，"人文北京"相对于"科技北京、绿色北京"来说，更为突出、更为重要、更为根本。

1. 从内涵角度看三者间的辩证关系

自从北京市提出"人文北京、科技北京、绿色北京"三大理念之后，人们在不同的场合对这三大理念的内涵作出了许多有建设性的分析和界定。

关于"人文北京"的内涵，刘淇书记曾撰文指出，建设"人文北京"，就是要"全面落实'以人为本'的要求，尊重人民主体地位，发挥人民首创精神，真正做到发展为了人民、发展依靠人民、发展成果由人民共享；就是要切实保障人民群众的经济、政治、文化、社会权益，不断提高群众的思想道德素质、科学文化素质和健康素质，提高城市文明程度；就是要深入发掘首都丰厚的文化资源，大力发展文化事业和文化产业，充分展现首都文化的魅力；就是要妥善协调好各方面的利益关系，切实维护公平正义，不断促进首都的和谐与稳定。"① 而郭金龙同志在《前线》杂志撰文提出了人文北京建设的五大工作重点：（1）始终把确保首都安全稳定作为第一位的政治任务。（2）不断推进教育、卫生、文化等社会事业全面进步。（3）保持民生工作继续走在全国前列。（4）切实提升社会建设水平。（5）进一步提高城市文明程度。② 系统说明了人文北京建设的工作重点和北京市要走在全国前列的决心。通过对他们的讲话的总结，如前所述，我们认为："人文北京"包含"一个核心，四个发展"。"一个核心"就是"以人为本"；"四个发展"是：（1）保障人民利益，促进民生发展；（2）提升道德、科学文化和健康素质，促进文明发展；（3）综合创新，促进文化发展；（4）统筹兼顾，促进政治文明与社会和谐发展。

关于"科技北京"的内涵，刘淇书记指出："建设'科技北京'，就是要充分发挥首都的科技智力优势，加快经济结构调整和经济发展方式转变，切实把经济发展转变到依靠科技进步、劳动者素质提高、管理创新的轨道上来；就是要切实增强自主创新能力，推动科技创新，推进高新技术成果在城市管理与群众生活中的广泛应用，加快创新型城市建设；就是要大力推进改革创新，努力构建充满活力、富有效率、更加开放、有利于科学发展的体制机制。"③ 郭金龙市长在讲话中则指出：建设科技北京，"就是要把提高自主创新能力作为推动科学发展的突破口，作为调整产业结构、转变发展方式的中心环节，继承发展'科技奥运'成果，加快建设创新型城市，使科技创新成为推动首都科学发展的主要驱动力"④。

由此我们可以看出，"科技北京"的关键内涵在两个方面：一是科技发展；二是创新。科技发展包含两层意义：一是要遵循科学发展的模式，通过科学技术的发展和进步来推动城市社会经济的发展，提高人民的生活水平和质量；二是城市在发展过程中要为科学发展提供良好的环境和激励机制。创新指的是建设创新型城市，即通过营造有利于创新的城市环境，不断提高城市创新能力。

关于"绿色北京"的内涵，刘淇书记指出："建设'绿色北京'，就是要把城市的发展建设与改善生态环境紧密结合起来，努力建设生态文明，加快环境友好型和

---

① 刘淇：《建设"人文北京、科技北京、绿色北京"》，载《求是》，2008（23）。
② 参见郭金龙：《建设人文北京、科技北京、绿色北京》，载《前线》，2008（11）。
③ 刘淇：《建设"人文北京、科技北京、绿色北京"》，载《求是》，2008（23）。
④ 郭金龙：《建设人文北京、科技北京、绿色北京》，载《前线》，2008（11）。

资源节约型城市建设；就是要加大环保基础设施的建设力度，继续下大力气治理空气质量，加强绿化美化，不断提升首都的环境质量；就是要大力推广节能环保新技术，加强节能减排，发展循环经济，使首都的发展更加可持续；就是要倡导绿色健康的生活方式和消费方式，不断增强全社会的环保意识。"① 郭金龙同志也指出：建设"绿色北京"，"就是要贯彻落实党的十七大对生态文明建设提出的明确要求，进一步加大结构调整和节能减排力度，基本形成节约资源能源和保护生态环境的产业结构、增长方式、消费模式，努力实现节约发展、清洁发展、安全发展和可持续发展，促进经济社会发展与人口资源环境相协调。"② 按照这些讲话，"绿色北京"理念的内涵主要包括环境保护、生态文明建设、产业结构调整和可持续发展的增长模式。

从"人文北京、科技北京、绿色北京"建设的基本内涵来看，三个理念之间相互关联、相互促进，共同构成北京城市发展战略的主体内容。其中，"人文北京"建设战略是核心、是原则、是方向。因为建设"人文北京、科技北京、绿色北京"的实质意义就是全面落实"以人为本"的战略选择，离开这一基本原则和核心，其他发展战略不仅难以推行，而且还可能导致发展方向的偏离。

此外，建设"科技北京"、"绿色北京"，是对"人文北京"建设的丰富、拓展和支持。"科技"是现代社会文明和文化的重要构成，邓小平同志提出科学技术是第一生产力，北京的发展，无论是城市建设还是产业升级，都必须依赖科学技术的巨大进步。

更为重要的是，科学精神的培养是人文精神的重要内容，因此，建设"人文北京"，提升北京文化品格，塑造北京的城市精神，在很大程度上要依靠科技发展的支持。

"绿色"代表社会发展的未来方向，有人将"绿色"所指代的生态文明看作人类文明的新形态，因此，绿色代表着一种全新的发展理念。建设"绿色北京"，意味着对于北京发展模式的反思，也就是要将北京的发展与北京人的生活改善、北京自然和人文环境的保护有机地结合起来。这样，"绿色北京"有了人文品格，而"人文北京"则因"绿色北京"而更充实。

所以，就内涵而言，"人文北京"与"科技北京"、"绿色北京"互为一体，共同构成北京城市发展新战略，为城市未来发展给予了明确定位，即北京市的发展要遵循和谐发展、科学发展和可持续发展的原则。

① 刘淇：《建设"人文北京、科技北京、绿色北京"》，载《求是》，2008（23）。
② 郭金龙：《建设人文北京、科技北京、绿色北京》，载《前线》，2008（11）。

2. 从目标角度看三者间的辩证关系

作为城市发展战略，建设"人文北京、科技北京、绿色北京"的最终目的就是不断提高市民的物质和文化生活水平，使广大人民群众得到全面发展。就这一根本目标而言，它与"人文北京"建设是高度统一的。也就是说，"人文北京"基本反映了北京城市建设和发展的本质目标。任何建设、任何发展，归根到底都是为了人民的发展，为了人的全面发展，这就是"以人为本"的发展原则。

建设"科技北京"、"绿色北京"，就是要通过科技发展和自主创新能力的提高，促进社会经济又好又快发展，用科技创新的成果来改善人民的生活环境和生活质量。建设生态文明，实现可持续发展，最终目标还是为了人的发展。从这一意义上说，"人文北京"的建设目标具有统领性、根本性和特色性。坚持"以人为本"这一核心原则，通过发展民生、发展文化，促进城市文明程度的不断提高，促进人的全面发展，建设和谐稳定的社会，让人民安居乐业，生活水平和生活质量不断提高，这是城市各项事业的总体目标，也是推进城市各项事业发展的根本目标。所以，"人文北京"高度概括了城市建设和发展的基本目标。

"人文北京"理念和发展战略的提出，与北京的历史文化传统，特别是北京奥运会所留下的文化遗产有着密切的关系。因此，"人文北京"的建设目标又具有特色性。一个城市的发展既要追求人类发展的总体目标、普遍目标，同时又要追求自己的特色目标，将普遍性和特色性有机地结合起来、统一起来。特色目标的确立，实际上是一个城市灵魂、城市精神和城市品格的塑造过程。城市物质和经济的发展虽很重要，但城市发展也不能缺少精神和文化的发展。城市精神和个性品质既是一个城市立足于人类文明之林的重要条件，也是推动城市发展的重要动力。"人文北京"理念集中体现和反映了北京城市发展所追求的特色目标。

3. 从建设路径角度看三者间的辩证关系

建设"人文北京、科技北京、绿色北京"是新时期北京市的城市发展战略，是进一步提升北京市综合实力和发展水平的重要路径。作为一种发展战略，推进"人文北京、科技北京、绿色北京"建设有着一致的目标，即全面落实科学发展观的要求，又好又快地推进城市建设和发展，更好地满足人民群众的物质和文化需求。这一战略的三个方面的构成，实际上代表三个重要的城市建设和发展路径，即社会与文化建设、科学技术发展和生态环境建设。

从三种建设和发展路径的特征来看，"人文北京"的建设路径主要侧重于社会与文化建设，也就是要将北京建设成和谐、稳定、安全、宜居的首善之城，同时又是具有文化品位、文化软实力的文化中心。所以，"人文北京"建设的主要内容是社会建设和文化建设。"人文北京"建设路径具有基础性。如果没有和谐稳定的社会以及良好的文化环境作基础，其他建设就无法推进。

"科技北京"的建设路径主要侧重于科学技术的发展，代表一种发展策略和发展模式，即依靠科技创新，来促进城市社会经济发展模式的转变和生活方式的转变，提高城市的发展潜能和生活品质。作为北京发展战略的构成之一，建设"科技北京"实际上就是城市发展能力的建设。从现代社会发展的趋势来看，科学技术是第一生产力，科技发展和创新能力是社会不断发展的不可缺少的动力。因此，"科技北京"建设路径是实现城市战略目标的重要保障和重要策略。

建设"绿色北京"的实质就是生态环境建设，郭金龙同志曾具体地提出了建设"绿色北京"的四点要求。第一是加快产业结构优化升级。他认为这是建设"绿色北京"、实现科学发展的关键，也是进一步推进节能减排、缓解人口资源环境矛盾，特别是努力解决好发展中国家首都必然面临的人口问题的根本着力点。必须发挥首都优势，着力构建高端、高效、高辐射力的现代产业体系，更加注重服务主导型、创新驱动型和生态友好型发展，保持首都经济又好又快发展的良好势头。一是加快建设服务之都。要进一步发展壮大金融、信息、商务、科技等服务产业，逐步形成以现代服务业为主体、生产性服务业为主导的服务经济格局。以文化创意集聚区建设为抓手，把文化创意产业发展成为首都经济的新支柱。特别是充分发挥奥运效应，大力发展旅游、会展、文化、体育等产业，做大做强奥运受益产业。要通过政策引导和不断创新，把北京建设成为以生产性服务业为主导、文化创意产业为支撑、生活性服务业和公共服务业全面发展，立足北京、服务全国、面向世界的服务之都。二是提高工业准入门槛，走高端产业发展之路。目前，北京市虽然已经进入"后工业化"时期，但是，与许多发达国家的大都市一样，北京仍然要保持适度规模的制造业。按照区县功能定位，一些区县和新城的发展还需要现代工业的支撑，需要保持工业的稳定增长。这是符合经济发展规律和城市现代化规律的，也是现阶段首都经济社会平稳较快发展的客观需要。当前，关键要在发展什么样的工业上，进一步统一思想。要严把产业标准，切实从成本驱动转向创新驱动，加快现代制造业的优化升级，着力发展高端制造业和现代都市工业，大力发展研发设计、品牌建设和产品营销等价值链高端环节，把一般制造、加工等低端环节向周边转移，不断提升工业发展的质量和效益。

第二是加大节能减排力度。这是转变发展方式的重要内容，是建设"绿色北京"、实现科学发展的重要抓手，不容有丝毫松懈。一是严格执行国家环保、节能标准，完善符合首都功能的考核评价指标体系，严格落实产业政策，提高产业准入门槛，加大"五小"企业等落后生产能力和"三高"企业的淘汰力度。二是制定实施有利于节能减排的经济政策，完善节能减排指标体系、监测体系和考核体系，着力抓好绿色环保、节约资源能源技术的推广使用，积极发展环保产业，壮大循环经济规模。三是抓好工业、交通、建筑等重点领域节能工作，深入开展全民节能行动，推行有利于节约资源、保护环境的生产方式、生活方式和消费方式，形成节约环保型社会组织体系。

第三是进一步加强生态环境建设。我们要下更大的决心，进一步加大力度，全方位治理环境污染，努力突破大气污染防治瓶颈，在更高的起点上实现大气质量的持续改善，确保环境质量不滑坡。深化三道绿色生态屏障建设，努力扩大城市绿色空间，高度重视并建设保护好城市森林、城市湿地等生态系统，全力建设生态城市。

第四是落实区县定位。处理好中心城区与其他区县的关系，并落实新城区的建设，使北京的环境和城市功能得到有机的配置。①

从上述措施我们可以看到，"绿色北京"建设对"人文北京"和"科技北京"建设有着较强的路径依赖。比如科技创新，就会带动产业的升级，从而降低能耗和对环境的破坏，这就是科技对于生态的贡献。再比如，北京市将鼓励文化创意产业，这些属于"人文北京"的重要内容，但文化创意产业的发展有赖于科技的进步。如果文化创意产业得到发展，客观上有助于"绿色北京"的建设。

简言之，如果我们从路径的角度来看待"人文北京"、"科技北京"和"绿色北京"的关系，那么我们认为应以"人文北京"作为指导，促进科技创新和生态文明的建设，而科技和生态的建设，将有助于提升北京在国内和世界范围内的竞争力，从而为解决民生问题、提高北京人的素养、促进北京文化事业的发展、最终建成和谐北京提供物质和精神的动力。

（二）建设"人文北京"的重要地位和作用

"人文北京"、"科技北京"和"绿色北京"是北京市将三大奥运理念转化为城市发展战略的三个有机构成部分，这三者是奥运遗产转化的结果，相互联系，相互统一，构成后奥运时代北京城市建设和发展战略的总体。不过，这三个组成部分又有各自的目标、内容和实现方式，三者的战略地位有一定差别。从奥运三大理念到北京建设三大战略，虽有紧密的关联，但毕竟举办奥运会与建设北京是不一样的。刘淇书记在关于建设"人文北京、科技北京、绿色北京"的论述中，将建设"人文北京"放在首位，而且对"人文北京"作了详细的阐述，这表明"人文北京"建设在其中有着更为重要的地位。刘淇同志指出："深入贯彻落实科学发展观，认真总结北京奥运会、残奥会的成功经验，振奋精神，坚定信心，抓住机遇，着力优化发展环

---

① 参见郭金龙：《建设人文北京、科技北京、绿色北京》，载《前线》，2008（11）。

境，着力扩大内需，着力推动自主创新，着力发展优势产业，着力深化改革开放，着力改善民生，保持首都经济平稳较快发展和社会祥和稳定，建设'人文北京、科技北京、绿色北京'，以首都繁荣、文明、和谐、宜居的优异成绩迎接新中国成立60周年。"①"繁荣、文明、和谐、宜居"的首都，实质上就是"人文"的首都，也就是"人文北京"。因此，建设"人文北京"具有特别重要的战略地位。

根据以上对"人文北京"与"科技北京、绿色北京"之间辩证关系的分析，结合北京在新的战略机遇期的实际情况，"人文北京"建设在新的时期的战略地位可以概括为如下几个方面：

1. 建设"人文北京"的统领地位

一个城市的建设和发展战略，既要具有普遍性的目标，同时又要有自己的特色目标。所谓普遍的目标，就是追求城市社会经济又好又快发展，以满足广大人民不断增长的物质和文化生活需求；推动城市文明的不断进步和发展，促进人的全面发展。与此同时，城市文明的发展又离不开一个城市所具有的精神和灵魂，世界上任何著名的城市，一般都具有自己的品格。城市文明的创造和积淀，包含着城市精神和城市文化的发展和积淀。北京市是一个历史名城、文化古都、现代大都市，集传统文化与现代文明于一体，构成了自己独特的发展路径和城市品格。因此，北京市在新的发展时期，需要进一步继承和发扬人文精神，以人文原则为核心原则，把"人文北京"建设继续向前推进。

此外，一个城市只有形成自己的特色，具有自己特有的精神品格，才能吸引人，形成发展的动力。因为城市的发展最终是依靠人，当一个城市能够吸引越来越多的各方面创造性人才时，就能推动城市又好又快发展。尊重人的主体性和主体地位，是人文主义精神的内核。在首都建设和发展中，就需要用人文精神去统领城市的各项建设和发展，也就是做到发展为了人民、发展依靠人民、发展成果由人民共享。

从城市发展战略意义角度看，建设"人文北京"同样具有统领的地位。"人文北京"战略不仅确立了"以人为本"的发展原则，以及追求旨在促进人的全面发展的各项事业的发展，同时也确立了保护和发展城市传统特色文化的战略定位。由此可见，"人文北京"具有高度的概括性和统领性，涵盖了城市发展的普遍目标和城市特色定位，因而可以用"人文北京"的建设战略来统领各种城市建设和管理的具体工作。也就是说，所有城市建设和发展事业，都在"人文北京"建设的范畴之内。例如，刘淇同志提到要将首都北京建设成"繁荣、文明、和谐、宜居"的城市，这些建设和发展目标都可以用"人文北京"来加以概括和统领，因为在"人文北京"建

---

① 刘淇：《深入贯彻落实科学发展观，加快建设人文北京、科技北京、绿色北京》，载《前线》，2009（1）。

设的内涵和目标中，就包含了这些目标。所以，可以说，建设"人文北京"是北京市建设和发展的一面旗帜，它标志着北京市具有自身特色的发展路径和发展方向；同时，"人文北京"也可作为北京城市的总体象征，一方面它象征着北京具有特色的城市文明、历史文化传统以及文化的大发展，另一方面它象征着北京精神品格的特点或城市定位。这样的定位能够概括和代表北京市的总体特征和城市特色。

建设"人文北京"是一项具有总体性或统领性的战略，通过实现这一建设和发展战略目标，可以带动和促进城市各项建设事业的发展。如果"人文北京"建设水平得以不断提高，那将意味着北京市总体社会经济发展水平在不断提高，城市的魅力和知名度也在不断提高。

所以，在建设"人文北京、科技北京、绿色北京"的整个战略中，应把建设"人文北京"置于统领性的战略位置。通过"人文北京"建设，确立城市的建设和发展方向，以及建设和发展的重点任务。

将"人文北京"建设置于统领性战略地位，落实到北京市的具体建设和发展实践之中，就是认真贯彻科学发展观，坚持"以人为本"这一核心原则，加强民生建设，促进城市文明快速提升，促进文化事业和文化产业的大发展，加强社会建设，促进社会和谐稳定。

2. 建设"人文北京"的首要地位

从北京奥运理念到北京城市建设和发展战略的转化，我们可以从形式上看到一些变化，那就是"人文"理念提升到城市建设和发展战略的首位。这种变化不只是形式上位序的变动，而且包含了更深层意义的战略决策。在坚持"以人为本"、全面贯彻落实科学发展观的具体实践中，结合北京市的实际情况和条件，将"人文北京"置于城市建设和发展战略的首要地位，具有非常重要的现实意义。

刘淇同志在北京市委十届五次全会上强调，建设"人文北京、科技北京、绿色北京"在新的时期需要在十个方面有新的发展，这十个方面主要是：第一，在加快发展方式转变和结构调整上取得新进展；第二，在加快改革开放上取得新进展；第三，在提高城市规划建设管理水平上取得新进展；第四，在推动城乡一体化上取得新进展；第五，在推动生态文明建设上取得新进展；第六，在推动首都文化大发展上取得新进展；第七，在推进社会主义民主建设上取得新进展；第八，在切实解决民生问题上取得新进展；第九，在推进社会建设和管理上取得新进展；第十，在推进"平安北京"建设上取得新进展。①

---

① 参见刘淇：《深入贯彻落实科学发展观，加快建设人文北京、科技北京、绿色北京》，载《前线》，2009（1）。

在以上十项重要建设和发展的任务中，首要的任务就是发展方式的转变和结构调整。这一转变和调整实际包含了发展理念和发展战略的转变与调整，那就是从单纯追求经济增长，转变到追求人文发展，也就是发展最终是为了人民、发展要充分调动人民的积极性、发展的成果要由人民来共享。人文发展理念和发展战略是北京市在新的发展阶段的科学决策，也是实现新时期发展目标的必然选择。

相对于"科技北京"、"绿色北京"两个战略内容而言，"人文北京"的战略地位更为重要。建设"人文北京"的重要性和首要地位主要体现在如下几个方面：第一，"人文北京"建设是以城市文化"软实力"提升为主要内容，在北京市的未来发展中，具有更为重要的地位。北京市作为中国这样一个大国的首都，同时又是中国的政治、文化中心，也是国际文化交流中心，必须重点发展与城市地位和角色相适应的文化"软实力"，营造更好的人文环境，全面提高城市人文精神，才能更好地推动城市总体发展水平和城市魅力的提高。因此，相对于北京市的城市发展定位而言，"人文北京"的建设是首要的。

第二，"人文北京"是北京城市精神品格定位的首选标识或象征。目前，世界各国著名城市在建设和发展过程中，为了让自己的城市文明给世人留下深刻印象，或是为了增添城市的吸引力和影响力，一般都需要根据自己的特色和优势，选择自己的品格定位和象征标识。北京市有着悠久的文化历史传统，历史文化的积淀丰厚，有很多优良的历史文化传统资源，有待开发、动员和利用起来，为城市建设和发展发挥作用。建设"人文北京"的发展战略，就是要打城市的"文化牌"，充分发掘和利用历史文化资源，全面提升城市的软实力和知名度。

第三，建设"人文北京"的核心就是坚持"以人为本"，促进人的全面发展。毫无疑问，人的全面发展是发展的根本，是一切发展之首。一方面，没有人的发展，就难以推进其他发展。因为发展需要人去推动，需要人去实现。另一方面，发展的最终目标和意义也是为了人的发展，为了人的福祉，为了更好地满足人的需要。

"人文北京"的建设，将大力发展民生，维护社会稳定和谐，促进人的全面发展。这些发展任务对于任何城市来说，都是最为重要的。因此，就发展的意义来说，确立"人文北京"的首要地位能真正体现城市发展战略的科学性和正确性。与此同时，将"人文北京"建设置于首要地位，确立了城市发展方向和优先内容，对于推进发展战略，以及更好地实施各项城市建设和发展项目，都具有重要的指导作用。如果按照"人文北京"发展战略的要求，去推进城市各项建设和发展事业，将会大大地提高北京市的综合发展水平。

3. 建设"人文北京"的中心地位

从城市规划、建设、管理以及其他具体工作的角度看，"人文北京"建设就是一个核心原则，各项具体工作都可以以此为中心，并围绕这个中心去推进城市的各项建设和发展事业。北京市委确立了在新的发展阶段的总体目标，即经济增长优质化、城乡发展一体化、建设管理集约化、城市发展国际化、公共服务均等化。为了实现这些目标，就必须将建设"人文北京"置于战略中心的地位。"人文北京"所蕴涵的人文主义发展原则和发展路径，是规避以往初级发展所带来的种种问题和风险的关键策略，"人文北京"所确立的"一个核心，四个发展"的主体内容基本能保障上述五个目标的实现。

"人文北京"之所以具有中心地位的意义，主要因为：第一，"人文北京"代表了北京市未来建设和发展的核心理念，这一核心理念是在总结成功举办北京奥运会的经验基础上形成和确立起来的，是举办奥运成就的结晶。从"人文奥运"到"人文北京"的转化，人文的理念和人文精神已经广泛深入人心。用人文精神和原则作为奥运之后城市发展的核心价值和原则，是对奥运精神遗产的继承和发扬光大，同时也是更好地利用城市在发展过程中所积累的精神财富的集中体现。第二，"人文北京"代表了北京市城市建设和管理工作的中心任务。在"十二五"期间，北京市的城市建设和发展将进入一个新的时期，需要上一个新的平台。为了实现又好又快发展，达到科学发展观的要求，北京市可以围绕建设"人文北京"这个中心任务展开。在建设"人文北京"的工作中，包含了城市建设和发展的关键内容和任务。以"人文北京"建设为工作中心，将为城市的规划、建设、管理等各项工作指明方向，促进各项工作顺利推进。

刘淇同志提出，北京市新时期建设和发展有十项重要任务，其中，转变发展方式和结构调整、深化改革开放、提高城市规划建设管理水平、推进城乡一体化建设、推动首都文化大发展、推进社会主义民主建设、加强民生建设、推进和谐社会建设，以及推进"平安北京"建设等九项任务，实际上就是"人文北京"建设的任务。因此，只要深刻领会"人文北京"的内涵和外延，以及"人文北京"建设的具体路径，紧紧抓住"人文北京"建设这个中心，就能顺利推进北京市新时期的重要建设和发展任务，并能确保在这些方面取得新进展。

4. 建设"人文北京"的基础地位

在建设"人文北京、科技北京、绿色北京"三大发展战略中，建设"人文北京"具有基础性的地位。也就是说，"人文北京"的建设是其他两大战略实施和推进的基础，"人文北京"为"科技北京"、"绿色北京"的建设创造了必要的环境和条件。

首先，就"人文北京"建设对"科技北京"的作用而言，科技的发展需要有良好的文化教育条件作基础，必须有优良的文化氛围。随着"人文北京"建设的推进，文化教育事业、文化产业将得到大力发展，城市的人文环境也将得到不断改善，这些都为科学的发展创造了一定的条件。

此外，通过"人文北京"的建设，北京也将成为国际科技文化交流中心，从而促进科技教育、交流和传播。"人文北京"建设还将通过各种制度建设和创新为科技创新提供制度的、社会的基础。科技的创新和发展离不开社会基础和制度基础，要将北京建设为创新型城市，充分发挥科技在社会经济生活中的积极作用，发挥科技创新对发展的推动作用，必须要为科技创新以及先进科学技术的开发利用创造良好的社会环境，即优良的人文环境。"人文北京"对"科技北京"的基础性作用还表现在"人文北京"建设为科技事业的发展提供人才基础。科学技术需要依靠人才去发展，只有具备雄厚的科技人才实力，才能更好地促进科学技术的发展，推动科技创新。"人文北京"建设为人的全面发展创造良好条件，为培养和广泛吸纳科技人才营造优良的人文环境，这些都对科技发展和科技创新奠定社会基础。

要将北京建设成为全国的科技发展中心、国际科学技术交流中心，以及科技创新的基地，充分发挥首都智力库和创新动力源的作用，就必须为科技发展与创新建立良好的机制和环境，就必须为科技人才的涌现创造优良的人文环境。一方面，政府能够为企事业单位的科技创新提供平台和服务，提供资金支持；另一方面，城市建设和管理为科技人才的引进提供良好的机制和舒适的环境。

其次，就"人文北京"建设对"绿色北京"的意义而言，"人文北京"为"绿色北京"奠定必要的基础，其基础性的作用主要体现在：第一，"绿色北京"建设就是要创建生态文明，建立人与自然、人与环境的和谐关系。要实现这些目标，关键还在于人。只有当人们树立了环境保护意识，对自然环境具有人文关怀精神，在社会经济活动中才会遵循环境保护原则，自觉地参与环境保护，自觉遵循可持续发展原则。"人文北京"建设通过全面提升市民的文化素质和道德文明，增进市民的人文关怀精神，为生态文明建设奠定社会与文化基础。第二，在"人文北京"建设过程中，包含了与"绿色北京"相关的内容。"人文北京"建设就是把北京创建成更具有人文气息和人文精神的城市，把北京建设成为宜居的、舒适的首善之区，其中就包括生态环境建设以及与环境改善相关的制度建设。所以说，"人文北京"建设为"绿色北京"建设奠定了机制和体制的基础。第三，"绿色北京"建设成果的维持和延续，需要以"人文北京"建设作为基础。城市生态环境的改善，光靠一些环境工程并不能达到根本目标，必须有一定社会文化环境以及社会机制来保持建设成果。

北京市委市政府提出，"绿色北京"建设主要有四大任务：一是大力发展绿色环保产业，提高资源的利用率，降低环境污染水平；二是加大环境治理力度，淘汰高污染企业；三是加大城市美化绿化建设，优化城市环境；四是倡导绿色、节约和环境友好型生活方式。要完成"绿色北京"的四大建设任务，就必须把"人文北京"

建设作为基础。只有具备了良好的人文基础，才能很好地贯彻落实生态文明原则和可持续发展原则，才能按照绿色、环保的方式去建设和发展。

综上所述，建设"人文北京、科技北京、绿色北京"是北京市在新的发展阶段的重要战略部署，是北京未来发展的战略选择。"人文、科技、绿色"构成这一战略的三个核心理念和原则，三者相互关联构成一体，其中"人文北京"具有更为突出、更为重要和更为关键的地位。

建设"人文北京、科技北京、绿色北京"是一项长期发展的总体战略，也是北京市落实科学发展观，推进城市科学发展的重要战略决策。"人文"、"科技"和"绿色"三大理念和三大战略，彼此相互关联，构成城市特色象征和总体性战略。其中，"人文北京"的地位和作用更为突出、重要。"人文北京"建设在整个发展战略中具有统领性作用，为城市精神的塑造和发展定位构建了一个指导性框架；此外，"人文北京"建设也是北京城市建设和发展中最为重要的，并可作为城市建设与管理工作的中心，为城市各项事业的发展指明方向和原则。因此，在实践"人文北京、科技北京、绿色北京"建设的过程中，尤为需要加强"人文北京"建设，通过推进"人文北京"的建设，来带动和促进北京更好地实现科学发展。

三、推进"人文北京"建设的着力点和对策建议

（一）"人文北京"建设面临的形势

在中国人的传统观念里，六十年意味着一个"甲子"的重新开始，2009年，适逢中华人民共和国成立六十周年，北京市提出"人文北京"的口号，意味着北京发展观念的新起点。

当前，"人文北京"建设面临着重大的机遇：首先，随着科学发展观的学习的深化，全国人民对于发展为了人民、发展依靠人民、发展成果由人民共享，充分发挥广大人民的创造性和主动性的认识有了深化。因此，以落实科学发展观为目标的"人文北京"建设也必将得到北京市民的认同。

其次，"人文北京"是北京现代化建设新阶段提出的必然要求。据统计，2009年北京的人均GDP将超过1万美元，这意味着北京已经提前实现现代化。相关数字还表明：2008年北京城乡居民的恩格尔系数都在34％左右，人均GDP为9 075美元，"按照国际上的标准，这两个指标都说明北京市作为一个地区来说达到了中等偏上的富裕程度"。鉴于中国存在的严重的财富分配不均状况，有关人士指出："中等偏上富裕程度仅仅是一个平均水平，不能忽视数字背后的发展不平衡现象。"这就是

说，在北京的经济发展已经达到一个高度之后，需要对发展模式和发展目标作全新的考察，"人文北京"的提出，就是这样一种形势的产物。

再次，北京作为中国的政治和文化中心，拥有丰富的文化资源和智力资源，北京要在文明发展和文化创造方面成为全国的表率。要大力发展社会主义文化，牢牢把握先进文化的前进方向，促进文化事业的全面繁荣和文化产业的快速发展，满足人民群众精神文化需求，促进人的全面发展。

第四，以建设世界城市为努力目标，不断提高北京在世界城市体系中的地位和作用。北京作为历史文化名城和中国的首都，它一方面要努力使中国丰富悠久的文化得到继承和发展，还要把中国文化中的优良部分融入世界文化的发展中，特别是"天人合一"与"和而不同"的思想应该成为世界和平和人与自然协调发展的重要思想资源。

以北京奥运会的成果为契机，北京应通过更多的国际政治、经济和文化活动，充分展现国际大都市的魅力，而在这方面，"人文北京"将发挥重要的影响力。

除此之外，"人文北京"也要求我们对现有的问题进行反思，北京的发展虽然取得了举世瞩目的成就，但是还存在许多问题，比如社会财富分配的不公平、教育医疗发展与人民群众需要之间的矛盾，以及城市发展与旧城保护、外来人口和北京城市规模的关系、公民的政治参与度等方面，还存在许多不尽如人意的地方，这些也需要通过"人文北京"的建设，逐步重视和解决。

（二）推进"人文北京"建设的五大着力点和相关对策建议

1. 加强民生建设

坚持"以人为本"是建设"人文北京"的核心原则。要做到发展为了人民、发展依靠人民、发展成果由人民共享，关键在于民生建设。加强民生建设，是落实"以人为本"、塑造人文精神、倡导人文关怀的物质基础，也是建设"人文北京"的重要抓手。为提高城市生活舒适度和市民幸福感，北京市将着重从以下几个方面加强民生建设：

（1）加大教育投入，不断提高教育投入在 GDP 中的比例。在全国率先推行普及高中阶段义务教育，并不断提高高等教育入学率，使全体市民的文化教育水平有一个质的飞跃。

推进基础教育资源的均等化、合理化配置，构建和谐的教育秩序，让生活在北京的人都能享受到均等、优质的教育资源。

推进教育体制的改革，充分发挥各种社会资源在教育发展中的作用，拓宽办学渠道，促进教育更好更快发展。加强基础教育改革，更加注重素质教育和创新能力教育，全面提升市民的文化素质。

（2）改善首都的医疗条件和就医环境，解决就医拥挤和就医难这一突出问题。首都医疗系统与周边省市拓展合作方式，北京协和、北医、同仁等知名医疗机构可在河北、山东、辽宁以及湖北、陕西等省合作办分院，使首都的优势医疗技术和人才资源能向周边辐射，缓解首都医疗资源的压力。

加快城市社区医疗服务体系的建设，提高社区医疗服务的质量，更好、更全面地满足市民的医疗卫生需求。

推进和完善城镇医疗保险体制改革，减轻普通市民尤其是低收入群体的医疗卫生负担。建立和健全医疗救助及保险制度，真正做到病有所医。

完善公共医疗卫生体制，积极引入市场机制，拓展医疗资源的来源，政府要加强对医疗卫生机构的严格监管，更好地满足城市不同阶层的健康与医疗需求。

（3）进一步发展城市社会保障和社会福利事业。巩固和扩大最低生活保障覆盖面，扩大郊区农村困难家庭享受最低生活保障的范围，实现困难群体人人生活有保障。

建立统一的养老保障体系，改善老年人社会福利，提高养老社会化服务水平。在政府主导、社会广泛参与的机制下，加快老年人服务机构建设，提高老年人的生活质量和生活水平。

关注特殊人群的社会保障和社会福利，在公共政策、公共设施建设、教育、就业、医疗和社会扶助等方面，充分保护残疾人等弱势群体的权益，给予弱势群体更多的人文关怀和社会福利。

积极支持社会福利组织等民间组织的发展，促进社会福利和慈善事业的制度化、组织化发展。

（4）推行积极的就业政策，促进市民收入水平不断提高。政府采取积极财政政策，保持城市高就业率。推进合理的薪酬制度建设，促进职工的收入水平按一定速率不断增长。

拓展城市就业信息服务平台，让更广泛的求职者能够获得有效职业信息。

增加职业培训的公共服务，为更多劳动者提供职业技术培训，提高劳动技能，促进就业。

（5）改善首都城市交通状况。加快落实首都发展规划内容，实现城市结构布局与功能区的调整，科学合理地推进城市建设与发展。

加大交通等基础设施建设，大力发展轨道交通，不断缓解交通压力和拥挤现象。

提高城市交通管理水平和管理效率。通过立法和执法水平，以及经济杠杆的调节作用，有效缓解城市交通拥挤问题。用立法形式将"每周少开一天车"措施制度化，结合拥挤路段有偿行驶，以及加强交通科学管理和合理调度，提高城市交通运行效率。

（6）建立健全政府保障性住房建设和管理体制。为了保障城市低收入人群和困难群体的居住权益，政府将建立廉租房建设基金和廉租房管理机构，确保廉租房建设、分配和管理公平、有序地进行。

2. 保护传统特色，促进城市文化大发展

（1）明清北京城是在辽、金、元时期北京城的基础上发展起来的，是中国古代都市计划的杰作，是历史文化名城保护的重点地区。要对老城进行整体的保护。同时也要精心修复或保护一批有特色、有品位的文物古迹和京城独有的建筑。比如前门外的各省会馆，老字号店铺，东单、西单等处的老牌楼，四合院与胡同，以及分布于老城门内外的城隍庙、关帝庙、土地庙、文昌帝君庙、先农坛、于谦祠、僧格林沁祠等祠庙和坛庙。

（2）发掘、整理、恢复和保护丰富的各类非物质文化遗产，如传统地名、戏剧、音乐、字画、服饰、庙会、老字号等，继承和发展传统文化精髓，焕发古都活力。要加大力度发展建设各类中小传统文化博物馆，保护扶植民间工艺，凸显京味文化。如辽金城垣博物馆、北京艺术博物馆（万寿寺）、大钟寺、北京民俗博物馆等都属于此类博物馆，对目前已经列入或正在列入的北京非物质文化遗产，在加大宣传的同时，亦应建博物馆予以展示、传播。

（3）恢复传统文化活动，将以往重要节日（春节）才举行的庙会适度扩大化，除在厂甸定期举行外，应将清代北京东西城最大庙会隆福寺、护国寺等庙会和灯市口（或琉璃厂）的灯会恢复起来，并举行一些迎神赛会活动。雍和宫的宗教仪式、国子监的祭祀和临雍等传统文化活动也应予以重视，这些都是京城独有的。

（4）于北京城内设置京城传统文化区域和文化空间。如以琉璃厂为中心的宣南文化区（士人文化），以天桥为中心的市井文化区（大众民间文化），除保护原有的建筑外，恢复一些传统的建筑，尤其要凸显传统建筑的名称、标识等。包括恢复街道的旧有名称，以保存历史在城市的记忆。

（5）充分利用和挖掘老北京的传统文化场所。如茶馆，除了现代"茶道"外，要大力提倡开设传统方式的茶馆，即所谓"大茶馆"、"说书馆"等茶馆。又如会馆，其建置的初衷是给外地人在京以栖身之地，因也设有戏楼等文化设施，需要重新认识其在文化传播等方面的重要性。

（6）积极开展群众文化活动，丰富市民文化生活。充分利用城市文化广场，坚持大型主题导向性活动与小型群众休闲性活动相结合、国内外专业文艺团体演出与群众自娱自乐活动相结合、政府扶持与群众自发组织相结合、市场运作与公益文化活动相结合的原则，开展文化广场活动、各种纪念活动、节庆活动以及各种文化宣传活动。

（7）大力发展现代文化产业。制定首都文化产业发展规划，明确首都文化产业发展的目标和方向。

结合北京文化发展现状和不同区域的人才基础，建设不同特色的文化产业园区，形成文化产业化的规模效应。

把北京建成文艺演出中心、出版发行与版权贸易中心、影视节目制作和交易中心、动漫和网络游戏制作交易中心、传统文化保护中心。

（8）拓展对外文化交流领域。采取"走出去"、"请进来"的方式，在国内外开展不同层次、不同规模、不同形式的文化艺术交流活动，构建北京与世界各地特别是各大文化都市之间的多元文化交流网络。以组织京剧会演、地方剧会演，开办展览会等方式展示中国优秀传统艺术。要通过多种渠道走出去，把中国戏剧、民族音乐、影视作品、民族服装、工艺美术等更广泛的中国文化艺术介绍给世界人民。加大与国外文化组织、文化团体的合作力度，引进更多的外国优秀文化艺术及作品。

（9）充分利用北京地区高等院校和科研机构集中的优势，把北京建设成为中国思想学术文化生产和传播的中心，为国家的软实力的提升和价值观竞争力的加强提供智力支持。

（10）加强科研服务，为北京成为创新中心提供良好的人文环境。

3. 提高文明程度，推进北京市民素质全面发展

提高城市的文明程度，促进人的全面发展，是人文思想内涵中的一个核心理念。进一步推进北京市民素质的全面发展，是"人文北京"发展战略中的重要建设任务。

2008年是首都精神文明建设发展史上具有特殊意义的一年，通过举办奥运会的重要历史契机，围绕全市工作大局和中心任务，动员组织首都社会各界力量，深入开展"迎奥运、讲文明、树新风——我参与、我奉献、我快乐"活动和志愿者服务活动，广泛开展秩序文明、赛场文明等"五大文明行动"，创建公共文明示范区，开展14个窗口行业单位奥运培训，举办上百项群众性文化体育健康活动……为举办一届有特色、高水平的奥运会、残奥会营造了良好的人文环境。

在此基础上，要在道德素质、身心健康和文化素养等方面，进一步提升北京的文明程度。因为北京城市功能定位要求北京市民在文化素质、公民意识、道德文明素质、职业素质、身心素质方面保持全国领先地位，并发挥好示范和辐射作用。另外，市民素质的提高也是构建和谐北京与品质生活的重要条件。

（1）提升北京市民的文化素质和文化品位。北京市民文化素质和品位问题应该被纳入"人文北京"话语系统中来。北京市民文化素质和品位，关系北京城市文化

的底色和基调，关系北京首都气质形象的展示，也为北京城市发展提供软实力因素，为北京市民生活质量和幸福指数提供必要支持。

（2）提升北京市民的公民意识和政治素质。首都发展要求提供更加优质高效的人才支持。北京市民应该有更多的国家首都意识；应该有更明确的国家责任、社会责任意识；应该有更高的参与社会公共事务的意识和能力。

（3）提高北京人的职业素质。职业素质是从业者的职责态度与承担能力的综合体现，也是一个人素质的重要组成部分。以首都和国际化大都市作为参照系，北京的城市运转和服务水平都还有待进一步提高。而北京城市功能定位要求北京城市服务要为国家政治、经济和文化建设以及国际交往提供良好的职业服务；此外，职业素质也是北京人提高生存、生活品质的基本能力。

（4）提升北京市民道德与文明素质。北京市民需要进一步提高自觉守法、守规则的素质；提高社会公德水准和文明行为习惯；构建文明健康的生活方式，以及人际和谐的家庭、社区生活氛围。

（5）提高北京市民身心健康指数。身心健康是人全面发展与和谐生活的重要基础和保障。世界卫生组织早已对人的健康从身体、心理及社会适应能力等方面作了相应的标准定义。北京人的和谐生活，北京城市的和谐发展，都和北京市民身心健康息息相关；同时，"人文北京"发展思路中"人的全面发展"理念，也要求人们在物质生活极大进步的同时，进一步提高对精神生活的追求。

（6）推进北京市民素质全面发展的对策与建议。第一，注重教育普及和各类教育活动协调发展，缩小城乡教育差距，关注弱势人群受教育权利，推动信息技术在文化普及中的有效应用，进一步扩大教育开放和国际合作，大力发展职业教育、各类培训和各种科普活动，推进学习型社区、学习型企业、学习型城市的建设。

第二，发挥首都文化资源优势，充分挖掘、利用北京城市博物馆、艺术团体、高校、学术机构的文化教育功能，积极发展面向基层的公益性文化事业，加大对社区和农村公共文化事业的支持，注重文化设施的建设和充分利用，组织好文化进农村、进社区活动，活跃基层文化生活。提升市民的文化知识、科技知识以及艺术欣赏品位。由于个体文化品位往往具有一定程度的自发性，所以必须对社会大众文化品位加以积极引导，倡导健康、高尚的文化品位，抵御低级趣味。

第三，人的行为习惯是在日常生活中养成的，北京人日常生活主要落在社区生活中。社区在此意义上是培育市民文明生活方式的最重要场所。从社区着手，通过有效的社区管理和文明生活方式规导，使居民在社区生活中不知不觉改变不文明习惯，养成文明生活方式，这应该是目前提高北京市民文明素质的新的培育思路。

第四，媒体在坚持主流舆论引导和新闻传播、监督作用的同时，要积极发挥科学文化普及功能、大众文化品位引领功能；进一步提高媒体对科普和文化宣传的认识，不能把科普、文化宣传看作软任务，在文化科普宣传任务方面应该构建更有力的机制保障；公众人物通过媒体在整个社会道德和文明教养教育中的价值资源也还可进一步有意识挖掘利用。

第五，继续推进精神文明创建活动。开展创建文明城市、文明行业、文明村镇、文明家庭等创建活动；推广城市"道德建设评价"和农村"道德评议"机制，夯实文明城市建设的基层工作基础。提高北京精神文明建设整体水平，为北京市民素质全面提升营造良好城市环境。

4. 促进民主法制建设，强化制度保障

按照建设"人文北京"的总体要求，从解决困扰发展的体制机制矛盾入手，把握重点领域和关键环节，深化行政管理体制改革，大力推进民主法制建设，扩大公众有序的政治参与，提升公共服务水平，推进依法行政和政府信息公开，强化行政问责和绩效评估，为建设"人文北京"提供制度保障。

（1）深化"大部门"体制改革，全力建设服务型政府。按照精简、统一、效能的原则和决策、执行、监督适当分开的要求，继续推进"大部门"体制改革，建立决策科学、权责对等、运转协调、监管有力的行政管理体制，建设有能力、负责任、高效率的服务型政府。加快政府管理模式和手段创新。推进政府机关和公务员工作规范化、服务标准化，提高行政效率，从严控制行政成本。

（2）深入转变政府职能，大力提高公共服务水平。推进政企分开、政资分开、政事分开、政府与市场中介组织分开，进一步减少和规范行政审批。在改进经济调节、搞好市场监管的同时，着重强化政府在义务教育、公共卫生、公共安全、社会保障等领域的责任，提高社会管理和公共服务水平。

（3）完善公共政策过程，提高行政决策的公众参与度、透明度和民主化。完善行政决策听取意见制度，加强专家咨询、信息披露、社会公示和听证、决策责任追究、决策后评估等各项制度建设，增强行政决策的公众参与度和透明度。制定与群众切身利益密切相关的公共政策，要向社会公开征求意见；推行重大行政决策听证制度，提高民主议政的水平；建立健全行政决策的合法性审查制度；坚持重大行政决策集体决定制度；建立重大行政决策实施情况后评价制度；建立行政决策责任追究制度。公共机关或部门的网站设立民主议政的平台，市民可凭身份证注册登录并发表意见和建议。

（4）分类推进事业单位改革，促进行业协会转型。按照"政事分开、管办分离"的原则，逐步剥离行业管理部门直接管理事业单位的职责，积极稳妥地推进事业单位改革。加快行业协会改革和发展，推动传统行业协会改革转型，组建新型行业协

会，逐步理顺管理体制，建立起符合市场经济要求的行业协会体系。

（5）完善公共服务供给机制，推进基本公共服务均等化。建立公共财政投入公共服务的稳定增长机制，着力推进基本公共服务均等化，逐步形成覆盖城乡、布局合理的公共服务体系。区分公共服务的"供应"与"生产"，引入合同承包、特许经营、政府补贴、凭单制等新机制，创新公共服务模式，提高公共服务效率。强化政府在社区的公共服务职能，拓展城市休闲、文化和娱乐服务，支持社区自主开展的公益性服务，引导和监管商业性服务，为市民提供公平、优质、便捷和负担合理的公共服务。进一步加大城市公园和绿地建设，除具有历史文化遗产和企业开发的公园外，政府投资的城市公园、休闲和文化娱乐场所，一律免费对社会开放。

（6）推进依法治市，为建设"人文北京"创造良好的法治环境。加强法制建设，大力推进依法治市，切实提高政府和公务员依法履行职责的能力和水平。改革行政执法体制，适当下移行政执法重心，完善行政执法经费保障机制，强化对行政执法的监督和责任追究。充分发挥社会监督的作用，积极推进政府信息公开。深入开展普法教育，增强市民的法律意识。

（7）推进政府信息公开，完善政府绩效评价机制。加强电子政务建设，促进资源整合、信息共享、业务协同和政务公开。建立科学的经济社会发展综合评价体系和行政绩效考核评价体系，定期对各市政部门进行绩效评价并发布绩效报告。

（8）加强法制建设，为构建和谐北京创造良好的法治环境。根据将北京建设成为国际化、现代化都市的需要，完善城市建设、社会管理与公共服务方面的立法，建立有利于城市发展的健全法律体系。

开展法制宣传和教育活动，提高市民的法治意识。每年组织"12·4"法治宣传日公益活动，义务教育阶段加强"法制与社会"教育，不断增强市民的守法意识。

5. 推进社会建设，促进首都和谐稳定

北京作为中国的首都，社会和谐稳定至关重要。因此，协调各种利益关系，建设和谐社会，保持安定团结是"人文北京"的重要目标之一。为了构筑关系和谐、秩序稳定、生活美好的首都北京，需要通过社会建设，促进社会公平正义。社会建设的主要行动包括：

（1）依托新农村建设，加快首都城乡一体化的进程，建立和谐的城乡关系，全面提升首都城市社会发展水平。

（2）推进城市公共服务和公共资源配置的均等化工作，促进社会公平。促进教育、保障、医疗卫生和基础设施建设等公共资源配置在城乡之间、区域和部门之间达到均等化。

加强和改善非户籍居民的公共管理，逐步扩大为非户籍居民的公共服务范围，提高服务质量，保障他们的合法权益。

继续推进法律援助，为弱势群体获得公正待遇提供法律资源帮助；进一步完善城市社会救助体系，为特殊困难群体提供多元化的救助。

（3）开展和谐社区建设活动。在和谐社区建设中，注重建立基层矛盾排查、缓解和调解机制，促进社会关系的和谐稳定。

建立和谐劳资关系的环境，减少劳资矛盾和冲突，有效化解劳资矛盾。开展城市管理文明执法活动，调和城管与摊贩的关系。

（4）进一步开放搞活，为国内外优秀人才在北京的学习、创业、工作和生活提供更加便利、更加舒适的环境，把北京建设成具有包容性的国际化大都市。

建立鼓励创业、激励创新的开放机制，吸引国内外优秀人才和优良资本来北京创业发展，激发城市发展的活力，把北京建成高科技研究和学术交流中心。

进一步推进中关村科技园区的软环境建设，带动城市科技创新。拓展顺义高新技术产业区建设，为首都高新技术产业发展提供支撑。

（5）开展城市诚信体系建设活动。在一些重要服务行业，推进以"诚实经营、信誉至上"为主题的活动，逐步培育城市良好的诚信氛围。

每年在"3·15"消费者权益日开展以"企业社会责任"为主题的宣传教育活动，提高企业和经营者的诚信意识。

开展"诚信进家庭、学校、组织和社区"活动，鼓励市民在日常生活中互帮互助、团结友爱。

（6）加强城市治安管理，提高预防和打击犯罪的效率，不断改善首都的社会秩序和公共安全。通过增加公共安全的投入，建立高素质、高水平的治安队伍，提高首都公共安全危机的防范和处置能力。

继续推行城市社会治安综合治理策略，动员社会多方力量，群策群力，共同维护首都的安全和稳定。

建立首都突发公共安全事件的应急机制，快速有效地应对和处理各种公共安全危机。

主要参考文献

[1] 胡锦涛．努力把贯彻落实科学发展观提高到新水平．求是，2009（1）．

[2] 刘淇．建设"人文北京、科技北京、绿色北京"．求是，2008（23）．

[3] 刘淇．充分发挥学科优势　为建设人文北京作出新贡献．北京日报，2009 - 04 - 30.

[4] 刘淇．保护古都风貌　建设"人文北京"．北京日报，2008 - 11 - 13.

[5] 郭金龙．建设人文北京、科技北京、绿色北京．前线，2008（11）．

[6] 纪宝成．和谐：建设人文北京的核心．光明日报，2009 - 04 - 09.

[7] 冯惠玲．人文北京：城市的品格与灵魂．北京社科规划网．

[8] 金元浦．"人文北京"的多层次深刻内涵．前线，2009（5）．

[9] 韩震．核心价值与"人文北京"建设．北京社科规划网．

[10] 中共中央关于社会主义精神文明建设指导方针的决议．北京：人民出版社，1986.

[11] 首都"十一五"时期精神文明建设规划．

[12] 2009 年首都群众性精神文明创建活动工作意见．http：//www. bjwmb. gov. cn/download.

[13] 中共中央关于加强社会主义精神文明建设若干重要问题的决议．北京：中央文献出版社，2002.

[14] 公民道德建设纲要．北京：人民出版社，2001.

[15] 于敏中，等．钦定日下旧闻考．北京：北京古籍出版社，1983.

[16] 孙承泽．天府广记．北京：北京出版社，1962.

[17] 戴璐．藤阴杂记．北京：北京古籍出版社，1982.

[18] 富察敦崇．燕京岁时记．北京：北京古籍出版社，1981.

[19] 崇彝．道咸以来朝野杂记．北京：北京古籍出版社，1983.

[20] 燕京杂记．北京：北京古籍出版社，1986.

[21] 胡朴安．中华全国风俗志．石家庄：河北人民出版社，1988.

下编

"人文北京"研究论丛

第四篇

「人文北京」理论研究

建设"人文北京、科技北京、绿色北京"

刘 淇*

在党中央、国务院的坚强领导下,在全国人民的大力支持下,在国际奥委会、国际残奥委会和相关国际组织的积极帮助下,北京奥运会、残奥会取得了圆满成功。坚持贯彻"绿色奥运、科技奥运、人文奥运"的理念,是北京奥运会、残奥会成功举办的关键,也是贯彻落实科学发展观的具体体现和生动实践。认真总结奥运会、残奥会的成功经验,按照首都工作的特点和规律,不断丰富、升华、发展人文、科技、绿色三大理念,努力建设"人文北京、科技北京、绿色北京",必将有力推动首都经济社会又好又快发展。

一

20 世纪 90 年代末,党中央、国务院做出申办 2008 年奥运会的重大决策。2000 年初,北京奥申委根据中央的指示,在集中有关专家和广大群众智慧的基础上提出了"新北京,新奥运"的申办口号和"绿色奥运、科技奥运、人文奥运"的申办理念,并在 2001 年 1 月将其正式写入了《申办报告》。申办口号和三大理念集中表达了北京奥运会的特色,阐明了举办奥运会与促进我国经济社会科学发展的高度一致性。

绿色奥运的理念萌生于奥林匹克运动对自身可持续发展的探索,具体实践始于 2000 年悉尼奥运会。北京奥运会借鉴往届奥运会的成功经验,把繁荣奥林匹克运动与党中央关于建设生态文明、实现可持续发展的伟大号召,与首都加强生态环境建设、建设宜居城市的战略目标紧密结合起来,通过制定严格的生态环境标准和保障制度,全面推进环境治理和环境保护,广泛开展环境教育,使"绿色奥运"理念在

---

* 刘淇,时任中共中央政治局委员、中共北京市委书记。

思想深度和实践广度上实现了前所未有的飞跃。

科技进步是奥林匹克运动发展的重要动力。北京奥运会从实施科教兴国战略、提高国家自主创新能力的高度出发，明确提出将"科技奥运"作为指导奥运筹办工作的重要理念。通过以科学精神引领奥运、以科学技术支撑奥运、以科技奥运惠及社会这三个层面的丰富实践，在举办一届荟萃人类最新科技成果的奥运盛会的同时，全面推动我国科学技术的跨越式发展。

人文精神是奥林匹克运动的核心。北京奥运会把"人文奥运"作为核心目标，全方位挖掘奥林匹克人文精神的时代价值和丰富内涵，积极推动东西方文化在体育及更广泛领域的交流，努力建设让所有奥运会参与者满意的自然和人文环境，进一步促进体育与教育、体育与社会的融合，使北京奥运会成为有史以来民众参与程度最高的一届奥运会。

三大理念的实施，全面提升了奥运筹办工作的水平，确保了有特色、高水平和"两个奥运、同样精彩"目标的实现，达到了让国际社会满意、让各国运动员满意、让人民群众满意的要求。国际社会对北京奥运会、残奥会给予了充分肯定和高度评价。国际奥委会主席罗格认为北京奥运会是"一届真正的无与伦比的奥运会"。国际残奥委会主席克雷文认为北京残奥会是"有史以来最伟大的一届残奥会"。联合国秘书长潘基文认为中国政府和人民为举办北京奥运会作出了"前所未有的努力"，同时也取得了"前所未有的成功"。

二

实践"绿色奥运、科技奥运、人文奥运"三大理念的过程，是我们在奥运筹办、举办工作中不断深化对科学发展观认识的过程，是我们不断运用科学发展观解决矛盾、推动发展的过程，也是我们深入贯彻落实科学发展观的过程。

奥运申办成功时，首都的发展正处于人均国内生产总值由 3 000 美元向 6 000 美元迈进的关键阶段。一方面，经过改革开放 20 多年的建设和发展，首都的现代化建设已经有了很好的基础和实力；另一方面，发展中的一些矛盾和问题也逐步显现出来，人口资源环境的问题日益严峻，亟须调整经济结构、转变经济增长方式，找到符合首都功能定位要求的新的经济增长点；城市建设特别是基础设施建设以及城市管理水平相对滞后，交通拥堵、环境污染问题严重；经济社会发展不平衡，区域、城乡之间发展的差异较大；社会管理体制和公共服务体系不够完善，许多关系群众切身利益的问题迫切需要解决。为了破解这些难题，我们紧紧抓住筹办奥运的契机，以实践"绿色奥运、科技奥运、人文奥运"三大理念为抓手，不断解放思想、转变观念、改革创新，推动首都各项工作向前发展。

在经济发展方面，我们跳出了发展经济就是发展工业，就是建工厂、上项目的老框框，从首都的功能定位出发，不断深化对首都经济的认识。一方面，对不符合首都城市功能要求的企业实施关停改造。另一方面，明确高端产业的发展思路，把发展的重点放在推动高新技术产业、现代服务业、生产性服务业和文化创意产业上。与此同时，通过全国经济普查，我们搞清了中央在京企业、科研院所和高校的资源总量以及在国家、首都经济中的重要位置，更加深刻地认识到推动首都的发展，必须做好为中央在京企业、科研院所服务的工作。根据首都经济的这些特点，我们着力加强中关村、北京商务中心区（CBD）等高端产业功能区、文化创意产业聚集区以及金融后台服务区的建设。经过多年努力，目前全市第三产业比重已经超过了70%，形成了以服务业为主导的产业发展格局，聚集了一大批自主创新资源，提高了区域自主创新的能力，保证了首都经济平稳较快发展。

在城市建设方面，我们注重转变"重建轻管"的观念，抓住筹办奥运的契机，强化城市的科学规划、科学建设和科学管理。2005年国务院对北京城市总体规划作出批复，进一步明确了"两轴—两带—多中心"的城市发展格局和国家首都、世界城市、文化名城、宜居城市的功能定位，为北京按照科学发展观的要求，搞好建设与发展奠定了基础。在贯彻国务院批复的过程中，我们把基础设施建设放在城市建设的首位，确定了公交优先的战略，大力发展地铁交通。奥运筹办的7年，轨道交通运营总里程由42公里增加到200公里，并实行地铁、公交低票价政策，人民群众普遍受惠。我们始终把保护古都风貌放在首都城市建设的突出位置，下大力量完成明城墙、永定门城楼、南中轴线等一批重要文物、景观的修复工程。同时先后对郊区所有行政村、170多个城中村、600多条胡同、400多个老旧小区及城八区100多条大街进行了整治，结合老城区保护修缮，解决了一大批危旧房住户的住房问题。积极创新城市管理体制，树立人性化管理理念，运用数字信息技术手段和网格化管理模式，实现了精细、高效、优质的城市综合管理。

在生态文明建设方面，注重环境治理与保护，不断改善城市环境质量。在奥运筹办过程中，我们深刻地认识到，大力加强生态文明建设，切实改善首都的环境质量，不仅是实现绿色奥运的必然要求，更是实现首都可持续发展的重要保障。狠抓大气治理工作，先后实施了14个阶段控制大气污染措施，累计投资1 400多亿元，采取了200多项措施，空气质量连续9年得到改善，2007年空气质量二级和好于二级的天数比例达到67%。大力推动生态修复工程，加强绿化美化工作，2007年北京市林木绿化率达到51.6%，山区林木绿化率达到70.49%，城市中心区绿化覆盖率达到43%，自然保护区面积占全市国土面积的8.18%。大力发展循环经济，发展节能产业和环保产业，积极利用新能源与清洁技术，促进再生资源回收利用，提高城市污水处理能力和再生水利用水平。

在社会建设方面，我们注重改善民生，加快各项社会事业的发展，不断促进社会和谐。保障民生、改善民生，是我们党和政府的宗旨与职责所在。自 2002 年开始，我们每年都采取"折子工程"的办法，为群众办一批好事、实事。2007 年北京市第十次党代会确定了重点解决就业、教育、医疗、住房、交通、环境 6 大民生问题。2007 年以来，针对群众的迫切需求，建立了"零就业家庭"就业保障机制、"一老一小"医疗保险制度、城乡无社会保障老人养老保障制度。2008 年年初，进一步提出要实现"无零就业家庭、无城镇危房户、无重大重复上访户、无社会救助盲点、无拖欠工资问题"的"五无"目标，为建立和谐稳定的社会环境奠定了坚实基础。同时我们不断加快各项社会事业的全面发展。一是创新社会管理体制，提出构建社会主义和谐社会首善之区的目标，制定了建设和谐社区、和谐村镇的有关意见，组建了市委社会工委和市社会建设工作办公室，加强和改进对社会组织的管理，创新社会组织动员机制，初步构建了党委领导、政府负责、社会协同、公众参与的社会管理格局。二是创新群众性精神文明创建活动的载体，深入开展"迎奥运、讲文明、树新风"活动，全面提高首都市民文明素质，提升城市文明程度。三是积极开展志愿服务工作。奥运期间，170 万志愿者在不同的工作岗位上开展了多种形式的志愿服务活动和社会公益实践活动，使"奉献、友爱、互助、进步"的志愿服务理念在全社会蔚然成风。四是加大社会矛盾的排查化解力度，认真开展全市区县党政领导干部大接访活动，创新群众动员机制，健全社会治安防控体系，增强公安等专门部门的安保能力，确保了首都的安全稳定。

在实践"绿色奥运、科技奥运、人文奥运"三大理念的过程中，我们积极探索和创新党的建设服务、保障和促进中心工作的新途径、新方法，为在首都工作中贯彻落实科学发展观提供了坚强保障。全面开展大规模的干部教育培训工作，不断提高广大党员干部贯彻落实科学发展观的自觉性和运用科学发展观解决问题的能力。建立健全了适应科学发展观要求的干部政绩考核体系和绩效评价标准，在注重经济指标的同时注重人文指标、资源指标、环境指标和社会指标，健全相应的考核制度和奖惩制度，努力形成正确的政绩导向与用人导向。加强对科学发展观落实情况的督促检查，坚决纠正各种不符合科学发展要求的做法。

回顾奥运筹办的 7 年，可以说"绿色奥运、科技奥运、人文奥运"三大理念的提出是科学发展观与首都实际相结合的重要理念创新成果；实践三大理念，是科学发展观在奥运筹办过程中的具体生动体现。三大理念完全符合中央对首都工作的要求，符合首都的功能定位，也顺应了广大人民群众的新期待，在今后的工作中必须长期坚持下去。

三

北京奥运会、残奥会的圆满成功，标志着首都的经济社会发展已经站在了一个新的起点上。面对新形势、新任务、新要求和人民群众的新期待，必须深入贯彻落实科学发展观，认真总结奥运会、残奥会的成功经验，按照首都工作的特点和规律，不断丰富、升华、发展人文、科技、绿色三大理念，把以人为本、科技创新、生态文明的要求摆在更加重要的位置，努力建设"人文北京、科技北京、绿色北京"。

建设"人文北京"，就是要在首都各项工作中全面落实"以人为本"的要求，尊重人民主体地位，发挥人民首创精神，真正做到发展为了人民、发展依靠人民、发展成果由人民共享；就是要切实保障人民群众的经济、政治、文化、社会权益，不断提高群众的思想道德素质、科学文化素质和健康素质，提高城市文明程度；就是要深入发掘首都丰厚的文化资源，大力发展文化事业和文化产业，充分展现首都文化的魅力；就是要妥善协调好各方面的利益关系，切实维护公平正义，不断促进首都的和谐与稳定。

建设"科技北京"，就是要充分发挥首都的科技智力优势，加快经济结构调整和经济发展方式转变，切实把经济发展转变到依靠科技进步、劳动者素质提高、管理创新的轨道上来；就是要切实增强自主创新能力，推动科技创新，推进高新技术成果在城市管理与群众生活中的广泛应用，加快创新型城市建设；就是要大力推进改革创新，努力构建充满活力、富有效率、更加开放、有利于科学发展的体制机制。

建设"绿色北京"，就是要把城市的发展建设与改善生态环境紧密结合起来，努力建设生态文明，加快环境友好型和资源节约型城市建设；就是要加大环保基础设施的建设力度，继续下大力气治理空气质量，加强绿化美化，不断提升首都的环境质量；就是要大力推广节能环保新技术，加强节能减排，发展循环经济，使首都的发展更加可持续；就是要倡导绿色健康的生活方式和消费方式，不断增强全社会的环保意识。

推动"人文北京、科技北京、绿色北京"的建设，我们将重点抓好以下几方面的工作。

一是着力调整产业结构和转变经济发展方式。按照高端、高效、高辐射力的发展方向，加快发展生产性服务业、文化创意产业和高新技术产业，积极发展金融业，形成符合科学发展观要求的产业结构、经济发展方式。

二是着力推动科技进步和自主创新。要抓好奥运成果的运用，尝试建立有利于科技进步和自主创新的体制机制。认真研究推动中关村改革与创新的问题，探索建立国家自主创新综合配套改革试验区的问题，推动创新型城市建设，使科技创新成为促进首都发展的主要动力。

三是着力加强城市建设与管理。要以志愿者机制为抓手，进一步提高市民素质和城市的文明程度，完善市民参与和谐社会建设的体制机制，提升社会管理水平，提高网格化城市管理水平，形成社会管理新机制。通过各方面的共同努力，不断提高人民群众生活水平，保持首都城市和谐、有序、文明、靓丽。

四是着力推动节能减排。大力开展节约能源行动，进一步发展循环经济，加强生态环境建设，努力把北京建设成为生态之都。要按照城乡经济社会发展一体化的要求，统筹城乡发展，落实区县功能定位，推进社会主义新农村建设，推动城乡一体化，解决好首都的人口资源环境问题。

五是着力加强首都文化建设。要充分继承举办奥运所带来的精神遗产，进一步加强对外文化交流，增强首都的文化中心功能，不断强化文化软实力。进一步深化文化体制改革，推动文化创意产业的发展。开展丰富多彩的文化活动，满足新形势下广大市民的精神文化需求。

六是着力推进改革创新。建立健全经济社会发展综合评价机制。积极推进行政管理体制改革，强化社会管理与公共服务，深化财税体制改革，建立健全领导体制和工作机制，不断提高全市各级党委政府的服务能力和水平。

深入贯彻落实科学发展观，建设"人文北京、科技北京、绿色北京"，是一项长期任务。我们一定要在以胡锦涛同志为总书记的党中央的坚强领导下，全面贯彻落实党的十七大和十七届一中、二中、三中全会精神，高举中国特色社会主义伟大旗帜，坚持以邓小平理论和"三个代表"重要思想为指导，深入贯彻落实科学发展观，进一步落实好人文、科技、绿色三大理念，不断开创首都改革开放和现代化建设的新局面，努力把北京建设成为繁荣、文明、和谐、宜居的首善之区。

和谐：建设人文北京的核心

纪宝成[*]

北京市已将建设"人文北京、科技北京、绿色北京"作为推动首善之区各项事业进一步健康开展的方向。建设"人文北京"的核心精神就是要在首都各项工作中全面落实"以人为本"的理念与要求。建设"人文北京"，关键在于明确建设的理念与宗旨。"观乎人文，以化成天下"，人文的核心就是"人"，而中国文化所关注的中心也始终是"人"而不是"神"，即所谓"人为万物之灵"，"天地之间，莫贵于人"。"人文北京"建设的终极目标，毫无疑义，就是为了尊重人民的主体地位，确保人民的基本权利，创造人民的发展空间，满足人民的合理需求，提升人民的整体素质，鼓励人民的进取精神，营造人民的团结氛围，实现人民的理想追求。而要做到这一切，就必须有一个基本理念来加以统率和指导，有一个具体途径来加以遵循和践行。这个理念，这个途径，就是从中国优秀传统文化的核心精神——"和谐"中汲取智慧，启迪思维。

传统文化中的"和谐"理念与追求，是博大精深的思想体系，是传统文化核心精神的高度凝练。任何时代，任何社会，社会政治生活的理想境界就是"和谐"，而"和谐"的本质属性则可以概括为四个方面："海纳百川"的包容性；"和而不同"的差异性；"刚柔相济"的互补性；"抑高举低"的平衡性。因此，建设"人文北京"的实践，应该本着"以人为本"的战略思维，坚持不懈地把造就"和谐"的理想局面作为行动的准则，从而卓有成效地实现博采兼容、理顺差异、相济互补、动态平衡的战略目标，使我们首善之区的社会生活呈现出最大程度上的"和谐"。

兼容并蓄，宽容海涵。建设"人文北京"，要真正体现"海纳百川，有容乃大"的博大气象。这一点，就领导决策层而言尤为迫切和重要。这就是要求它能以极其博大的襟怀与气魄，在依法决策与行政之时做到海涵一切，虚怀若谷，宽容包纳。

---

* 纪宝成，时任中国人民大学校长、中国人民大学人文北京研究中心顾问。

即在制定方针，实施政策时，能够不以一人之智为智，而以众人之智为智，虚心听取各种意见，择善而从，将决策建立在集思广益的基础之上，提高决策的科学性；在领导干部个人道德修养方面，能够秉执"政者，正也"，"其身正，不令而从，其身不正，虽令不从"的原则，廉洁奉公，以身作则，恪尽职守，谦虚谨慎，闻过则喜，在困难关头坚定奋进的信念，在胜利面前保持清醒的头脑；在人才任用上，能够不别亲疏，唯才是举，调动一切积极因素，让更多的才俊之士发挥有益作用，为首都的建设事业贡献其聪明才智；在处理错综复杂、各种组织机构和各种社会群体的关系上，能够从容稳妥，举重若轻，应对裕如，协调得体。要充分尊重和关照方方面面的意愿与利益，积极争取和赢得方方面面的理解与支持。

和而不同，因事设宜。和而不同，和而不流，这是"和谐"的必有之义，也是建设"人文北京"的重要环节。"和谐"不是无原则的调和，更不等于泯灭差别的简单同一。构筑社会的和谐，就必须以承认差异与控制差异为基本前提，勇敢正视矛盾，有效解决矛盾。而要达到这一目标，就需要具备大智慧，在管理思维的选择和管理艺术的运用上，全面体现"同则不济，和实生物"的特点，"百虑而一致，殊途而同归"，存异求同，相辅相成。换言之，以互补的方式实现"和谐"，应该是我们在今天建设"人文北京"中必须具备的战略意识和合理思路。表现在具体的"人文北京"建设上，首先是要注重充分挖掘和借鉴优秀的传统文化资源，尤其是要珍重和利用首都特有的历史文明积淀和传统文化结晶。"问渠那得清如许，为有源头活水来"，丰厚的传统文化资源，是建设"人文北京"的"源头活水"，是走向未来的根基。如果我们真正能以现代意识致力于在"人文北京"的建设过程中汲取与借鉴优秀传统文化资源的因素，真正把只有是地域的才是中国的、只有是民族的才是世界的意识落实在具体的工作中，那么"人文北京"就有希望体现北京的精神，张扬北京的风采，形成独特的文化品格，具有无穷的文化魅力。

文武并用，上下共济。文武并用，宽严相济，张弛有度，干群同心，上下协力，这是"和谐"文化的重要组成，也是构筑"和谐"社会的基本途径。具体地说，就是要求领导干部与职能部门运用政治智慧，借助于德刑、赏罚等多种管理手段的互补配合，相辅相成。同时也要求普通民众不断提高自己的思想道德素质、科学文化素质，提升自己的人生境界与文明境界，体现自己的公德水准与文化水准。同心同德，上下一致，来保证"和谐"状态的基本稳定，"和谐"社会的长期持续。致力"和谐"，建设"人文北京"是全体北京人民共同的事业。如果没有广大民众的积极响应和参与，再好的理想也无法转化为现实。顾炎武说："天下兴亡，匹夫有责"。同样的道理，"人文北京"的打造，也是每一位北京市民"与有责焉"。而普通市民在建设"人文北京"过程中最急迫需要做的贡献，就是"修己以安人"、"兴于仁"，致力于个人思想道德素质的进一步提高，个人文明品格修养的进一步升华，共同实现家庭、社区乃至整个城市的和睦、和谐与和乐。以文明的风范展示首善之区的风貌，以健康的人格体现首善之区的精神。就政府而言，固然要真正做到发展为了人民，发展依靠人民，发展成果由人民共享；而就广大民众而言，也理所当然要真正做到为政府分忧解难，为家乡建设添砖加瓦，为提高城市文明程度尽其所能。

仇必和解，允执其中。这是"和谐"社会的理想境界，也是构建"和谐"社会的终极目标。提倡包容，承认差异，强调互补，最终是为了实现平衡。对社会稳定和"和谐"构成最大威胁的，是社会生活中尚有一定数量的不公平、不公正现象存在，在特定的条件下，甚至有愈演愈烈的趋势，这直接导致了贫富悬殊，官民隔阂与疏离，如果不引起高度重视，不加以有效控制，就有可能激化社会矛盾。老子早就对这类现象进行过提醒与警告，"天之道，损有余而补不足；人之道则不然，损不足以奉有余"。高明的领导，一定要充分意识到达到真正"和谐"战略目标的艰巨性与曲折性，一定要通过利益调整机制，来抑制和克服这种潜在的社会不稳定因素，实现相对合理的平衡。

要实现社会的动态平衡，造就社会的真正"和谐"，使"人文北京"的建设有序坚实地得到推进，就要求我们的决策机构与职能部门在维护人民根本利益的前提下，努力追求社会公平与公正，化解各种可能导致社会不稳定的矛盾，将可能引起社会冲突的危机控制在最低的程度。需要强调的是，在建设"人文北京"过程中所追求的"平衡"与"和谐"，不是消极的，而是积极的，不是静态的，而是动态的，不是被动的，而是主动的，不是凝固守成的，而是与时俱进的。"苟日新，日日新，又日新"，活力源于锐意开拓，不断创新。"和谐"从本质上说就是创新的过程，就是创新的成就。古人有云："与时迁移，应物变化。"因此，应该以宏大的格局、果决的气概、非凡的魄力、高明的智慧将"创新"的精神融入"人文北京"建设的整个过程，在坚持根本战略方向的前提下，积极去面对各种新的情况、新的问题，避免墨守成规，克服固步自封，防止志满意得，摒弃患得患失，根据形势的变化而在具体工作中有所变通，有所调整，有所改进，使我们的"人文北京"建设始终处于生生不息、与时俱进的动态发展之中。

人文北京：城市的品格与灵魂

冯惠玲

一、从人文奥运到人文北京

北京奥运是中国历史上最雄壮的一次体育狂欢和文化盛事，由接触、了解、参与而至成功申办，中国人的奥运梦想历经百年风雨，可谓人世沧桑，弦歌铮铮。历史总是以特定的大事件为核心节点，大事件会聚了政治、经济、文化的整体势能，使历史进程由此达至一个临界点，并可能开启新的时代之门。顺利举办北京奥运会正是这样一个历史节点，必将对中国和北京的改革、发展产生重大而深远的影响。仅就人文而论，它对社会性格的形塑、文化生态的再造和城市灵魂的铸就发挥着点灯、传灯的作用。

我们要总结北京奥运的经验和意义，使绿色、科技、人文三大理念转化为今后北京城市发展的精神指引，必须首先认清一个问题：作为一个重大事件，一场宏大叙事，北京奥运的经验和影响覆盖了社会发展、国际交往等诸多领域，从场馆建设、道路交通、环境治理到赛事组织，从食品安全、反恐、治安到志愿服务，从经济投入、政治较量、外交风云到文化交流，从对内动员、对外宣传、媒体政治到危机处理，错综复杂、千头万绪，而所有这些都是以奥运为基点和目标的。从举办一项重大活动的理念向长久的城市发展理念的转化，并非简单的套用和搬家，既有许多可以继承接续的认知和经验，又有极大的理性深化和实践拓展空间。我们需要以北京市的全面健康持续发展，建设一流国际大都市为目标，在纵深和涵盖两个向度上对"人文北京"作新的诠释和定位。从"人文奥运"向"人文北京"的转化，不仅要汲取奥运期间人文活动、文化产业与事业、公众参与等方面的内容与形态，更要超越这些具体的内容和形态，抓取因奥运而召唤、激发、构建的人文精神。

一言以蔽之，当我们从"人文奥运"转向"人文北京"这一主题时，意味着我们要在弘扬奥林匹克精神的基础上进一步寻找北京的城市品格和灵魂，并将人文精神源源注入其中，而所有的活动、项目和产业皆以此为精神依归。缺少对城市品格和城市灵魂的发现和提炼，缺少人文精神对城市品格和灵魂的浸润，各项事业的发展必然处于战略目标不明、价值基准混乱、彼此协调和增进不足、品味格调不高的状态。那么北京的品格和灵魂在哪里？是来自历史深处，还是闪现在北京奥运会的焰火升腾之际、掌声响起之时、笑脸盈盈之中？如果我们捕捉到了它们，那么如何对其进行表述、提升和砥砺，像构筑一个人的性格与信念、一个品牌的格调与理想一样，建造一个城市的精神家园？

我们注意到，在奥运三大理念向北京发展三大理念的转变中，"人文"主题由原来排在第三位上升至第一位。这一顺序变化有着深层的价值指向，意味着要将北京发展战略的重心进行"前置"和"上移"，即在具体规划、部署人文事业、文化产业之前，构建北京的城市品格和城市灵魂。这是城市发展战略的需要，是城市历史进路的自然延展，也符合文明进步的客观规律。就城市战略和城市历史而言，奥运之后的北京当是"政治北京"、"经济北京"、"科技北京"、"绿色北京"、"文化北京"的综合体，而能够统摄这些城市主题定位的恰是"人文北京"。换言之，人文北京既是精神、文化、道德等"软北京"的集中概括，也是政治开明、经济繁荣、科技进步、环境清雅等"硬北京"的价值基准。事实上，政治、经济、科技、环境的发展，最终都要凝结一体、汇入人文精神，所谓海纳百川，有容乃大。

从这一意义上看，人文北京是践行社会主义核心价值体系、升华城市内在精神、建设以人为本的首都社会的历史性抉择。任何一个社会和时代皆有其核心价值体系，它表征了人们的共同理想和普遍尺度。先秦典籍《管子·牧民》提出"国之四维，一维绝则倾，二维绝则危，三维绝则覆，四维绝则灭。倾可正也，危可安也，覆可起也，灭不可复错也。何谓四维，一曰礼，二曰义，三曰廉，四曰耻"，礼义廉耻即管子表述的其所处时代的核心价值体系。人文北京所应构筑的城市品格和灵魂，正是社会主义核心价值体系在首都的具体化，而其内在精神则反映了人们心向往之、自觉追求的社会理想。这个理想所指引的城市发展境界，当是关心人、爱护人，珍视美好生活、尊重人的基本权利，维系人与人、人与社会、人与自然亲善关系的和谐图景。概括而言，人文北京要赋予城市以品格、灵魂和价值体系，要赋予市民以理想、尺度和权利。

二、人文精神的三次解放与内涵递进

就文明进步的规律而言，纵观人类历史，人文精神经历了两次解放，并且正处在第三次解放之中。第一次解放发生在中国的春秋战国时代和西方的古希腊时代，二者分别作为东西文明的童年期，奠定了此后两千余年各自的人文观念、框架和范式。而那时人文精神的挺立，源自对天命观、人天秩序的打破。当时，先哲圣贤强调人的主体地位，相信人能够治理自己的生活，而不唯天命是从。在此过程中，文明的观念亦由如何缔造人顺乎天的秩序，转换为如何建立人与人的秩序。先人找到的办法是人文教化，即《周易》所说的观乎人文，以化成天下。

第二次解放发生于西方的文艺复兴时期，精英召唤大众从封建君权和宗教神权中跳脱出来，做自己命运的主人。这种公民权意识、自由意识和民主意识的觉醒，为后来的资产阶级革命创造了必要的思想条件。中国历史上未曾出现西方式的文艺复兴，但清王朝的覆灭、五四运动的思想启蒙、抗日战争、解放战争和新中国的建立，特别是改革开放三十年来的社会进步，也逐渐确立了以人为本的国家治理观念。

第一次解放远离天道、发现人文，第二次解放打碎专制、以人为本，这是人类文明进步的两大标志性成就。然而，人文精神的解放是一个不断提升的过程，永远处于"未完成状态"，不可能一蹴而就，更不可能一劳永逸。在高度现代化的今天，因工具理性蔓延而造成的人的异化触目惊心，与经济发达、科技进步相伴相生的是人们对精神家园荒芜的失落和对人文精神回归与升华的呼唤。无论是当年卢卡契、马克思关于异化的预言，还是当代中外学者的论述，都表明克服异化、重彰人文应当成为全球性议题。这意味着人文精神的第三次解放，即抑制工具理性，促进人的全面发展。这次解放已经发生，譬如西方社群主义的兴起，中国科学发展观、和谐社会理念的提出都是明证，但依然任重道远。

之所以论及人文精神的三次解放，是为了说明"人文北京"这一理念的深层历史背景、思想潮流和社会结构。每一次解放都会造就一批伟大的人物、城市和国家，成功举办奥运会、身处第三次解放之中的北京亦当有大发展和新超越。而发展和超越的核心问题，是充盈人文精神的城市品格和城市灵魂的发现和培育。如前所述，品格和灵魂是一个城市所有事业的精神源泉、信念尺度和实践动力，因为它们的起点和落点都在一个大写的"人"字之上。

这里所强调的"人"，是与庄重、健康、向上的文化联系在一起的。如果说第一次人文精神的解放是向"天"要权利以建立一个人伦社会，第二次解放是向"君"和"宗教"要权利以建立一个"德赛"——民主、科学社会，那么第三次解放则直指人本身，向人类自己造成的工具理性灾难讨说法。前两次解放分别造就了被专制的人和被物化的人，如今我们要发展一个人与文化相依存的社会。人创造、改变文化，同时也为文化所滋养和塑造。也就是说，人在文化面前既是主人，也是受教育者，既有主体意志，又有基于文化同根同源的归属意识。惟其如此，个体的尊严、

权利、自由和集体的信念、目标、规范之间的辩证关系才能得以理顺，才能促进人
的全面发展。

三、寻找人文北京的灵魂

一个简单而深刻的道理是：人是一个城市的基本元素，人文精神是构建城市品
格、城市灵魂的基因和血脉。问题的关键在于，充盈着人文精神的北京品格和灵魂
是什么？它们由哪些要素构成？具备何种属性？有怎样的表现形态？其思想内核又
是什么？搞清楚这些问题，是我们理解和建设人文北京的起始点。

每一位北京市民、中国公民和外国人都可能提供这些问题的部分答案，列举出
若干关键词，诸如悠久、博大、宽容、热情、开放等等，但是这种有感而发式的解
释和回答明显存在如下三个问题：一是体系化不足，无法成为指导城市发展战略的
真正意义上的观念系统和思想指南；二是所指不详，这些概念可以成为城市气质和
属性的描述，却难以成为人文北京建设的路标和指南；三是个性、特色不彰，这些
描述反映的是许多大都市的共性，而非北京独有的人文之魂。

我们认为城市的品格和灵魂，既来自历史进程中的自然积淀，因而是客观存在
的；也来自时代需求和人的培育，因而又是主观创造的。其中，基于科学研究提出
系统的城市人文精神内涵、框架和路径，进而由政府、知识分子与媒体进行引导、
教育和传播至关重要。对北京而言，成功举办奥运会是形塑城市品格和灵魂的现实
契机，而前述的人文精神的第三次解放则是创建伟大城市的历史性机遇。俗语讲
"三思而后行"，在把"人文奥运"经验转化为"人文北京"的具体行动之前，我们
首先要通过深入思考和科学研究解决"人文北京是什么"、"城市灵魂在何处"的问
题，为先挺立人文精神再开展人文事业、先铸就魂魄再践行发展规划提供智力支持
和理论储备。

这项研究或者说对北京城市品格和灵魂的寻找、发现和建构，需要双重眼光：
一是历史和比较的眼光，二是结构—功能的眼光。所谓历史和比较的眼光，就是在
古—今—中—外的交错语境下探讨"北京之为北京"的历史之魂和品格定位。在这
一点上，我们最容易犯下的错误是，草率地得出"总之，要做到传统与现代的均衡、
发扬自身特色又借鉴他山之石"的化约式、口号式结论，从而放弃了对问题实质进
行深入、系统探索的努力。

从历史路径来看，有学者认为北京奥运会开幕式所呈现的传统文化主要来自先
秦和汉唐，而彼时北京并非中国政治、经济和文化的中心。这种看法未免以偏概全，
但也提示我们更彻底、更精准地清理和开掘历史赋予北京的城市质素、风度、情怀

和性格。与此同时，用比较的眼光把海外著名城市作为参照系，也可以为我们塑造北京品格提供有益的启迪。巴黎的街市、大学、先贤祠和文化艺术场所不只是巴黎人生于斯、长于斯的物理空间，也不只是异域的他者旅游的目的地，而且涵化了巴黎人的精神世界，设置了他国乃至全球的时尚、文化议程。比照之下，北京的城市建设更应由"硬"而"软"，即复活文物古迹的历史精神，激发现代城市要素的人文意识，使之不只作为物而存在，而是构筑为城市的文化生态和人文场域。

所谓结构—功能的眼光，就是基于前述的历史和比较研究，廓清北京城市品格和灵魂的内涵、属性、维度、要素、形态，进而使它们与现实发展和未来战略相衔接，转化为城市建设的思想谱系。我们有必要提炼出人文北京及其品格和灵魂的核心表述，并使之成为政府各部门、媒体、知识分子和广大市民的共识；有必要对北京的人文要素进行列举、排序和选择，并使之制度化、体系化、生活化；有必要清晰界定人文北京的基本属性，并使之成为城市相关事业的准则和尺度；有必要梳理人文北京的朝向和维度，譬如政府的人文建设维度、公众参与和社会对话维度、国内城市间交流与辐射维度、国际人文影响力和议程设置维度等；有必要规划人文北京的主要表现形态，譬如文化艺术形态、大学与思想家活动形态、城市公共仪式形态、有关城市历史的集体记忆形态等。以下以政府人文建设、思想家群体活动和城市公共仪式三个方面为例进行简要探讨：

（1）政府维度的人文精神建设，就是要树立科学发展观和以人为本的执政、行政理念。天地万物，唯人为贵。对一座城市而言，挺立人文精神意味着在我们判断什么最根本、什么最重要、什么最值得关心时，把人放在第一位。以人为本的政府，不是片面追求 GDP 的政府，不是胡锦涛总书记批评的"见物不见人"的政府，而是护念人及其价值，以"人文"为目的的政府。在城市人文之魂的培育中，政府扮演着主导者、建设者、推动者的关键角色，一个人文精神匮乏的政府不可能成就精雅的城市品格和光辉的城市精神。

（2）伟大的城市总是拥有一批一流的思想家，他们给这个城市带来深刻的底蕴、创新的活力和对世界的影响。巴黎塞纳河的左岸咖啡社区被誉为"全欧洲伟大知识分子的会聚之地"，伦敦、法兰克福、波士顿等城市也是吸纳本国和全球思想家的文化中心。需要强调的是，思想家并非自然而然成长起来的，城市要主动造就和哺育思想家，思想家则反过来造就和哺育城市文化。北京不一定也建先贤祠，但要有组织、有计划地培育、推广属于自己城市的思想家而不只是专家，要让他们成为城市品格和灵魂的主要代表者，引领公共精神和城市议程。

（3）有魅力的城市大多都有表征城市文化传统、市民性格和人文品位的公共仪式。马德里、里约热内卢、慕尼黑、威尼斯等著名城市皆有自己专属的公共仪式，凝重、传统也好，狂欢、前卫也罢，这些仪式让人们摆脱日常生活的平庸、倦怠和琐碎，进入人性、文化的核心地带。北京奥运会也证明了这一点，越是全民参与、快乐参与、创造性参与，理性的公共精神、健康的文化风尚、传统与现代的有效统合也就越容易实现，社会也就越和谐。

康德说，缺乏文化的城市生活是盲目的，脱离了城市生活的文化是空洞的。一个城市最大的危机是文化危机，它是城市创造力不足、安全感和归属感匮乏、市民心理和社会性格不成熟、伦理道德尺度和共同体意识混乱、官民互动和政企互动不畅的主要根源。结合前文论述和康德的观点，我们认为对"人文北京"品格和灵魂的研究，在方法论上要采取文化史、思想史的分析框架，并据此选择一些合理、有效的具体研究路径，主要包括如下两个方面：

一是内向研究，即通过文献分析，官员、学者、公众访谈，实证调查等方式，归纳、界定"人文北京"的内涵，确认、筛拣其要素、属性、维度和形态。二是外向研究，即"跳出北京看北京"，通过与国内外若干著名城市的比较研究，整合其共性，提炼北京之个性，并在可能的情况下构建人文城市的基础模型。外向研究的具体方法包括北京的媒体形象研究、国内外意见领袖调查、不同城市人文属性的对标研究以及一批海外著名文化学者的深度访谈。

以上我们基于北京奥运和人文精神的解放探讨了建设"人文北京"的必要性和可能性，说明人文精神和城市各项事业的发展是一对"魂"与"形"的关系。需要说明的是，重视城市品格和灵魂，强调"人文北京"优先，并不意味着否认事业发展与产业实践、科技进步与环境保护的紧迫性和重要性。事实上，北京在这些领域已经拥有相对成熟的经验和令人瞩目的成就，而恰恰是这些经验和成就敦促我们站得更高、看得更远，在精神家园、人文信念的层面上审视和超越自己。以战略观和全局观计，北京奥运会的价值和意义不只在奥运之中，更在后奥运时代，加之全球人文精神的解放和重建，时势决定了北京极有可能面临真正意义上百年不遇的重大发展机会。我们要有这种历史敏感和战略眼光，有进取的雄心和庄重的人文理想，创造一个伟大的首善之区，充满魅力的国际大都市，健全自己，示范全国，甚至影响全球城市的文化议程。

"人文北京"建设十议

陈 剑[*]

建设"人文北京、科技北京、绿色北京",是实践科学发展观、推动首都经济社会又好又快发展的新战略。综观中西文明成果,结合当代社会发展,笔者认为,建设"人文北京"的关键是涵养浓郁的文化特质,提升北京文明程度,促进人的自由全面发展。其基本内容是按照近代以来人类文明发展的基本规范,塑造一个现代化的文明都市,其中涉及都市的文明环境(包括法治、政策、市场和生态等环境),公民素养,城市景观以及政府、公民和社会组织建设等多方面内容。

据此,"人文北京"建设可表述为:努力改善民生,保证人人享有基本生活保障;严格落实民权,维护宪法赋予公民的各项民主权利;不断提升民利,使人们享有的公共服务水平随着整个社会发展不断提升;大力改进民风,使市民享有良好的文明环境。具体而言,"人文北京"建设主要涉及以下十个方面:

第一,加强公共服务型政府建设。建设"人文北京",对各级政府的文明程度提出了更高要求。在公共服务型政府建设方面,北京在七年奥运筹办期间作出巨大努力,取得了一系列成就,但这些成就以建立一个健全完善的公共服务型政府的要求来看仍然是基础性的。当前,一方面要在推动教育公平上迈出更大步伐,使所有市民都能够公平享有教育服务。新增教育资源应更多投向农村地区、薄弱学校,更多投向在京务工的农民工子女,使在北京生活的人沐浴同样的"阳光"。另一方面,着力推进医疗卫生改革。坚持基本医疗卫生服务的公益性质,进一步完善城乡一体化的公共卫生服务、医疗服务,努力实现人人享有基本医疗卫生服务。

此外,进一步完善城乡社会保障体系,努力缩小城乡保障差距,加大推进城乡一体化的步伐;加快机制创新步伐,努力实现城乡社会保障制度、各类社会保障项目之间的有效衔接,发挥社会保障的综合效益。随着经济发展水平提升,社会保障

* 陈剑,北京社会主义学院副院长、北京奥运经济研究会执行会长、研究员。

水平不应满足于"低水平、广覆盖",而应"中水平、广覆盖"。

当然,作为服务型政府,理应是法治政府、责任政府和透明政府。政府只有依法行政、健全行政执法体系、增强工作透明度,人民才有条件监督政府,政府的公信力才会得到提升。从这个角度说,政府自身的建设是建设"人文北京"最基本、最关键的内容。

第二,提升公民意识和公民素养。建设"人文北京、科技北京、绿色北京",每一个生活在北京的公民(无论户口是否在北京)都是主体。公民意识,主要是权利意识和责任意识。权利意识是人文精神的一个本质内容,责任意识包括依法履行个人对社会的责任、公民个人或者公民社会依法履行对国家机关行为的监督之责。所谓公民素养,是指公民对社会秩序、社会规范的遵守程度,通常表现为礼仪和行为,比如在公共卫生、公共秩序、公共交往、公共观赏、公共参与等方面的表现。

第三,利益协调和表达机制的健全和完善。在利益协调和表达机制建设方面,目前存在的主要问题有两类:一是某些社会阶层群众的政治和经济权益缺少相应的组织和机构维护,使得属于这一阶层群众的一些合法权益、具体利益得不到有效保护;二是由于法律不健全,一些组织和机构运作空间受到极大限制,难以在法律规范的范围进行利益表达,进而影响社会主义民主政治的开展。实践表明,只有建立健全不同人群的利益协调和表达机制,不同利益人群的利益诉求才有合法畅通的渠道,社会稳定才会有基本的保证。

第四,加强社会组织建设。北京是全国社会组织最活跃的城市。其发育、成熟程度如何,对于我国进一步改革开放和建设公共服务型政府有着十分重要的意义。近年来,在社会建设方面,北京作出了有益的探索,取得了可喜的成就。现在的问题是,如何发挥社会组织的巨大积极作用,并规避可能产生的一些负面影响,这是社会建设的核心话题。

第五,大力发展文化产业,提升首都文化影响力。北京作为我国文化最具影响力城市,建设"人文北京"要加快发展文化创意产业,打造具有国际影响力的首都文化品牌,更加开放地扩大对外文化交流,形成文化事业和文化产业相互促进、蓬勃发展的首都文化,为和谐社会建设提供内在推动力。2006年以来,北京大力发展出版、影视、动漫等内容的文化创意产业,大力发展教育、科技、文化事业,着力发展旅游、会展、体育休闲、金融等服务业,北京在全国文化中心的地位有所提升。但如何做大、做强北京的文化产业,进而引领提升中国在全球的文化影响力,北京无疑肩负着巨大的历史责任。

第六,推进残疾人事业发展。北京奥运会、残奥会的顺利举办,特别是奥运筹办期间为残疾人所做的各项工作,适宜残疾人的公共设施建设和各项服务的发展,在一定时间内提升了全社会对残疾人的关爱程度。但奥运会和残奥会期间对残疾人的关爱和关注，如何在奥运之后得到很好的保持，对北京无疑是一个考验。而这是衡量一个国家和地区社会文明程度的重要标准，是建设"人文北京"的重要环节。

第七，发展慈善公益事业，推进志愿服务。慈善公益事业发展水平的提升对于推进社会公平和正义，扶持弱势人群具有重要意义；志愿服务是公益事业的重要组成部分。北京奥运会志愿者的灿烂微笑，作为城市名片已经深深留在人们的记忆中。如何使志愿服务长效化、扩大志愿服务的范围，需要出台相应的法律法规，保护志愿人员和组织的合法权益；如何借鉴境外成熟的运作模式，尽快使志愿服务组织走上良性运作轨道，扩大不同年龄段志愿者人群来源，使志愿服务少一些政府行为、多一些社会行为，这些都是志愿服务今后发展面对的任务。

第八，为民营经济发展提供良好的制度环境。改革开放以来，不断发展壮大的民营经济，已成为首都经济的重要组成部分。截至 2008 年底，全市各类市场主体有135.12 万户，其中私营企业、个体工商户等民营企业 115.75 万户，占全市市场经济主体的 85.66%；在全市具有进出口权的近 2 万家内资企业中，私营、个体企业有 1.5 万户，占总数的 3/4。但是，北京民营经济的发展仍存在一些障碍。比如民营经济难以进入部分高度垄断的行业，一些阻碍民营制经济又好又快发展的政策法规没有被根除，民营中小企业融资难问题没有得到很好解决，等等。如何为民营经济持续健康发展提供平等竞争的环境，为民营经济发展提供良好的法律环境、政策措施和服务，对首都经济又好又快发展无疑有着十分重要的意义。

第九，城市景观建设和北京特质文化的弘扬。北京是一座有 3 000 多年建城史、850 多年建都史的文化历史名城。在长期发展中，北京形成了独有的文化精神、品格与气质。根据《北京城市总体规划（2004—2020 年）》的规定，北京的发展目标定位是"国家首都、世界城市、文化名城和宜居城市"。要实现这一目标定位，如何善待北京的历史文化遗产，弘扬并做大北京特质文化，丰富北京的文化景观和城市景观，在诸多国际化城市中显现出鲜明的城市特质、文化魅力和中国风格，对北京向世界级城市迈进具有十分重要的意义。

第十，维护首都安全稳定。在首都发展中，安全稳定是第一位和基本的任务。做好这项工作，涉及的内容有：建立、健全人民内部矛盾协调化解机制；完善首都特色的治安防控体系，进一步加强社会治安综合治理；继续推进安全监管重心下移和安全生产隐患排查治理法制化、规范化，建设安全生产长效机制，保障人民群众生命财产安全；巩固"平安奥运"成果，大力推进"平安北京"建设，全面开展城市风险评估控制及安全隐患排查整改，强化风险与隐患动态监测，提升城市应对突发事件能力；借鉴奥运举办期间食品管理经验，不断提升食品安全工作水平，确保群众吃得安全。

建设"人文北京",最终目的是提升北京整体文明程度,促进人的自由全面发展。建设"科技北京"和"绿色北京",归根到底是为了提高人们的生活质量,也是为了促进人的自由全面发展。"人文北京"的建设,可以为"科技北京"和"绿色北京"建设奠定坚实基础,营造更好的社会文化氛围,更能体现北京的城市特点、城市发展的总体水平。因而,建设"人文北京"就显得更为根本、更为深远。

"人文北京":从理念到社会建设的实践[*]

陆益龙

北京市圆满成功地举办 2008 年夏季奥运会和残奥会,标志着城市文明、文化向前迈进了一大步,同时也意味着北京实际已成为世界性的重要城市之一。奥运会给这座城市不仅留下了丰富的物质遗产,而且也保留了丰富的精神文化遗产。尤其是"人文奥运"给世人留下了永恒的文化印象,也彰显了这座历史名城的个性品格和精神气质。"人文北京"理念正是在这一背景下提出并提升为城市建设和发展战略,那么,究竟何为"人文北京"?"人文北京"与社会建设有何关系?如何通过社会建设来建设"人文北京"?本文将从社会建设的视角对"人文北京"的内涵及建设路径作一理论探讨。

一、"人文北京":理念及其内涵

"人文"概念在中国文化传统中就包含了人和社会发展的意义,《周易》中有这样的阐述:"文明以止,人文也。观乎天文,以察时变。观乎人文,以化成天下。"在这里,人文相对于天文即自然规律而言,意指人及人的发展规律。认识和把握人及其发展规律,就可以更好地治理天下或社会。换句话说,要治理好社会,就需要从人出发、以人为本。自春秋以后,中国传统的人文思想基本形成了以人为本和以民为本这一轴心。以人为本就是强调人而非神是社会的主体,社会的治乱兴衰,关键取决于人而不是神。因此,中国文化传统"非常看重的是人","人学"是传统文化的一个重要特质。[①] 以民为本就是国家和社会的发展要以人民或民众为根本,从广大民众的利益出发,去治理国家和社稷。总的看来,中国人文主义的传统主要有

———————————

　* 本文为中国人民大学冯惠玲教授主持的北京市哲学社会科学规划重大招标项目"'人文北京'行动计划研究"和陆益龙主持的重点项目"人文北京与和谐社会建设研究"的阶段性成果。

　① 参见冯友兰:《论中国传统文化》,98 页,北京,三联书店,1988。

两个基本特征：一是人本取向的世界观，二是民本取向的政治文化。中国传统文化强调"天人合一"，但同时实际主张人是世界的中心。所以，在中国历史发展过程中，基本没有出现被神权和教权统治的时代。此外，自儒家思想成为社会主导思想后，民本的仁政思想被广泛接受和实践，由此也构成了中国传统社会文明和秩序的基础。

西方人文主义在文艺复兴和启蒙运动中得到显著发展。西方文化传统与中国文化有着较大差异，在较长的历史时期特别是在中世纪，西方社会盛行的是神权和教权中心，人性和人权受到极端压制。直到文艺复兴和启蒙运动时期，人们才开始对神权进行伦理反思，强调和提倡人的价值、人性的解放与人的创造力。所以，西方近代人文主义的核心观念就是要从自然状态中发现人性和人的创造力。① 从 18 世纪 80 年代到 20 世纪 30 年代，西方出现了"一种新版本的人文主义"，也就是现代人文主义。现代人文主义是对科学主义和实证主义的一种反思，主张人性具有双重性质，即理性和非理性。强调人的主体性、复杂性和价值性。②

不论是中国人文主义传统还是西方人文主义传统，也不论是传统的人文思想还是现代人文精神，其共同的、核心的理念都可概括为"以人为本"和文化传承与创造。人文理念的共通性反映的是人类社会存在和发展的实质，即一个社会为何存在，存在的意义是什么，一个社会的发展究竟是为了什么。很显然，社会因人而存在，人又是在文化创造中组成社会并推动社会发展，所以，人和文化是社会的本质，人文思想正是对这一本质的高度概括。

"人文北京"是 2008 年北京奥运会文化遗产的一种转化和升华。在北京成功举办奥运会之后，市委书记刘淇提出了建设"人文北京、科技北京、绿色北京"。关于"人文北京"理念的内涵，刘淇认为，就是要"全面落实'以人为本'的要求，尊重人民主体地位，发挥人民首创精神，真正做到发展为了人民、发展依靠人民、发展成果由人民共享；就是要切实保障人民群众的经济、政治、文化、社会权益，不断提高群众的思想道德素质、科学文化素质和健康素质，提高城市文明程度；就是要深入发掘首都丰厚的文化资源，大力发展文化事业和文化产业，充分展现首都文化的魅力；就是要妥善协调好各方面的利益关系，切实维护公平正义，不断促进首都的和谐与稳定。"③ 在这一阐释中，实际包含了对"人文北京"内涵的高度概括和界定，那就是："以人为本、以民为本"的发展原则、以保障民生为发展的中心、以社会建设和文化建设为发展的路径。

---

① 参见［英］阿伦·布洛克：《西方人文主义传统》，40～46 页，北京，三联书店，1997。
② 参见［英］阿伦·布洛克：《西方人文主义传统》，271 页，北京，三联书店，1997。
③ 刘淇：《建设"人文北京、科技北京、绿色北京"》，载《求是》，2008（23）。

此外，作为从"人文奥运"到"人文北京"的一种转化，其中也包含了在弘扬奥林匹克精神的基础上，进一步寻找北京的城市品格和灵魂，并将人文精神源源注入其中，使所有的活动、项目和产业皆具有人文精神品质。① "人文北京"的核心价值就在于实现人和社会的和谐发展。②

"人文北京"的提出，是在特定历史背景下对首都北京的城市品格和城市发展的战略定位及谋划，其实质就是将人文主义精神贯彻到北京城市建设和发展之中，其核心是坚持"以人为本、以民为本"，通过大力发展民生事业，促进社会建设和文化建设，提升城市的品质和文明程度，使北京成为首善之都、文明之都、文化之都。

二、社会建设："人文北京"的重要载体

"人文北京"从理念到现实的转化，需要通过一些载体来实现。刘淇在对"人文北京"内涵的阐释中，所强调的"以人为本"、发展民生、提高文明程度、促进文化繁荣和社会稳定，这些建设和发展目标的实现，必须在具体的社会实践中去完成。那么，究竟怎样的社会实践将是建设"人文北京"的保障呢？

"人文北京"理念有丰富的内涵，但就其核心内容而言，社会建设是其中尤为重要的载体。因为只有在一种和谐、健康、稳定、繁荣的社会中，人才能真正得到全面的发展，人民的权益才能真正得到保障。那么，怎样才能形成一种和谐、健康、稳定和繁荣的社会呢？核心的任务就在于推进和改善社会建设。

首先，人文精神并不能孤立地存在，而是融入或通过一定的载体展示出来的。对于一个城市来说，其人文精神和品格并非抽象不可捉摸的幻象，而是存在于主体及其实践之中，也就是一个城市的居民及其建设和发展这个城市的实践。在这一实践过程中，社会建设是其中重要构成。通过社会建设，分散的个体整合为有机统一的城市社会，个人在其中获得充分发展的机会，个人的需要、权益和尊严得以尊重和保护。

其次，从城市发展战略角度看，将"人文北京"定位为城市未来发展的重要目标之一，就需要在城市各项建设中去贯彻和落实这一战略的核心内容。很显然，城市的社会建设是其中尤为重要的构成。城市文明是人类文明发展到一定阶段的产物，是更为发达的文明形式。城市文明是在城市社会中创造和发展，也是以城市社会为基本载体的，人类在建设和发展城市社会的过程中，推动着城市文明乃至整个人类

① 参见冯惠玲：《人文北京：城市品格和灵魂的塑造》，见《"人文北京"论坛文集》（会议文集），2009。
② 参见纪宝成：《和谐：建设人文北京的核心》，载《光明日报》，2009-04-09。

文明向前发展。现代城市社会不同于传统乡村社会，法国社会学家涂尔干（E. Durkheim）曾把人类社会的团结方式分为两大类："机械团结"和"有机团结"，传统社会关系就属于机械团结，而现代城市社会关系则属于有机团结，机械团结依靠的是相似性和共同意识，有机团结则是通过分工与合作而达成的更高级的社会团结形式，城市社会正是这种将相互差异又相互依赖的个体按照分工原则有机组合成高效率运行的社会整体。① 由此可见，在城市文明的发展进程中，如何建立起科学合理的社会分工与合作的社会团结机制显得尤为重要，此项任务正是需要通过社会建设才能完成的。

最后，就"人文北京"建设中的民生建设和文化发展这两项重点内容而言，社会建设是推进这些发展任务的重要载体。在民生建设中，尽管发展经济是其基础，经济发展将有助于人民生活水平的提高，但并不必然地促进人民生活和社会福利的改善。唯有在经济发展的同时，加强社会建设，促进社会公平正义，才能使经济发展的成果最大化地转为社会福利，让更广大的人民群众从中获得福祉。一个宜居城市，必须为人的全面发展提供更为宽松的环境，尤其是宽松的社会环境。这样的社会环境的形成，则离不开相应的社会建设。此外，一个城市的文化品位和风格的形成，实际上主要是在社会建设过程中不断创造和积淀起来的。城市文化看起来宏大和抽象，然而实际上有其具体的载体，那就是人们的社会实践或社会行动，社会建设是其重要构成。

社会建设首先是中共十六届四中全会提出的构建社会主义和谐社会的重要途径，中共十七大报告正式提出"加快推进以改善民生为重点的社会建设"。由此可见，社会建设是落实当代中国发展战略的重大措施，体现出国家发展战略从以经济建设为重点向经济与社会协调发展的转换，同时也体现了构建和谐社会和全面实现小康社会的必然要求。

关于社会建设的内涵，可以从"正向"和"逆向"两个维度去理解：一方面，社会建设就是要在发展过程中"建立起合理配置资源及机会的社会结构和社会体制机制"，从而形成良性的社会关系，促进社会和谐与协调发展；另一方面，社会建设就是要"建立起有效处理和解决发展中的社会问题、社会矛盾和社会风险的新机制、新实体和新主体，以增进社会团结和社会安全"。②

社会建设的核心意义在于促进包括教育、就业、保障、收入分配、医疗卫生和社会管理等民生六大方面的发展，促进社会的和谐与稳定。发展民生是一个社会真

---

① 参见［法］涂尔干：《社会分工论》，33、73 页，北京，三联书店，2000。
② 参见郑杭生、杨敏：《关于社会建设的内涵和外延》，载《学海》，2008（4）。

正落实"以人为本"、"以民为本"的重要途径，只有民生事业得以改善，人民的生活水平才会真正得以提高；只有民生事业得以发展，人才会得到真正全面的发展。当一个社会中的人得到了全面发展之后，这个社会的文明和文化程度也会得以提高。

把社会建设作为"人文北京"建设的重要载体，体现了新时期城市发展的战略要求。在探寻中国特色社会主义发展道路，以及落实科学发展观的过程中，将社会建设与经济建设、政治建设、文化建设有机统一起来、协调起来，形成四位一体的建设模式，对于建设文明的、和谐稳定的小康社会有着重要战略意义。加强社会建设，将会有效促进经济建设与社会建设之间的协调，使经济发展的成果有效转化为社会福利，让更广大的人民从经济发展中得到更多的福利。与此同时，通过社会建设，也将促进政治建设和文化建设的新发展。

三、"人文北京"对都市社会建设的要求

既然在建设"人文北京"中，社会建设是重要的载体，那么，究竟什么样的社会建设符合"人文北京"建设的要求呢？要回答这一问题，需要从两个方面去考察：一是要考察和判断当前首都社会建设的基本现状；二是要探讨理想的社会建设目标可能包括的主要内容。

把握和了解社会建设的现状和存在的问题，就可以确立未来建设和发展的重心及基本方向，促进城市发展走向科学发展。如果从党的十七大确立的社会建设目标和重点来看，那么就需要全面把握与基本民生相关的六项事业发展的现状和问题，也就是文化教育、民众就业、社会保障、收入分配、医疗卫生和社会管理等六个方面的基本状况。

首先，北京市在文化教育事业方面，已经取得较快发展，发展水平达到较高程度。到 2007 年，学龄儿童的入学率已经达到 100％。[①] 2009 年北京的教育发展指数达到 105.10（见图 1），居全国第一。[②]

从图 1 来看，北京市的义务教育发展已经达到了较高水平，学龄儿童入学率达到了 100％。就教育发展的整体情况而言，2007 年和 2008 年发展速度较快，且达到较高水平，但 2009 年的教育发展指数下降了 2.77。表明在奥运之后，北京市的教育仍有较大的发展空间。

从图 2 中我们可以看出，在北京市的社会发展中，教育发展的水平相对较高，

167

第四篇 「人文北京」理论研究

---

① 参见北京市统计局：《北京统计年鉴 2008》，350 页，北京，中国统计出版社，2008。
② 数据来源于中国人民大学中国调查与数据中心发布的 2009 年中国发展指数。

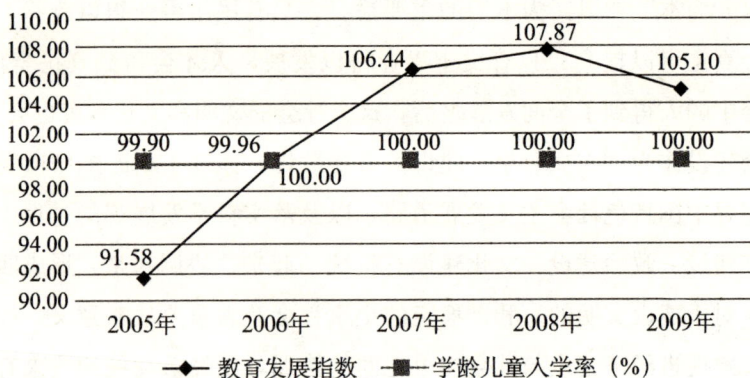

图1 北京市教育发展状况

资料来源：中国人民大学中国调查与数据中心。

经济与生活水平的发展速度相对较快，卫生及健康发展水平处于中间平稳发展的态势，而社会环境的发展处于相对较低与缓慢的状态，社会环境指数低于总指数。社会环境指数主要包括城镇登记失业率、第三产业占GDP的比例、人均道路面积、城市空气质量达到二级以上的天数、单位GDP能耗、单位产值污水耗氧量等指标，这些指标所反映的主要是城市在协调发展、交通建设、环境保护等方面的状况。

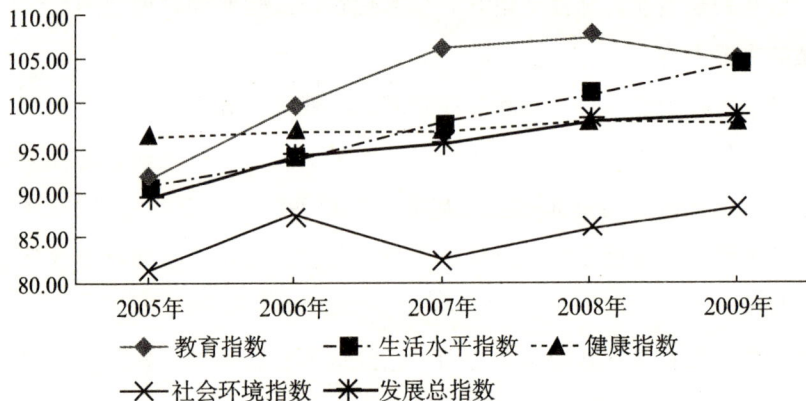

图2 北京市发展指数

资料来源：中国人民大学中国调查与数据中心。

在就业方面，2005—2008年北京城市登记失业率分别为2.11％、1.98％、1.84％和1.82％，失业率呈下降趋势，表明就业水平和就业状况有不断提高和改善之趋势。① 在社会保障方面，2008年，农村养老保障的覆盖率从2007年的36.6％提高到85％，农村新型合作医疗的参合率达到92.9％。城市职工最低工资水平由2005年的580元提高到2008年的800元，城镇最低生活保障水平由2005年的300

---

① 参见北京市统计局官方网站，见http：//www.bjstats.gov.cn/tjnj/2009-tjnj/，2010-05-10。

元提高到 2008 年的 390 元。在居民收入分配方面，2008 年城镇居民人均可支配收入的实际增长由 2007 年的 11.2％下降为 7％，农村人均纯收入实际增长由 2007 年的 8.2％下降到 6.5％。① 从这些数据来看，北京市的民生建设在就业、社会保障方面已取得较快的发展，而在收入分配方面，则面临着如何进一步提高居民收入增长速度和进一步促进收入分配公平等问题。

此外，在医疗卫生事业发展方面，2005 年每千人口拥有医生数为 4.32 人，拥有护士数为 3.66 人，2008 年分别为 4.78 人和 4.5 人，每千人口拥有医院床位数从 2005 年的 6.65 张下降到 2008 年的 6.43 张。② 由此可见，民生建设在医疗卫生事业发展方面相对较为缓慢，仍有较大的发展和建设空间。在与人们日常生活密切相关的社会管理方面，随着城市社区建设和新农村建设的推进，新的管理体制、新的管理主体或组织逐渐成长和完善，越来越多的社会团体或组织开始建立起来（见图 3），并在加强社会管理、促进社会和谐中发挥着越来越重要的作用。

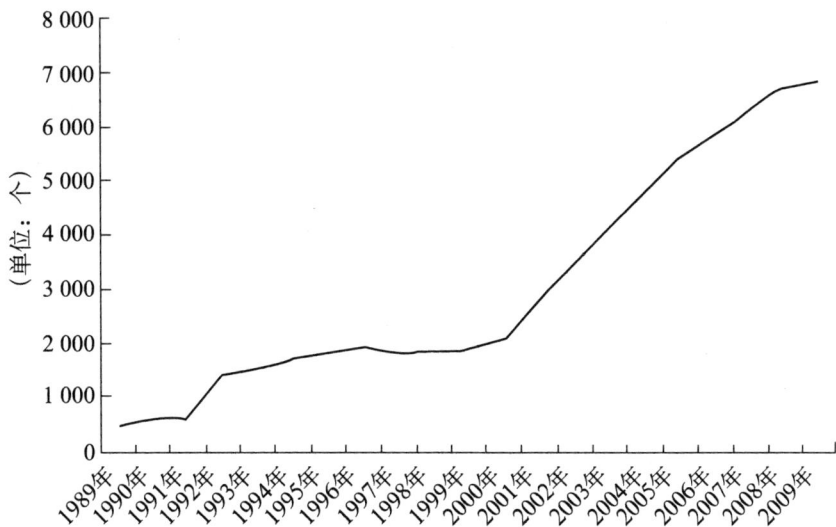

图 3　北京市社会组织发展状况

资料来源：北京市民政局官方网站，见 http：//bjmjzz. bjmzj. gov. cn/，2010 - 05 - 12。

但是，后奥运时代的北京已进入快速转型时期，城市的世界性、现代性和开放性得以大幅度提升，都市的文化与社会也走向更加多元，这些对社会管理提出了新的要求。只有不断追求管理制度的创新、组织的创新、方法的创新，才能适应新形势下都市的多元社会与文化生活需要，才能满足建设首善之区、宜居城市的需要。

综合"人文北京"建设的内涵及北京社会建设的现状来看，"人文北京"对未来

①②　参见北京市统计局官方网站，见 http：//www. bjstats. gov. cn/tjnj/2009-tjnj/，2010 - 05 - 10。

都市的社会建设提出的新要求将主要包括：

第一，教育改革和创新工程。建设"人文北京"，必须在发展教育的过程中，不断把人文精神贯彻到其中去。教育领域或教育事业发展的人文特征，就是人人都能享有越来越好的教育机会，人人都能从教育中获得越来越好、越来越全面的发展。这些特征归根到底涉及三个基本问题：一是教育普及问题；二是教育公平问题；三是教育创新和质量提升问题。目前，北京市已解决义务教育的普及问题，而更高阶段的教育普及、教育公平和教育质量提升问题等仍有待不断得以改善和解决。由此看来，教育改革和创新工程的主要内容将包括以下几个方面。

首先，建立多元化办学渠道、多元化教育体制，普及高中以上的教育，不断提高高等教育的普及程度，让越来越多的人享受越来越好的教育。

其次，改革和优化教育资源配置机制，改变基础教育资源配置不均衡问题，促进基础教育机会的配置走向更加公平。

最后，创新教育体制和教育方式，不断提高教育质量以及教育带来的创新动力。一方面，作为具有人文精神的基础教育，需要逐步从应试导向的教育迈向文明导向的素质教育；另一方面，健全高等教育的创新机制，改善人的创造性和创新性发展的环境。

第二，就业促进工程。充分就业是社会稳定的重要基础，也是人得以更好发展的重要平台。一个充满人文精神的城市，需要保持较高的就业率，这样才能让尽量多的人得到充分发展的机会。从这一意义上讲，"人文北京"对就业促进工程的要求大体包括三个方面：一是保障性就业促进政策，二是公平性就业促进机制，三是发展性就业计划。

促进保障性就业，就是通过政府的相应政策和行动，来减少直至避免产生零就业家庭，以促进就业的途径来实现社会保障功能。公平性就业促进机制需要有统一的、公平合理的劳动力市场和管理体制，让城乡劳动力尽可能享有均等的市场机会，同时通过法制建设，规范劳动就业服务和就业管理，维护公平的就业秩序。发展性就业计划就是要通过科学的发展计划来实现产业发展或经济发展与就业规模的不断扩大和稳定形成良性的、协调的机制。

第三，阳光社会保障工程。一个具有人文关怀的城市，就需要让全社会都享受到社会保障和社会福利的阳光普照。北京市近些年来，社会保障及福利事业已取得较快发展，不过在完善各种社会保障、社会保险和社会福利体系方面，依然任重道远。要实现"制度全覆盖、衔接无间隙、人人有保障"这一目标，还需要不断完善社会保障体系。

此外，在医疗、失业和养老等社会保险方面，还需要与时俱进，不断完善社会保险制度体系，充分运用社会力量来分担和化解人们在社会生活中可能遭遇的种种风险，提高人们社会生活的安全感和幸福感。

最后，社会是多元的，无论社会经济发展到何种程度，任何社会都会有一些弱势群体，一个具有人文精神的社会就应具备给弱势群体充分人文关怀的机制。为残疾人、贫困及困难群体提供更多人性化的、人文的关怀，是一个社会进步的重要标志，也是一个人文城市需要建立的重要社会机制。提高对弱势群体的人文关怀度，需要从三个方面加以推进：一是从法律和制度层面为社会福利和社会救助事业提供更多的保障；二是大力发展社会福利与慈善组织，促进福利与慈善事业的进一步发展；三是不断完善社会救助体系，提高社会救助的效率和水平。

第四，社会分配公平机制建设工程。社会的和谐稳定是"人文北京"的基本要求，没有良好的、协调的社会环境，人的健康和全面发展就难以实现。在和谐社会建设中，建立和完善公平的社会分配机制意义重大。分配的公平性是社会和谐的重要基础，过度的贫富分化会成为社会不稳定的重要诱因。

公平的社会分配机制的建设任务主要包括三个方面：一是市民收入的合理增长机制。也就是在收入分配制度中，不断建立和完善居民收入根据社会经济增长及物价指数变化情况而逐步增长的机制。二是公平合理的资源和机会配置及收入分配机制。即不断改进和完善社会资源配置机制和收入分配体制，使其更加公平、更加合理。三是有效的社会分配调节机制。也就是充分发挥政府的再分配功能，健全社会分配的漏斗机制，更加有效地调节分配不公和社会差别，以缩小贫富差距，缓解社会矛盾。

第五，医疗卫生体系优化工程。良好的医疗卫生条件是保障生活水平得以提高和人的健康素质得以发展的重要基础，北京市健康发展指数虽达到了较高水平，但其发展速度始终处于瓶颈状态。而且从现实经验来看，"看病难"和"看病贵"等问题依然较为突出。要把人文精神贯彻到医疗卫生事业的发展中去，就需要进一步优化现有医疗卫生体系。

优化医疗卫生体系主要包括三个方面：首先，提高医疗卫生体系的效率，为市民提供更加便捷的医疗卫生服务。要实现这一目的，需要重点解决两个问题，一要扩大医疗卫生服务的规模，二要调整医疗卫生服务体系的结构。其次，提高医疗卫生体系的质量。目前，"看病难"问题既是总体医疗卫生资源相对稀缺造成的，同时也是高质量的医疗服务较为短缺的集中体现。解决这一问题，一方面需要从数量上改进医疗卫生体系，另一方面也需要进一步提高医疗卫生体系的质量，为市民提供更多高质量医疗卫生服务。最后，降低医疗卫生服务成本，为市民节省在医疗方面的支出。总之，优化医疗卫生体系，根本目的就在于为广大市民提供便捷高效、高质量和价格合理的医疗卫生服务，让市民的健康素质得到充分发展。

第六，宜居城市建设与社会管理工程。一座有着人文气息的城市，必须是适宜人们居住和生活的宜居城市。宜居城市建设的基本要求就是要具备良好的社会环境，即有利于人们学习、工作和生活的环境。从北京市的社会发展现状来看（见图2），社会环境的发展指数水平在四个分项指标中最低，这在一定意义上意味着"人文北京"建设对社会环境方面的建设和发展有着更高的要求。

从首都发展的实际情况出发，进一步改善首都社会环境，需要重点抓三项工作：一是环境保护工作，二是改善城市交通工作，三是加强社会管理工作。在环境保护方面，需要结合产业结构调整和转变发展方式，按照节能减排的原则，推进首都的城市建设和发展。在交通发展方面，需要从科学规划、建设、管理和调控等多个环节出发，建立城市交通问题综合解决机制，不断提高交通的运行效率。在社会管理方面，需要培育和引导新的社会力量在社会管理中的积极作用，如发挥新社会团体、组织的社会治理和服务功能，加强社区建设，促进社会认同及和谐发展。

综合起来看，"人文北京"对首都社会建设的要求实际上就是把"以人为本"、"以民为本"的原则和人文精神贯彻到教育、社会保障、就业、医疗卫生、社会分配和社会管理等六大领域的建设和发展之中，把首都建设成为充满人文气息的、和谐稳定的宜居城市。

四、"人文北京"的社会建设路径

既然"人文北京"对以民生为重的社会建设提出了诸多要求，那么，如何按照这些要求去落实相应的社会建设呢？也就是说，沿着怎样的路径、以何种策略才能更好地推进"人文北京"的社会建设？

从理论分析上看，社会建设主要包括四个维度：一是思想观念，二是物质设施，三是制度规范，四是组织机构。因此，"人文北京"的社会建设也可以选择四条路径去推进，即文化建设路径、设施建设路径、制度建设路径和组织建设路径。

文化建设路径所要通向的目标就是构建城市人文思想和塑造城市人文气质。一座人文城市必须具有人文特征的社会风尚，人文风尚的形成关键在于将人文思想和人文关怀的精神渗透到市民的观念之中，文化建设在这一过程中有着举足轻重的作用。

文化的重要功能之一是思想的教育和观念的认同功能。通过人文文化的教育和熏陶，广大的市民将逐步认识、理解、接受人文理念，并形成人文精神乃至实践人文行动。在城市的人文主义文化构建起来之后，这种文化将发挥潜移默化的作用，把人文思想和人文精神内化为人们的价值和信念。

推进"人文北京"的文化建设，要广泛开展"人文北京"的大众宣传教育。通过宣传教育，一方面让越来越多的市民了解"人文北京"的内涵和外延，认识建设"人文北京"的意义；另一方面让越来越多的市民逐渐认同人文思想和人文精神，引导更多的人参与到"人文北京"建设的实践之中。只有广大市民的社会行动具有人文特征，才能真正形成人文的社会风尚。

"人文北京"社会建设中的设施建设是为创建人文社会环境奠定物质基础。城市人文精神和品格的塑造，不仅仅要在精神思想领域里推进，而且也要依托于基本物质设施的建设，因为任何精神文化都要有相应的物质载体。创建首都具有人文特征的社会环境，在一定程度上离不开基础设施的建设。譬如，在改善城市的宜居环境中，需要加大环境治理、住房、交通、医疗卫生、教育和社会管理与服务等公共设施的建设，让广大市民在社会生活中享受到越来越多的人性化的服务和更多的人文关怀，使生活在城市中的人能够得到更充分的发展。

从北京市社会建设现状来看，未来一段时期的设施建设需要重点在以下几个方面增加投入：一是扩大医疗卫生服务设施的建设，为逐步解决居民就医难问题提供物质基础。在医疗卫生服务设施建设中，一方面要健全和完善城市社区医疗卫生服务机构建设；另一方面加强和扩大高质量医疗卫生服务机构的建设。

二是加强城市交通基础设施和管理设施的建设，为缓解交通拥挤、改善居民生活创造更好的物质条件。

三是社会保障和管理服务设施建设。社会保障是民生建设的重要内容，社会保障事业的发展，既需要不断完善制度体系，也需要不断加强物质基础的建设。随着北京市人口老年化趋势越来越显现出来，为实现对老年群体的人文关怀，城市在物质设施建设中就需要加大这方面的投入，如养老机构、老年人公共活动和服务场所等设施建设。

四是城市垃圾、污水处理和园林绿化设施的建设。改善城市生活环境，不仅需要增强居民的环保意识，而且还需要有一定物质保障来推进环境保护。在首都人口快速增长和城市规模不断扩大的过程中，环境保护和环境发展将面临越来越重的任务。增加环境建设投入，加强环境保护，是维护环境与社会协调发展的重要条件。

制度建设路径是要为人文精神贯彻到各种社会行动之中提供激励机制和规范约束。"人文北京"从理念到具体的社会建设实践，必须有制度基础。作为行动规范的制度，代表了社会核心价值取向。犹如诺思（D. North）所言："行为的道德伦理规范是构成制度约束的一个主要方面，它得之于对现实的理解（意识形态）。"① 按照"人文北京"精神建立起相应社会建设的制度体系，将引导和保证相关人文原则付之于社会行动之中。

此外，制度建设会给人们的行动提供一种选择集，这种行动选择集通过激励与惩罚机制规定和制约着社会行动选择的范围，由此为实现制度所设定的理想目标建设起社会行动的轨道。构建和谐稳定的社会是"人文北京"的重要目标，要达到这一目标，各种社会行动的主体必须在行动上实现协调一致，合理、完善的制度体系正是实现社会建设目标的基本保证。

最后，制度建设还包括政策及操作层面的执行措施。把"人文北京"的理念落实到社会建设之中，政府在其中的主导作用非常重要，尽管社会参与也必不可少。在建设"人文北京"的和谐社会中，不仅仅需要不断创新和完善法律法规、体制机制等规范性制度体系，而且也需要根据现实的需要不断创新和调整政策、措施等操作性制度体系。通过政策措施的更新，使其更加合理化、科学化，以不断提高社会建设和社会管理的效率，使社会运行趋于协调。

"人文北京"社会建设中的组织建设路径就是为把人文精神落实到社会建设实践之中提供组织保障。和谐社会建设目标是通过和谐的社会行动实现的，社会行动的和谐一致则需要靠组织的协调，把各种不同行为整合起来，构成有机统一的社会系统。随着社会的快速转型，社会现代化的不断推进，社会行动的多元化倾向也越来越明显、越来越突出，和谐社会建设面临的一项重要任务就是如何将多种不同的行动协调起来，使之和谐共处、共同发展。要完成此项任务，完全依赖已有的社会设置和组织可能已不能满足转型期社会建设的需要。只有不断推进组织创新和组织建设，形成更多的社会行动新主体、新组织，并通过这些新主体和新组织参与到社会管理和社会关系协调当中去，才有可能更好地促进社会和谐。因此，组织建设实际上就是要充分调动和发挥社会的力量，参与社会建设和社会管理，提高社会管理的主体性，促进社会协调发展。

为了将人文精神和理念贯彻到首都和谐社会建设实践之中，要发挥组织建设路径的积极作用，必须着重解决两方面的问题：一是积极引导和发展新的社会组织，充分发挥社会组织在城市治理中的积极作用。当前，在城市化不断深化和拓展的过程中，加强基层社区组织的建设，正确引导各种社区组织在社会生活中发挥积极作用，对社会和谐稳定意义重大。此外，要继承人文奥运遗产，发展志愿者组织和其他民间自组织，充分调动各种社会组织在社会治理中的调节功能。

---

① ［美］诺思：《经济史中的结构与变迁》，228 页，上海，上海三联书店、上海人民出版社，1997。

二是如何构建起各种组织间的协调机制问题。发展新社团、新组织虽为社会管理提供新的力量，但新组织的建设和发展必须解决各种组织间的分工和协作问题，唯有各种组织如社会组织与经济和政府组织、新组织与已有组织之间能够协调统一，才能对社会和谐真正发挥积极作用。

建设"人文北京"，构建和谐社会，是一项长期的、系统的社会工程。思想、设施、制度和组织四种建设路径并非彼此孤立存在，而是需要有机统一起来，也就是要统一到"以人为本"、"以民为本"等人文的基本原则之上，让人文精神贯穿于社会建设的各项行动之中。

五、结语

"人文北京"的提出，是在北京奥运会之后对首都城市品格和城市发展战略的一种定位，其意义在于将人文主义精神贯彻到北京城市建设和发展之中，其核心是坚持"以人为本"、"以民为本"，通过大力发展民生事业，促进社会建设和文化建设，提升城市的品质和文明程度，把首都北京建设成文明之都、文化之都、和谐稳定的首善之都。

社会建设是"人文北京"建设的重要载体或抓手，将社会建设与经济建设、政治建设、文化建设有机统一起来、协调起来，形成四位一体的建设模式，对于建设文明的、和谐稳定的小康社会有着重要战略意义。加强社会建设，能够有效促进经济建设与社会建设之间的协调，使经济发展的成果有效转化为社会福利，让更广大的人民从经济发展中得到更多的福利。因此，社会建设是落实"人文北京"基本精神的行动保证，只有在和谐稳定、科学合理的社会环境中，人才能获得全面的、充分的发展。

"人文北京"对教育、就业、社会保障、收入分配、医疗卫生和社会管理等基本民生建设提出了更高要求。推进"人文北京"社会建设需要重点从文化建设、设施建设、制度建设和组织建设四个方面着手，这四种建设路径并非彼此孤立存在，而是需要有机统一起来，即统一到"以人为本"、"以民为本"等人文的基本原则之上，把人文精神贯穿到社会建设的各项行动之中。

附录：中国人民大学人文北京研究中心大事记

（2009 年 4 月—2011 年 12 月）

2009 年

◆ 4 月 29 日，中共中央政治局委员、中共北京市委书记刘淇同志就"人文北京"研究工作和首都高校科学发展情况到中国人民大学进行调研，并提出希望中国人民大学充分发挥人文学科优势，深入阐述"人文北京"理念，大力支持"人文北京"行动计划的制定工作，为"人文北京"建设作出更大的贡献。座谈会后学校领导立即召集会议研究刘淇书记下达的任务及人文北京研究问题。

◆ 5 月 12 日，学校 2008—2009 学年第 13 次校长办公会议通过《中国人民大学人文北京研究中心成立方案（草案）》，决定成立人文北京研究中心。

◆ 5 月 22 日，冯惠玲副校长受北京市委讲师团邀请，为北京市民作"人文北京：城市的品格和灵魂"专题讲座。

◆ 6 月 2 日，中国人民大学向北京市教育工委提交关于"人文北京"行动计划有关工作的请示，北京市委书记刘淇同志，市委常委、宣传部部长蔡赴朝同志，市委宣传部副部长常卫同志分别作出批示。

◆ 6 月 2 日，冯惠玲副校长主持召开人文北京理念课题组研讨会。

◆ 6 月 26 日，冯惠玲副校长主持召开人文北京研究中心成立会议暨第一次办公例会。

◆ 6 月 30 日，中国人民大学下发 2008—2009 学年校政字 27 号《关于成立中国人民大学人文北京研究中心的决定》文件，人文北京研究中心正式成立。

◆ 7 月 16 日，中心主任冯惠玲教授主持召开人文北京重大课题投标研讨会。

◆ 7 月 20 日，魏娜教授参加由北京市志愿者协会主办的奥运成果转换大会。

◆ 7 月 31 日，中心主任冯惠玲教授参加北京市社科联人文北京课题研讨会。

◆ 8 月 6 日，中心主任冯惠玲教授参加北京奥运城市发展促进会成立大会。

◆ 8 月 7 日，中心主任冯惠玲教授参加北京市奥运论坛，并作题为"北京奥运会的经济价值分析"的讲演。

◆ 8 月 11 日，中心副主任葛晨虹教授参加由北京市社科联组织召开的"人文北京建设的目标、现状和措施"课题研讨会。

◆ 9 月 2 日，中心主任冯惠玲教授主持召开人文北京重大课题投标座谈会。

◆ 9 月 11 日，中心执行主任郝立新教授主持召开"人文北京内涵及实现途径"讨论会。

◆ 9 月 15 日，北京市哲学社会科学规划办公室、北京市教委下发京社科规划文〔2009〕36 号文件，正式将北京市人文奥运研究基地更名为人文北京研究基地。

◆ 9 月 26 日，中心研究员陆益龙老师申报的"人文北京与和谐社会建设研究"课题获得北京市哲学社会科学"十一五"规划重点项目立项。

◆ 10 月 30 日，"人文北京内涵及实现途径"课题组讨论重大课题答辩事宜。

◆ 11 月 18 日上午，中心主任冯惠玲教授参加刘淇书记召开的人文北京专题座谈会，并以人民大学的研究成果为基础作专题发言；下午，主持召开人文北京研究中心会议，研讨刘淇书记的讲话以及人民大学下阶段任务。

◆ 11 月 20 日，人文北京研究网正式上线，此网站是从事人文北京理论研究的最重要的网站之一。

◆ 12 月 2 日，中心主任冯惠玲教授在稻香湖饭店参加人文北京重大课题答辩。

◆ 12 月 4 日，中心主任冯惠玲教授参加志愿者发布会，并作题为"人文奥运、人文北京与志愿服务"的发言。

◆ 12 月 8 日，中心顾问纪宝成校长致信刘淇书记，汇报"人文北京"研究进展情况。12 月 15 日刘淇书记批示："请赴朝同志阅，可积极采用此成果"。

◆ 12 月 23 日，中心主任冯惠玲教授参加北京市"人文北京"行动计划座谈会。

◆ 12 月 23—30 日，中心副主任干春松教授、研究员徐尚昆老师参与北京市委宣传部组织的"人文北京"行动计划起草工作。

◆ 12 月 28 日，中心主任冯惠玲教授出席中国人民大学"我们与奥运一起走过"展览开幕式。

◆ 12 月 31 日，中心魏娜教授、科研处副处长杨燕萍老师等人参加"2009 北京市社科规划工作年会"，"人文北京研究基地"正式获得授牌。

2010 年

◆ 1 月 11 日，中心主任冯惠玲教授参加在市委大楼 364 会议室举行的"人文北京"行动计划讨论会。

◆ 1 月 15 日，中心执行主任郝立新教授前往北京市委参加"人文北京"行动计划讨论会。

◆ 1 月 19 日，中心主任冯惠玲教授列席北京市长办公会议，讨论"人文北京"行动计划。

◆ 2 月 26 日，中心主任冯惠玲教授参加北京奥运城市发展促进会第二次年会。

◆ 3 月 16 日，中心研究员陆益龙老师作为北京市政协"首都人口资源环境协调发展"调研组成员参加了市政协组织的情况通报会，并参加 3 月 23 日至 4 月 29 日的多次实地调研和协商座谈会。

◆ 3 月 25 日，中心主任冯惠玲教授召开专题讨论会，讨论《人文奥运研究报告 2008》。

◆ 4 月 22 日，中心主任冯惠玲教授、执行主任郝立新教授、副主任干春松教授、研究员徐尚昆老师一行前往北京奥运城市发展促进会调研，讨论"从奥运城市到世界城市"课题思路。

◆ 4 月 28 日，中心执行主任郝立新教授参加"人文北京"行动计划重大课题下达会议。

◆ 4 月 29 日，中心研究员陆益龙老师参加民革市委调研处组织的"人文北京与和谐社会建设"议政座谈会。

◆ 5 月 4 日，中心主任冯惠玲教授主持召开人文北京重大课题开题讨论会。

◆ 5 月 5 日，《学习与研究》杂志刊发由"人文北京"研究课题组署名的《探索"人文北京"内涵　推进"人文北京"建设》文章。

◆ 5 月 7 日，《北京：走向世界城市》图书首发式在中国人民大学举行。

◆ 5 月 11 日，中心副主任干春松教授、研究员徐尚昆老师赴北京奥运城市发展促进会讨论"从奥运城市到世界城市"课题提纲。

◆ 5 月 17 日，《北京日报》理论版发表《"人文北京"行动计划七人谈》。特邀郝立新教授围绕《人文北京行动计划（2010—2012 年）》进行专题研讨和深度解读。

◆ 5 月 18 日，受北京广播电台邀请，中心执行主任金元浦教授参加了《世界城市专题》节目，并以"世界城市与人文北京　谈人文北京与北京文化建设"作主题的讨论。

◆ 5 月 18 日，中心杨澜洁、韦飞同志赴北京奥运城市发展促进会参加《北京 2008 奥运会的健康遗产》首发式。

◆ 5 月 22 日，郝立新教授组织召开人文北京研究中心重大课题讨论会，干春松、陆益龙、杨宏山、徐尚昆等老师与会。

◆ 5 月 24 日，中心执行主任金元浦教授参加由北京市委宣传部召开的"北京精神"理论研讨会，并作关于"北京精神"的发言。

◆ 中心执行主任金元浦教授在 2010 年第 5 期《前线》杂志发表文章：《更高的起点，更艰巨的征程——谈〈人文北京行动计划〉的实施》。

◆ 6 月 5 日，中心郝立新教授负责的"'人文北京'行动计划推进策略研究"项目和徐尚昆教授负责的"'人文北京'建设公众参与研究"项目正式申请。

◆ 12 月 15 日下午，"北京奥运的人文价值与精神遗产研讨会"在中国人民大学举行。北京奥运城市发展促进会副会长蒋效愚先生，北京市社会科学界联合会副主席、党组副书记陈之昌，中国人民大学副校长冯惠玲教授，北京师范大学副校长韩震教授，中国社会科学院外国文学研究所党委书记兼所长党圣元教授，中国人民大学校长助理、哲学院院长郝立新教授，哲学院党委书记葛晨虹教授，党委宣传部郑水泉部长，国学院副院长袁济喜教授，学校办公室刘成运副主任，新闻学院胡百精副书记，体育部李树旺副主任，以及北京大学中文系张颐武教授，清华大学哲学系卢风教授，北京体育大学孙葆丽教授，全国社科规划办孙璐等多位老师参加了会议。魏娜教授主持会议。

2011 年

◆ 1 月 6 日，中央政治局委员、北京市委书记刘淇同志对中国人民大学人文北京研究中心研究成果《从奥运城市到世界城市》作出重要批示，认为该成果"阐述了奥运城市、三大理念、世界城市之间的逻辑关系，对'十二五'的发展有推动作用"。

◆ 1 月 17 日，《北京日报》理论周刊"新论"第 575 期专版刊登了人文北京研究中心课题研究成果《从奥运城市到世界城市》。

◆ 4 月 8 日，"人文北京"行动计划研究重大项目课题组科研攻关讨论会举办。会议就社区调研、反馈机制研究等部分内容开展讨论。参会人员：中国人民大学冯惠玲副校长，中心研究人员郝立新、葛晨虹、魏娜、刘凤云、杨宏山、陆益龙、徐尚昆等。

◆ 4 月 10 日，冯惠玲副校长主持的北京市哲学社会科学规划项目"从奥运城市到世界城市"结项。

◆ 5 月 13 日，"人文北京"行动计划课题组对北京市东城区东四街道六条社区进行调研。本次调研结果显示，居民对于"人文北京"计划大体知晓而且表示有信心并积极支持，对于自身的生活环境比较满意，同时，认为有一些具体问题有待解决，比如：交通问题、食品安全问题、外来人口大量涌入带来的问题、自然及文化环境问题、老龄化问题、物价控制问题等。

◆ 5月17日，"人文北京"行动计划研究重大项目课题组会议举办。会议就重大项目课题进行科研攻关，就相关问题进行讨论。参会人员：中国人民大学冯惠玲副校长，中心研究人员郝立新、葛晨虹、魏娜、刘凤云、杨宏山、陆益龙、徐尚昆、杨澜洁等。

◆ 5月19日，"人文北京"行动计划课题组对北京市朝阳区亚运村街道安慧南里社区进行调研。《中国移动手机早报》将课题组的研究成果向全北京的手机用户发布，获得了广泛的社会关注。《北京晨报》、北晨网、凤凰网、*CHINA DAILY* 等媒体对课题组的研究成果进行了报道。

◆ 5月24日，中心陆益龙教授作"人文北京"行动计划成果要报《"人文北京"建设的社会效应及反馈机制》。

◆ 6月1日，"人文北京"行动计划课题组前往北京市大兴区清源街道开展调研活动。

◆ 6月3日，中心主任冯惠玲教授主持"人文北京"行动计划研究重大项目阶段成果汇报暨专家意见征询座谈会。会议就人文北京研究中心重大项目课题听取专家意见并调研北京市相关情况。参会人员：北京市社科规划办李建平主任，首都精神文明办尹学龙巡视员，北京市社科联崔新建书记，市委宣传部贺亚兰处长，北京市教委赵清处长，北京市社科规划办赵晓伟、肖士兵，以及中国人民大学冯惠玲副校长，中心研究人员郝立新、葛晨虹、魏娜、刘凤云、杨宏山、陆益龙、徐尚昆、杨澜洁等。

◆ 6月9日，中国人民大学人文北京研究中心网站（简称"人文北京网"）全新改版上线。

◆ 6月18日，中心主任冯惠玲教授代表中国人民大学人文北京研究中心参加北京市哲学社会科学工作座谈会。会上，冯惠玲教授作《充分发挥基地作用　服务首都科学发展》报告。

◆ 6月25日，中心魏娜教授主持的"志愿者组织社会动员与社会参与研究"研究项目和杨宏山教授主持的"人文北京与社区公共空间建设"研究项目正式申请。

◆ 9月21日，受2011年第14届世界群众体育大会组委会邀请，中国人民大学副校长冯惠玲前往北京奥运城市发展促进会，拜会国际奥委会主席雅克·罗格，并代表北京市向罗格先生赠送中国人民大学学者著作《北京奥运的人文价值》。罗格先生高度赞赏了《北京奥运的人文价值》一书的社会价值。

◆ 9月22日，中心陆益龙教授主持的"'人文北京'城市民生建设与社会管理的市民满意度调查"项目正式申请。

◆ 9 月 28 日，中心主任冯惠玲教授负责的北京市哲学社会科学规划重大项目"'人文北京'行动计划研究"结项审批。

◆ 10 月 24 日，中国人民大学副校长、人文北京研究中心主任冯惠玲教授会见国际奥林匹克研究专家、洛桑大学公共管理学院夏普莱特教授。双方就奥林匹克精神研究领域的最新成果交换了意见。夏普莱特教授认为人文北京研究中心的研究成果《北京奥运的人文价值》一书提供了一个全新的视角，对西方奥运遗产转化领域的研究进行了全面补充。中心研究人员魏娜、李树旺、胡百精、杨澜洁等参加了会见。

◆ 10 月 25 日，经北京市社科联研究决定，中心主任冯惠玲教授主持完成的"从奥运城市到世界城市"课题获北京市 2010—2011 年度优秀调查研究成果。

◆ 11 月 10 日，《北京日报》刊登中心主任冯惠玲教授的文章《"奥运精神"与"北京精神"》。

◆ 12 月 20 日，人文北京研究中心发布《普及"北京精神"要做到"五个结合"》成果要报。该成果被《北京社科规划》全文刊登。

◆ 12 月 21 日，中心刘凤云教授主持的"'人文之魂'：史上人文北京"项目正式申请。

◆ 12 月 25 日，中心主任冯惠玲教授、魏娜教授主编的人文奥运研究报告《人文之光——人文奥运理念的深入诠释与伟大实践》出版。

◆ 12 月 30 日，中心陆益龙教授"'人文北京'行动计划研究"项目的阶段性成果《"人文北京"：从理念到社会建设的实践》报送《北京市哲学社会科学研究基地成果选编 2012》。

图书在版编目（CIP）数据

北京，人文之魅/干春松主编 . —北京：中国人民大学出版社，2012.10
（中国人民大学人文北京研究论丛）
ISBN 978-7-300-15700-9

I.①北… II.①干… III.①城市建设-研究-北京市 ②城市发展-研究-北京市 IV.①F299.271

中国版本图书馆 CIP 数据核字（2012）第 231166 号

中国人民大学人文北京研究论丛

北京，人文之魅

主编　干春松

Beijing，Renwen zhi Mei

出版发行	中国人民大学出版社

社　　址	北京中关村大街 31 号	**邮政编码**	100080
电　　话	010-62511242（总编室）		010-62511398（质管部）
	010-82501766（邮购部）		010-62514148（门市部）
	010-62515195（发行公司）		010-62515275（盗版举报）
网　　址	http：//www. crup. com. cn		
	http：//www. ttrnet. com（人大教研网）		
经　　销	新华书店		
印　　刷	北京中印联印务有限公司		
规　　格	185 mm×260 mm　16 开本	**版　　次**	2012 年 12 月第 1 版
印　　张	12 插页 2	**印　　次**	2012 年 12 月第 1 次印刷
字　　数	219 000	**定　　价**	38.00 元